한국영화운동사 1

영화, 변혁운동이 되다

서울대 얄라셩에서 시네마테크까지

한국영화운동사 1

영화, 변혁운동이 되다 서울대 알라성에서 시네마테크까지

초판 1쇄 인쇄 · 2023년 9월 20일
초판 1쇄 발행 · 2023년 9월 30일

지은이 · 성하훈
펴낸이 · 한봉숙
펴낸곳 · 푸른사상사

주간 · 맹문재 | 편집 · 지순이 | 교정 · 김수란, 노현정 | 마케팅 · 한정규
등록 · 1999년 7월 8일 제2-2876호
주소 · 경기도 파주시 회동길 337-16(서패동 470-6)
대표전화 · 031) 955-9111(2) | 팩시밀리 · 031) 955-9114
이메일 · prun21c@hanmail.net / prunsasang@naver.com
홈페이지 · http://www.prun21c.com

ⓒ 성하훈, 2023

ISBN 979-11-308-2088-0 04680
     979-11-308-2087-3(세트)

값 32,000원

푸른사상 예술총서 30

한국영화운동사 1

영화, 변혁운동이 되다

서울대 얄라셩에서 시네마테크까지

성하훈

흔히 영화계 진보와 보수의 비율을 9:1이라고 한다. 그만큼 영화계
는 진보적인 성향이 절대다수를 차지하고 있다. 보수 정권 시절 다른
문화예술계는 영화계의 단결력을 부러워할 정도였다. 2014년 〈다이
빙벨〉 상영으로 촉발된 부산영화제 사태 당시 영화인들의 보이콧은
한국영화의 힘을 보여준 대표적인 사례기도 했다.

물론 처음부터 이런 흐름은 아니었다. 젊은 시절 검열과 표현의 자
유 제한에 문제의식을 느끼고 저항해온 영화인들의 노력이 수십 년
동안 쌓인 결과였다. 이들이 중심에 자리 잡게 되면서 한국영화는 상
당한 변화가 이뤄졌다. 이 출발이 영화운동이었다.

영화를 운동으로 생각한 사람들이 있었다. 영화는 대중이 문화생
활을 즐길 수 있는 종합예술이라고 하나 그 이상의 역할을 할 수 있
는 매력이 다분했다. 현실을 비추는 거울이면서, 동시에 세상을 변화
시키는 사회변혁 운동의 도구로서 작용하길 바란 것이다. 그래서 그
들은 영화를 통해 약자들을 조명했고, 사회현실에 부딪쳤으며, 정치
권력에도 저항하면서 비판의식을 바탕으로 사회적 금기를 깨뜨리려
도전했다.

영화를 통해 세상을 바꾸려 했던 이들은 노력은 하나둘 결실을 맺으며 자연스럽게 1980년 이후 한국 사회변혁 운동에 일조했다. 그리고 세월이 흘러 그들은 한국영화의 중심으로 우뚝 섰다. 충무로로 상징되는 한국영화의 핵심을 이제는 초기 영화운동에 나섰던 이들이 차지하게 된 것이다. 한국 영화운동사는 바로 이 영화인들에 관한 이야기다.

지난 2019년 한국영화는 100년을 맞이했다. 여기에 더해 한국 영화운동 40년을 맞는 해이기도 했다. 1979년 말에 시작된 영화운동은 한국영화의 전환을 이룬 중요한 계기가 됐다. 40년의 세월 동안 영화로 세상을 변화시키기 위해 시대에 맞섰던 사람들의 노력은 지금도 꾸준히 이어지고 있기 때문이다.

2015년 한국 영화운동 취재에 들어간 계기는 단편적으로 알려진 한국 영화운동의 역사를 정리할 필요성을 느껴서였다. 개인적인 경험을 중심으로 파편화돼 전달되는 이야기를 체계적으로 다듬어야겠다고 생각한 것에는, 그 시대 한구석에서 관객으로 바라봤던 경험이 작용했다. 지난 시간의 정리가 늦어질수록 정리하는 작업은 쉽지 않을 것이었다. '구슬이 서 말이라도 꿰어야 보배'라는 옛말처럼 한국 영화운동에 대한 저술은 곳곳에 흩어져 있던 구슬을 수집하는 작업이기도 했다.

2015년부터 사전 취재를 한 후 4년 만인 2019년 11월 오마이뉴스를 통해 연재를 시작했다. 1979년 말에 출발한 영화운동이 40년을 맞이한 시점에 맞춰 그 시절 이야기를 하나하나 풀어나가기 시작한 것이다. 처음에는 막막하기만 했으나, 연재가 이어질수록 영화인들의 적극적인 도움이 있었고, 덕분에 2023년 1월 모든 연재를 마칠 수 있었다. 3년 1개월에 걸친 작업이었다.

시기는 1980년 광주민중항쟁 전후부터 2000년 전후까지로 잡았다. 1980년 얄라셩 이후 1982년 서울영화집단, 1983년 서강대 영화공동체, 1984년 부산씨네클럽, 1985년 대학영화동아리 결성, 1986년 파랑새 사건 등으로 매해의 의미가 40년간 이어지고 있다.

오래된 기억과 젊은 시절 풋풋했던 옛날 사진을 건네준 영화인들의 도움은 긴 시간 취재를 이어갈 수 있게 한 큰 힘이었다. 지나간 시간을 기록하는 것이 간단한 일이 아니었으나, 한국영화 중심에 있는 모든 영화인이 내 일처럼 성원해준 덕분에 대장정을 마무리할 수 있었다.

책으로 엮으면서 연재한 내용을 일부 다듬었고, 새롭게 확인된 내용을 추가했다. 보충을 원하는 목소리들이 있어 이를 최대한 반영했다. 한국 영화운동 연구에 기초자료로 활용되고, 연구자들에게 도움이 되기를 바라는 마음이다.

2023년 8월
성하훈

01

한국영화의 새 바람

새로운 영화, 세상을 바꾸는 영화

한국 영화운동의 과정을 살펴보기에 앞서 먼저 서구의 영화운동과 비교해볼 필요가 있다. 영화운동이라는 측면에서는 비슷하지만 흐름과 결이 많이 달랐기 때문이다.

대표적으로 프랑스의 누벨바그는 주제와 기술상의 혁신을 추구하며 무너져가는 프랑스 영화산업에 대한 반동으로 형성됐고, 기존의 안이한 영화 관습에 대항했다. 독일의 뉴저먼시네마 역시 기존의 낡은 독일 영화산업에 사망선고를 내리고 만연된 관습으로부터의 자유, 상업적 구속으로부터의 자유를 선언한 것이었다.

미국의 뉴아메리칸시네마도 비슷하다. 주제와 기술적인 면에서 기존 상업영화를 거부하며, 영화산업 외부에서 독립적으로 조달한 저렴한 예산으로 영화를 제작했다. 영화산업의 배급 라인을 이용하지 않는 흐름으로도 전개됐다. 기존 영화의 작법과 구조에 대한 일종의 쇄신으로 볼 수 있다.

이에 비해 한국의 영화운동에는 정치적 비중과 함께, 영화를 통해 세상을 바꿔보자는 혁명적인 의식이 작용했다. 정치사회 구조를 변화시키는 데 역할을 하자는 의미가 컸다. 영화가 대중에게 미치는 선전성과 선동성에 주목한 것이다. 이는 1961년 박정희의 5·16군사쿠데타 이후로 전두환–노태우로 이어지는 30년 군사독재로 인한 억압 환경이 만들어낸 반감이었다. 다른 나라와 비교해 독특한 방향성이 한국 영화운동의 특징이 됐고 흐름이 된 셈이다.

한국 영화운동의 시발점은 지금으로부터 40년 전 1979년이 결성된 서울대 동아리 '얄라셩'이었다. 서울대 공대 동아리였던 '얄라셩'은 1980년 관악캠퍼스로 이전해 정식 등록된 이후 1980년대 한국 영화운동 전개의 밑바탕 역할을 했다.

1986년 발간된 무크지 『레디고』에서 이해영(교수)은 「영화운동의 방향에 대하여」라는 제목의 글을 통해 이렇게 기술하고 있다.

실제 영화운동의 뿌리는 일제시대까지 거슬러 올라가야 하겠지만 현재 이뤄지고 있는 영화운동의 단초는 80년 초로 상정하여도 무리가 없을 것이다. 그 이유는 뒤에서 설명하겠지만 기존의 상업영화(35mm 이상의 영화)에서 나타난 새로운 움직임들은 영화운동의 영역과는 별무하며, 현재의 영화운동은 70년대 문화운동이 다양화되는 시점에서 발아했다고 보는 것이 정당하기 때문이다. 79년 말에 단순한 동호인 모임으로 시작된 서울대학교 얄라셩 영화연구회가 문화운동의 제 논리를 흡수 여과시키면서 기존의 상업영화 비판, 비할리우드 영화(프랑스, 독일, 이탈리아, 러시아, 일본 등)에 대한 연구, 제3세

영화, 변혁운동이 되다

계 영화운동 또는 혁명적 상황에서의 영화운동(소련, 중국, 쿠바, 베트남)의 실천과 논리에 대한 검증 과정을 통해, 어느 정도 틀이 잡힌 실천과 논리를 겸비한 영화운동 주체로 발전해온 가정이 영화운동의 출발이라고 볼 수 있다.

본격적인 영화운동의 출발은 1980년 5월 광주민중항쟁 이후였다. 영화운동이란 표현이 대학가 등에서 사용되기 시작된 것도 이때부터였다.

한국 현대사에 큰 비극이자 아픔이었던 5월 광주에서의 대규모 양민 학살은 유신독재가 종말을 고한 후 민주화를 염원했던 세대들에게 암울한 소식이었다. 전두환 군사독재의 만행은 결단코 용서할 수 없는 범죄였고, 무고한 희생에 대해 빚진 마음을 안겼다. 한국 영화운동 역시 5월 광주 학살의 영향을 크게 받을 수밖에 없었다. 문화운동 범주 안에 있는 영화운동이 변혁운동으로서 성격이 강해진 데는 1980년 5월 광주가 가장 중요한 동기가 됐다.

광주민중항쟁을
소재로 만든 민중영화
〈오! 꿈의 나라〉
ⓒ 장산곶매

1970년대, 영화운동의 태동

1980년 이전에도 영화운동과 비슷한 시도들이 있기는 했다. 1970년대 박정희 유신독재 시절 사회문제를 적극적으로 영화에 담으려는 감독들이 존재했다. 서구적 흐름과 비슷하게 실험영화 등을 통해 영화의 폭의 넓히려는 시도도 있었다. 영화 소모임 등을 통해 꾸준한 토론과 다양한 영화적 시도들도 이뤄졌다.

다만 한국 사회에서 특수성 있는 성격으로 전개된 영화운동의 시작으로 보기에는 미약했다. 1980년 이후 영화운동을 추구했던 세대들과 방향성은 다르지만 나름 영화를 통해 사회상을 드러내 보이고 사회문제를 비판하기 위해 애썼다는 점에서는 동질적인 부분도 있었다.

1970년대는 박정희의 유신독재가 공고화된 시기였다. 1971년 11월 13일 전태일 열사의 분신은 한국 사회에 큰 충격을 안겼다. 절망적인 어두움 속에 영화를 통해 새로운 꿈을 꾸려는 시도들이 있었는데, 1971년 이황림, 김현주, 박상천 등이 주도한 서강대의 '영상연구회'가 그것이었다.

20편의 16mm 영화를 제작한 이들은 서울 태평로에 있던 한국신문회관에서 여섯 차례에 걸친 영화제를 열기도 했다. 이 중 이황림(감독)은 1980년대 충무로에 들어와 〈달빛 멜로디〉(1984)와 김혜수의 데뷔작인 〈깜보〉(1986)를 연출했다.

이에 앞서 1969년에 만들어진 이익태 선생의 '필름 70'은 충무로의 주류 영화에서 벗어난 비주류 아방가르드 영화를 표방했다. 한국 독립영화의 시초로도 볼 수 있는데, 〈아침과 저녁 사이〉를 만들었고, 이듬해인 1971년 5월 11일 YMCA에서 시사회를 열기도 했다.

1970~1990년대 초반까지 영화운동과 관련된 주요 자료를 정리해 놓은 독립영화 역사서 『변방에서 중심으로』(서울영상집단, 1996)에 따르면, 영화연구회에서 활동하던 한옥희는 이듬해인 1972년 김점선 등 이화여대 시청각교육과 출신과 함께 여성들로만 이루어진 카이두 클럽을 만들었다. 이들의 관심 분야는 전위영화였고, 굿거리와 같은 민속적 내용으로 실험영화를 제작하기도 했다.

같은 시기 연세대에는 김상배를 중심으로 한 영상미학반(1974~1980)이 있었다. 주로 영화 감상 및 토론을 통해 영화에 대한 이해의 폭을 넓히는 것이 주된 목표였다. 이들은 8mm 영화 〈1980.5.17〉을 만들기도 했다.

문화원 세대의 등장

1970년대 중반에는 프랑스와 독일문화원이 경쟁적으로 영화에 관심 있던 젊은 청년들을 끌어들였다. 영화 강국이었던 이들 국가는 자국의 영화문화를 확산시키기 위해 공을 들였는데, 1977년 프랑스문화원이 독일문화원보다 한 발 앞서 '씨네클럽'을 만들어 영화 감상과 토론을 진행했다. 주축은 정용탁, 김정옥, 안병섭 교수 등이었다.

독일문화원도 이듬해인 1978년 영화 소모임인 '동서영화동우회'를 창립한다. 유현목 교수를 중심으로 영화인과 학생, 회사원 등 300여 명이 회원인 최대 규모의 영화모임이었다. 회지 『동서영화회보』도 3회 발간했다. 하지만 이들의 활동은 1년 만에 멈추게 된다. 독일문화원의 풍부한 자금 지원을 기대했으나 후임 원장의 실리 추구 정책으로 인해 중단된 것이다.

1980년 동서영화연구회. 윗줄 왼쪽부터 황철민(감독, 세종대 교수), 고 강한섭(서울예대 교수), 한상준(전 부천영화제 집행위원장), 안동규(영화세상 대표), 김달선. 아랫줄 차창현, 전양준(전 부산영화제 집행위원장)_안동규 제공

이후 영화이론에 관심이 있던 소수 학생을 중심으로 '동서영화연구회'가 별도로 만들어졌다. 고 변인식 평론가가 회장이었고, 전양준(전 부산영화제 집행위원장), 강한섭(전 서울예대 교수), 정성일(영화평론가), 신철(제작자) 등이 주요 구성원이었다.

하지만 1979년 10 · 26 사태와 1980년 5월 광주항쟁 등으로 이어진 급격한 정치정치 사회적 변화는 이들의 활동을 중단하게 했다.

프랑스문화원과 독일문화원을 통해 유럽의 예술영화를 접하고 이론적 토대를 넓혔던 이들을 일명 '문화원 세대'라 부른다. 군사독재 정권 치하에서 검열이 횡행하던 시대에 해방구와 같았던 프랑스와 독일문화원은 70~80년대 영화청년들에게 자양분을 공급해준 중요한 공간이었다. 이후 전개된 한국 영화운동에서 이들은 밑바탕 역할

영화, 변혁운동이 되다

을 맡게 된다.

정지영, 김홍준, 박광수, 안동규 등 1990년대 이후 한국영화 중흥을 이끌었던 이들이 문화원 세대의 대표적 인사들이다. 다만 정성일은 2019년 발간된 『한국영화 100년 100경』(한국영화100년기념사업추진위원회 엮음)에서 "이들이 문화원에 대한 어떤 소속감을 가진 것은 아니었다"고 밝혔다.

전위적 여성운동, 카이두클럽

새로운 영화에 대한 갈망이 일어났던 1970년대, 특히 주목할 만한 활동은 '카이두 실험영화 클럽(카이두클럽)'이었다. 당시의 시대적 상황에서 여성들이 주체가 돼 활동했다는 것도 특이했던 데다, 전위적이면서 실험적인 영화를 추구했기 때문이다. 이들은 시대를 앞서가는 여성들의 모습을 보여줬다.

당시 생겨난 다른 영화모임들이 주로 영화이론과 영화에 대한 시각을 넓히려는 등 기존 틀을 벗어난 다양성이 목적이었다면, 카이두클럽은 그 방향이 달랐다. 인식의 확장이 아닌 시대적 상황에 대한 '저항'에 방점이 찍혀 있었다. 물론 박정희 군사독재에 드러내놓고 저항하는 것이 아니었으나 대신 행위예술을 저항의 도구로 선택했다는 점은 특별하다.

영화, 변혁운동이 되다

사회의 억압에 반발하다

당시 모임을 주도했던 한옥희(감독)는 카이두클럽의 의미를 이렇게
설명했다.

"카이두는 남성을 능가하는 몽골의 전설적인 인물의 이름을 따와
서 만든 여성주의를 바탕으로 한 전위적인 영화모임이었다. 여성운
동과 사회운동의 성격을 띠고 있었다. 박정희 군사정권의 억눌린 사
회 분위기, 장발과 미니스커트 단속 등 개인의 자유를 짓밟는 과잉
단속에 대한 반감이 작용했고, 작품 활동을 통해 사회변혁에 대한 의
식을 담으려고 했다."

한옥희는 자신의 20대에 대해 "1970년대에는 가부장적인 가치관
과 여성의 사회 진출이 지극히 제한적인 사회 풍토가 형성돼 있었고,
여성은 '직장의 꽃'처럼 부수적인 존재였다. 당시 충무로 영화계는
호스티스 영화의 전성시대였다"며 "젊음의 열정과 새로움이 넘치는
시절, 그 당시 나의 눈에 서른 살 이상의 기성인들은 속물들로 보였
다"라고 말했다. 이어 "대학에서 문학을 전공하고 미학에 관한 논문
들을 썼지만, 나의 열정을 쏟을 수 있는 일은 사방을 둘러봐도 찾을
수가 없었다"라고 덧붙였다.

카이두클럽은 1971년 이황림, 김현주, 박상천 등이 중심이 돼 결
성된 서강대학교 영상연구회에서 활동하던 이화여대생 한옥희가 이
듬해 따로 준비한 모임이었다. 20대 한옥희는 당시 이대 입구에 있는
파리다방에 차를 마시러 갔다가 영상연구회 발표회를 보게 됐는데,
이때부터 전위영화의 매력에 빠져들었다. 다음 날부터 이들과 어울
려 영화를 찍으러 다녔다. 1972년 이화여대생들과 실험영화 제작을

1970년대 카이두클럽 회원들. 오른쪽 위 한옥희, 아래 김점선 _한옥희 제공

논의하고, 이를 준비하기 시작한 것이 카이두클럽의 출발점이었다.

한옥희는 "영상연구회가 영화만 공부하는 집단이었다면 카이두클럽은 영화를 통해 세상에 맞서려는 의미가 있었고, 저항운동으로서의 성격도 갖고 있었다"면서 기존 영화 모임과의 차이를 강조했다.

카이두클럽은 당시 시대적 상황에서는 상상하기 힘든 파격적인 실험을 연속적으로 벌이면서 주목을 받았다. 구성원은 한옥희를 비롯해 김점선, 이정희, 한순애, 정묘숙, 왕규애 등 모두 이화여대생들이었다.

독립영화, 예술영화, 여성주의 영화

한옥희에 따르면 "회원들 각자의 개성이 천차만별이라서 작품의 스타일이나 색채는 모두 달랐지만 카이두클럽이라는 집단이 공동으로 추구한 이념에는 독립영화와 예술영화, 여성주의적 영화라는 커다란 공통분모가 존재했다." 기성 체제에 대한 도전정신과 끊임없이 새로움을 추구하는 실험정신이 바탕이 됐고, 강한 여성의 이미지를

영화, 변혁운동이 되다

내세우기 위해서 몽골의 여걸인 '카이두'에서 모임 이름을 빌려왔다.

이러한 이념들과 회원들이 추구하는 강렬한 여성상 등의 이미지가 카이두클럽이 제작한 공동 작품 속에 담겼다. 실크로드를 찾아다니며, 카이두의 전설을 반드시 밝혀내서 세상에 널리 알리자는 목표도 세웠다. 급진적인 여성운동의 성격이 담긴 영화를 추구했고 자체적으로 1974년 자체 영화제인 '실험영화 페스티벌'도 개최했다. 이들의 퍼포먼스나 촬영은 화제가 되기도 했다.

당시 신문과 잡지들은 카이두클럽을 흥미롭게 조명했다. 『주간여성』은 세계 최초의 여성 실험영화 클럽인 카이두는 '여배우는 옷을 입고 여감독은 옷을 벗는 등 기존 관념의 파괴가 목표'라며, "7명의 여성만으로 이뤄진 이 전위영화인들은 필름을 얻기 위해서라면 무슨 고난도 불사한다"고 전했다.

카이두는 회원 각자가 제작, 극본, 감독, 배우를 모두 겸해 작품을

카이두클럽의 활동을 전하고 있는 주간지 기사 _한옥희 제공

만드는 시스템이었다. 가끔 카메라를 함께 들었고, 서로 연기자와 스태프가 되기도 했다. 카이두의 대표였던 한옥희는 "한국 영화계를 향한 카이두의 혁명적인 도전은 프랑스의 누벨바그, 미국의 뉴아메리칸시네마 운동과 의의가 같다"고 밝혔다. '외형적으로는 서구의 영화운동과 궤를 같이한다'고 강조한 것이다.

카이두 회원들이 밝힌 활동 기조를 보면 전위적인 실험영화를 추구했던 지향점이 잘 드러난다. 상업영화가 남성의 독점물이며 돈벌이 위주이기 때문에 반기를 든다는 것이 카이두의 인식이었다.

"정복되지 않는 여성이라야 예술할 능력이 있다."

"추구(追求)에 과격하고 인습의 파괴에 용감함은 카이두의 생명."

"카이두의 영화인들은 트라이포드를 특별한 경우가 아니면 쓰지 않는다. 카메라가 고정되기 때문이다. 무겁지만 손에 들고 찍는다. 세트촬영도 하지 않는다. 야외로 나가서 콘티 없는 즉흥 촬영을 한다."

"기성 영화인들처럼 필름으로 돈을 벌려는 것이 아니라 필름을 제작하기 위해서 돈을 버는 것이다."

전위적 활동으로 인한 해프닝들

전위적인 활동을 벌이다 보니 해프닝도 여러 번 있었다.

실험영화 굿거리는 이들의 전위적인 활동을 단적으로 보여준 사례다. 1975년 2월 서울 명동과 청량리역 앞에서 굿판을 벌이는 굿거리 행위예술을 시도했는데, 사람들이 몰려들어 경찰이 출동하는 소동까지 벌어졌다.

명동에서의 리허설 때 한옥희는 도로교통법 위반으로 경찰에 연행

영화, 변혁운동이 되다

됐고, 모여든 군중은 강제 해산됐다. 이들의 행위를 본 누군가가 계룡산에서 온 유사종교 집단이 명동에 진출했다고 신고했기 때문이다. 당시 이들은 객사한 영혼들을 위한 위령제를 목적으로 거리굿을 벌인 것이었다. 무당 역을 맡았던 배우가 구성지게 읊은 굿거리장단에는 그들이 위로하고자 했던 대상이 묘사돼 있었다.

"……젊은 처녀가 강간 끝에 애를 배고 목을 맸소/날이 새고 달이 차니/허리에 동여맨 헝겊이 한 필이냐 두 필이냐/늑대의 밥이 되고 이리에 할퀴었으니 깨끗하고 곱던 몸이/만신창이 되었구나/애고애고 서럽도다 얼씨구."

청량리에서의 굿이 다 끝난 후 한옥희와 이정희는 또다시 도로교통법 위반으로 경찰에 연행됐다.

영화사들이 모여 있던 충무로 가까이에 당시 중앙정보부가 있었는데, 남산에서 촬영할 때는 수상한 여자들이 영화 찍고 있다는 신고가 들어가, 청량리정신병원에 끌려갈 뻔하기도 했다. 당시 시대상에서 이들의 활동은 대중이 온전히 받아들이기는 어려울 만큼 파격적이고 급진적이었다.

그럼에도 꿋꿋하게 활동을 이어갈 수 있었던 것은 하길종 감독과 유현목 감독, 변인식 평론가 등 영화인들의 지원과 관심 덕분이었다. 1968년 유현목, 변인식 등은 전위영화 모임 '씨네포엠'을 만들어 〈선〉〈손〉 등의 작품을 만들었으나 오래가지 못했다. 이후 몇 년의 시간이 흘러 한옥희 등 카이두클럽의 젊은 여성들이 실험영화에 뛰어들자 이들은 적극적인 관심과 함께 후원자 역할을 맡았다. 당시 유현목 감독은 "뉴욕의 그리니치빌리지영화제나 시라즈영화제를 주시하고 있지만 카이두의 작품은 이런 영화제에 내놓아도 당당한 작품이 될 것"이라며 실험영화 전망을 밝게 예상했다.

기성 영화계에 자극제가 되다

당시 만들어진 한옥희의 〈구멍〉은 실험성을 바탕으로 사회현실을 상징적으로 묘사했다. 작은 구멍 속에 나온 사람이 세상을 떠도는 모습을 담았는데, 사형수의 단두대 이미지 등 사회적 속박을 상징하는 장면을 넣었다.

40년 전에 만들어진 실험영화임에도 불구하고 시대상을 은유적 기법으로 묘사했기에 요즘 봐도 어색하지 않을 정도로 세련된 작품이다. 그 외의 작품들도 "의도적으로 대사와 음향효과를 배제하면서 한 여인이 갖는 욕구의 세계를 환상적으로 표현하는 등의 실험"(주진숙 외, 『여성영화인사전』, 소도, 2001)을 담고 있다.

변인식 평론가는 이들의 작품에 대해 "한결같이 순수 예술영화를 지향하면서 영화를 위한, 영화에 의한, 영화의 카이두임을, 카랑카랑한 사운드와 휘둘러치는 시각의 회전을 통해 보여주었다"며 "움직이는 영화의 동정을 지키면서 비영화적인 것을 파괴했다"고 평가했다. 이어 "그러나 전체적인 포토제닉한 영화의 혼과 표현하고자 하는 오브제를 좀 더 다부지게 물고 늘어졌으면 하는 아쉬움이 남는다"며 "이런 시도는 썩은 늪 속을 꿰뚫는 신선한 바람과 햇살처럼 기성 영화계에 하나의 자극제가 됐을 법하다"고 덧붙였다.

카이두클럽은 1974년 자체 영화제인 실험영화 페스티벌을 시작해 2회 정도 개최했다. 한옥희는 "1972년부터 모임을 하기 시작했으나, 1974년 각자가 작업한 작품들이 완성된 후 공식적으로 모임을 발족

영화, 변혁운동이 되다

했다"고 말했다.

한옥희는 16mm 실험영화 〈구멍〉〈밧줄〉〈중복〉(1974) 〈세 개의 거울〉〈2분 40초〉(1975) 〈색동〉 등의 작품을 제작했고, 김점선은 〈74-A〉〈75-13〉, 이정희는 〈XXOX〉〈그러나 우리는 다시 출발해야 한다〉 등을 남겼으며, 그 외에 회원들이 공동 제작한 〈몰살(沒殺)의 노래〉〈엘레베이터〉 등의 작품이 있다. 카이

1974년 카이두 실험영화 페스티벌 팸플릿
_한옥희 제공

두클럽은 1976년 이후 핵심 회원들의 유학 등으로 인해 자연스레 해체됐다.

카이두클럽의 핵심이었던 한옥희는 1980년 광주항쟁이 일어나기 전 독일로 유학해 영화를 공부했고, 귀국 후에는 1991년 만해 한용운의 〈님의 침묵〉 등 영상시집과 〈5000년의 신비〉, 1993년 대전 엑스포 정부관 영상물 〈달리는 한국인〉(70mm) 등 다수의 다큐멘터리를 제작했다. 이후 국제영화비평가연맹 한국본부 회장을 역임했고, 한국영화평론가협회 회원으로 활동하고 있다.

여성 주체의 전위적이고 실험적인 활동

카이두클럽은 한국 영화운동이 본격화되기 전인 1970년대 유의미

한 발자국을 남긴 것으로 평가된다. 1970년대의 사회 분위기 속에서 여성들이 중심이 된 모임이 한국 영화운동의 선구자적인 활동을 했었기 때문이다. 강성률(평론가)은 "카이두클럽이 1970년대라는 시대에 전위적이고 실험적인 활동을 했었고, 무엇보다 여성들이 주체가 되어 활동했다는 점에서 상징적인 면이 있다"고 평가했다.

특히 여성 영화인이 중심이 된 활동은 카이두클럽 이후로 더 이어지지 않다가, 1980년대 후반 여성 창작 집단 '바리터'가 생겨나면서 맥을 이어간다. 물론 전위적 실험영화를 추구한 카이두클럽과 80년대 말 영화운동으로 독립영화가 중심이었던 바리터의 활동 범위나 양상은 달랐다. 그러나 카이두클럽이 한국 영화운동이 본격적으로 시작되기 전, 저항의식을 내면에 두고 사회변혁을 위해 전위적 행위예술을 펼쳤다는 것은 그 의의가 작지 않다.

하지만 이를 다르게 평가하는 시각도 있다. 평론계의 원로인 김종원(평론가)은 "당시 영화를 공부하던 일종의 아마추어들 모임으로 볼 수 있지, 한국영화 중심에서 진행된 새로운 영화운동과는 벗어난 것"이라고 말했다.

변재란(영화평론가, 순천향대 교수)은 "사회변혁의 시각들이 존재했고, 특별했던 것은 맞다"고 특수성을 인정하면서도 "영화운동을 어떻게 정의하느냐에 따라 다르게 이해될 수 있고 70년대라는 맥락과도 관련지어 봐야 한다"며 "새로운 실험적인 면에서 중점을 둔 것으로 볼 수 있다"고 평가했다.

〈영자의 전성시대〉와 영상시대

1970년대 군사독재 시절 사회문제를 담은 영화의 대표작은 1975년 개봉한 김호선 감독의 〈영자의 전성시대〉였다. 군사정권 초기 정진우 감독의 〈증언〉이 자유당 시절 정치깡패들을 비판하는 내용을 담았다가 유가족들의 진정으로 심한 가위질을 당한 적이 있었으나, 〈증언〉은 이전 정권인 자유당 시절에 대한 비판이었다.

반면 〈영자의 전성시대〉는 당대의 사회 모습을 비판적으로 그렸다는 점에서 사회파 영화의 출발이라고도 볼 수 있다. 3중, 4중의 검열을 통해 표현의 자유가 제한당하던 암흑의 시절이었지만 영화는 호평을 받았고, 지난 100년의 한국 영화사에서 100대 작품에 오를 만큼 중요한 영화로 각인돼 있다.

〈영자의 전성시대〉는 가난한 시골에서 올라온 영자가 부잣집 가정

김호선 감독 연출
〈영자의 전성시대〉
_김호선 제공

부로 일하다 주인집 아들에게 겁탈당한 후 쫓겨난 후 장애를 입고 호
스티스와 창녀로 떠도는 삶의 궤적을 추적하고 있다. 가사도우미로
있을 때 만난 철공소 노동자 창수와 만남과 헤어짐을 통해, 희망이
없는 군사독재시대 젊은이들의 방황과 삶을 사실적으로 그려냈다.
사회문제를 보는 감독의 시선이 잘 담긴 영화였다. 높은 작품성으로
인해 1970년대 한국영화 중 가장 돋보이는 작품 중의 하나다.

개발독재 시대, 무자비한 권력과 매판자본의 폭력 아래서 출구를
찾지 못하는 인간의 모습을 그리고 있는 〈영자의 전성시대〉는 당시
사회를 대놓고 비판하거나 구호를 외치지 않는다. 살려달라고 비명
을 지르지도 않는다. 그저 밑바닥을 살아가는 인간 군상들의 삶의 면
면과 등장인물들의 충돌을 통해 사회현실을 냉정한 시선으로 바라보
며, 은유와 상징으로 묘사하고 있다.

개인의 인권과 삶이 짓밟힌 채 쓰레기 더미 속에 팽개쳐져 스러져
가는 개발독재 시대의 처참한 현실에서 희망을 잃지 않게 해준 건,
오직 주인공 영자를 향한 창수의 사랑이었다. 그게 영화의 가장 큰
힘이었고, 감동의 근원은 순애보였다.

영화, 변혁운동이 되다

김호선 감독은 〈영자의 전성시대〉에 대해 "아마도 내 잠재의식 속에 쌓여 있던 뭔가가 이 작품을 만들게 했는데. 잘 모르겠다. 아쉬운 게 너무 많다"며 "4·19혁명과 5·16군사 쿠데타 같은 질곡의 역사를 겪으면서 우리 사회 표현의 자유와 인권의 문제가 심각했고 관심사였기 때문에 〈영자의 전성시대〉를 만들게 됐다"고 말했다.

이 작품은 1970년대 작가주의적 성향을 띤 의식 있는 영화감독의 시대를 열었다고 평가받는다. 당시 액션과 멜로, 일제강점기를 배경으로 한 영화들이 주류를 이뤘던 현실에서, 사회적 가치에 주목한 감독의 인식이 새로운 작품을 만들어낸 것이다.

검열을 피하기 위해 멜로를 강조하다

〈영자(英子)의 전성시대(全盛時代)〉의 원작은 같은 제목의 조선작 작가 단편소설이다. 김호선 감독은 "우리 사회가 산업화 시대로 전환되면서 쓰레기 더미 속으로 밀려가는 소외계층의 빈곤과 고통의 비명 속에서 '영자'라는 이름은 대중에게 위로의 대상이자 상징적 인물이었다"고 의미를 설명했다.

하지만 당시에는 사회 지도층이나 빈곤층을 소재로 영화로 만들 수가 없었다. 특히 공권력에 대한 도전이나 사회적 지위가 있는 인물들을 부정적으로 묘사하는 건 불가능했다. 정부의 정책과 시책을 따라야만 했고 개인의 의사를 표출하는 것까지도 공권력에 도전한다는 이유로 용납되지 않았던 시절이었다.

게다가 영화제작사들은 너나 할 것 없이 외국영화 수입에 혈안이 되어 그 쿼터를 따기 위해 정부시책에 부합하는 영화를 만들던 시대였다. 한국영화 네 편을 만들어야 돈이 되는 외국영화 한 편을 수입할 수 있다 보니, 〈영자의 전성시대〉와 같은 작품성 높은 영화를 제작하기는 어려웠다.

검열의 칼날을 피하는 일도 난관이었다. 검열이 일상화된 시기에 개발독재의 시작을 다룬 작품이라 투자자를 구하기도 쉽지 않았다. 김승옥 작가와 함께 쓴 시나리오에서 창수와 영자의 멜로를 강조한 것은, 검열을 피하려는 방편이기도 했다.

김호선 감독은 "그런 장치가 없었더라면 시나리오의 검열 통과가 어려웠을 것"이라고 말했다. 그런데도 시나리오 검열에서 20개 부분을 지적당했다. 하지만 연출자의 의도가 중요했기에 의도를 숨기고 시나리오를 수정해 제작에 들어갔다. 이 과정에서 영화의 내용도 일부 바뀌었다. 시나리오는 원래 주인공 영자가 서울역 육교 위에서 스스로 떨어져 죽는 것이었다. 그러나 제작자가 주인공이 죽으면 잘못된 사회를 비판하는 것이 되니, 절대 죽이면 안 된다고 반대하면서 결국 한창 개발이 시작되던 여의도를 배경으로 영자의 모습을 에필로그 형식으로 담게 됐다.

1973년부터 준비한 영화는 2년 가까운 시간이 걸려서 제작에 들어갈 수 있었다. 영화가 본격적으로 길을 찾게 된 것은 김호선 감독이 영화기획자 황기성(황기성사단 대표)을 만나게 되면서부터였다. 이 작품을 성공시킬 수 있다는 자신감이 생기면서, 김승옥 작가와 의기투합해 당시 태창영화사에서 작품 준비에 들어간다.

그러나 주연 여배우 캐스팅 문제로 제작사와 대립하게 되면서 난관에 부딪힌다. 회사에선 당대 톱스타 여배우를 캐스팅하려 했지만 김호선 감독은 반대했기 때문이다. 기성 배우는 이미 매너리즘에 빠

〈영자의 전성시대〉
촬영 현장
_김호선 제공

져 영자 역할을 수행하기 어렵다고 주장한 감독은, 반드시 신인이어
야만 작품이 성공할 수 있다고 고집을 부렸다.

　김호선 감독이 선택한 배우는 TV에서 단역으로 잠깐씩 나오는 염
복순이었다. 사실 김호선 감독은 시나리오 쓰는 과정에서 그를 관심
있게 지켜본 상태였다. 그는 당시 상황을 이렇게 설명했다.

　"제작사가 발칵 뒤집혔다. 신인 감독에게 톱스타 배우를 캐스팅해
준다는 건 행운인데도 이를 거절하니 '미친놈, 건방진 놈' 등 온갖 비
난을 들을 수밖에. 뭐 회유도 안 되니까 끝내 감독을 교체하기로 결
정하더라. 하지만 원작의 판권을 내가 갖고 있었다. 내가 판권을 넘
기지 않는 상태에서는 제작사도 어쩔 수 없었다. 그래서 (제작사가) 굴
복하게 된 거다."

　예나 지금이나 신인 배우를 주연으로 캐스팅한다는 건 제작사에게
모험이고, 톱배우가 출연해야 흥행을 보장받을 수 있다는 공식은 똑
같다. 그런 공식을 무시하고 신인 감독 김호선은 모험을 감행한 것이
었다.

당시 염복순을 선택한 것에 대해 "그녀에겐 잡초 같은 강한 생명력과 백치미가 있어 좋았다. 더구나 기성 배우의 때가 묻지 않아 신선했다"고 말했다. 이어 "캐스팅 과정서 많은 고통을 겪었지만, 고통을 당할 만큼의 보상과 가치는 충분했다. 역시 내 선택이 옳았다는 생각을 한다"고 술회했다.

　　주연 여배우를 양보할 수밖에 없었던 제작사는 대신 두 가지 조건을 건다. 첫째는 구정(설날) 프로그램으로 극장과 계약이 돼 있으니 개봉일을 지켜야 한다는 것, 둘째는 감독 의도대로 영화를 만들어 검열을 통과하지 못할 때는 모든 책임을 감독 혼자 져야 한다는 것이었다. 주연 여배우 선정 문제로 2개월여 시간을 소비한 감독으로서는 수용하지 않을 수가 없었다.

　　당시 제작사가 물러났던 건 이미 시나리오만 갖고 입도선매를 통해 제작비를 받아놨기 때문이었다. 1970년대 한국영화는 배급을 권역별로 했기 때문에 지역의 극장주들이 기획 중인 영화를 선금을 주고 완성 전에 선점하곤 했다. 제작비를 받아놓은 제작자들은 대신 정해진 기한 내에 영화를 완성시켜야 했다.

　　곧바로 촬영 준비에 들어갔다. 모든 상황이 열악했지만. 환경 탓을 할 수만은 없다. 김호선 감독은 '불가능은 없다'는 각오로 충무로에 여관 두 곳을 얻어 야전사령부를 차리게 된다. 주연배우는 물론, 전 촬영 스태프들이 합숙하며 주야로 촬영을 강행했다.

　　사실 당시 제작사는 감독과 실랑이를 벌이면서 작품에 대한 흥행은 포기한 상태였다고 한다. 오직 검열 통과와 약속된 개봉일만 지켜지면 그만이었다 이미 지방 극장에 입도선매를 통해 영화를 배급하는 계약이 체결됐기 때문에, 제작비를 적게 들여 수익을 남기자는 심

　　　　　　　　　　　　　　　　　　　영화, 변혁운동이 되다

산이었다. 촬영 현장에 당시 깡패 수준의 힘 센 제작부를 투입해 협박과 공포 분위기를 조성했다. 필름을 충분히 주지 않아 NG도 못 낼 판이었다.

이런 악조건을 이겨낼 방법은 연기자들과 연습을 반복해 극복하는 길밖에 없었다. 김호선 감독은 "나에겐 불가능이 없다, 나는 할 수 있다는 의지 하나로 싸워 나갔다"고 회상했다.

1974년 12월 프리 프로덕션(사전 준비)에 이어 1975년 1월 2일 크랭크 인이 들어간 영화는 약 40일 동안 촬영과 후반 작업, 검열을 거쳐 약속된 개봉 예정일인 2월 11일 하루 전에 가까스로 완성됐다.

김호선 감독은 "모두가 신인 감독 능력으론 불가능하다고 했지만, 그러나 불가능을 가능케 했던 건 시나리오 쓰는 과정에서 작품에 대한 숙지와 헌팅(현장답사)를 철저히 했기에 콘티도 없이 영화를 찍을 수 있었고, 스태프들이 잘 따라줬기에 가능한 일이었다"고 말했다.

개봉 전날 밤 10시께 검열을 마쳤는데 20여 군데 화면과 대사가 잘려 나갔다. 사창가 단속을 나온 경찰이 폭력을 행사하는 장면은 사회적 혐오를 일으킨다는 이유로, 시민이 항의하는 장면은 공권력에 대항한다는 이유로 삭제됐다. 경찰이 나쁘게 묘사된 장면도 마찬가지였다. "이따위 세상이 어디 있냐"는 대사도 필름에 남을 수가 없었다. 잘린 부분을 프린트 편집이라도 해야 하는데, 작업할 수 있는 시사실이 없었다.

그나마 제작 기간이 빠듯했기 때문에 제작자의 간섭은 최소화할 수 있었다. 만일 제작 기간이 여유로웠으면 제작자가 편집에 관여했겠지만, 워낙 시간이 없으니 간섭은 적었고, 감독도 A프린트(극장 상영본)를 개봉하고 나서야 확인할 수 있었을 정도였다.

김호선 감독
_ 김호선 제공

　개봉 첫날 김호선 감독은 영화가 개봉하는 을지로 국도극장 길 건너편에 떨리는 심정으로 서 있었다. 길게 늘어서 있던 버스 몇 대가 떠나자 극장 앞은 관객들로 인산인해를 이루고 있었다. 당시의 감정을 김호선 감독은 이렇게 회고했다.

　"가슴에서 뭔가 울컥하고 올라왔다. 나를 부정적으로 폄하하던 사람들 얼굴이 떠오르기도 했다. 극장에서 내가 만든 작품을 처음 봤는데, 검열에서 가위질당한 부분의 사운드와 화면이 툭툭 끊기고 영화가 거칠었다. 편집을 다시 하고 싶었다. 그런데 당시는 검열에서 잘린 부분의 네거티브 필름(원판 필름) 자체를 검열 당국에 강제적으로 압수하고 폐기 처분한다. 영원히 〈영자의 전성시대〉 원본은 복원이 불가능했다. 마치 내 몸이 갈기갈기 찢겨 나간 것처럼 많이 아팠다."

　그럼에도 불구하고 극장 앞은 밀려드는 관객으로 인산인해를 이뤘다. 낮 12시 전에 전회 매진되고 암표 장사가 판을 치는 가운데 처음 한 달 동안은 청량리의 윤락 여성들, 구로공단과 청계천의 여공들, 창수와 같은 공장 노동자들로 매일 만원사례를 기록한다. 이어 두 달째는 대학생과 일반인들로 극장이 가득 찼다.

　　　　　　　　　　　　　　　　　　　　영화, 변혁운동이 되다

당시 서울 인구가 600만 정도였는데, 전국에서 개봉관은 국도극장 한 곳뿐이었다 매일같이 영자의 신드롬에 대해 언론과 방송의 보도가 잇달았고, 시사평론지 『서울평론』 표지에 영자의 얼굴이 실렸다. 〈영자의 전성시대〉 현상을 사회적 이슈로 다루는 사회학자와 종교학자들의 기고가 이어졌다.

　　그러자 상류층 관객까지 쏟아져 나왔다. 그들은 구토하듯이 말했다. "정말 우리 사회가 이렇단 말인가!"

　　변인식 영화평론가는 "김호선 감독은 한국 영화사에서 보기 드물게 흥행성과 작품성이라는 두 가지 미덕을 지닌 특출한 감독으로 손꼽힌다"며 "70~80년대 군부 독재의 서슬 퍼런 검열의 시간대를 헤쳐나가는 한 가지 방법론으로서 그는, 각박한 현실을 힘겹게 살아가는 다양한 여성상을 그의 작가적 필모그래피를 통하여 표출해내며 앞에서의 두 가지 미덕을 동시에 수용하고 있다"고 평가했다.

　　김수남 교수(영화평론가)는 개인 평론집에서 "김호선 감독의 평전에서 주제의식과 작가정신이라는 작품세계 분석을 통해서 살펴보면, 고통과 모순의 시대에서 영화가 무엇을 표현해야 할 것인가에 대한 김호선의 물음을 읽을 수 있다"며 "김호선의 작품 〈영자의 전성시대〉는 당시의 한국 사회의 암울한 현실에 직접 다가선 영화였다"고 평가했다.

　　또 "1970년대 우리 사회는 급속한 경제개발과 권위주의적인 독재 체제가 휘두르는 막강한 권력과 도시화에 따른 빈부의 격차로 흔들리는 가치관이 어지럽게 혼재한 시대였다"면서 "풍요와 성공은 모두에게 열려 있는 것처럼 보였지만 정작 그것을 얻은 사람보다는 가난과 절망 속에서 짓밟히며 희생당하는 사람들이 더 많았고, 〈영자의 전성시대〉는 그 같은 현실에 영화가 다가서야 한다는 것을 실증한 영화다"라고 호평했다.

〈영자의 전성시대〉는 개봉 2개월여 만에 단일 극장에서 40만이 넘는 관객이 찾으면서 당시 최고의 흥행 영화가 됐다. 이어 전국 극장으로 확산됐다. 제작자는 입이 찢어져 다물 줄 모르며 이번 성공은 회사가 감독을 열심히 뒷바라지한 덕분이라며 자화자찬하기에 여념이 없었다.

김호선 감독은 하루아침에 유명 감독 대열에 섰지만 "별로 달갑지 않았다"고 말했다. 독재정권과 매판자본이 결탁해 만들어내는 영화는 더 이상 희망이 없다는 절망감이 들었기 때문이다.

"현실을 외면하는 메시지가 없는 영화는 영화가 아니다"라고 생각했으나, 영화감독으로 살아남으려면 정부시책 영화나 만들며 목숨을 부지해야 하는 시절이었다. 그럴 바에는 더 이상 영화를 만들 이유가 없다고 생각할 만큼, 자유롭게 영화를 만들 수 없는 높은 현실의 벽을 새삼 깨달아야 했다.

김호선 감독은 당시의 심정을 영자의 모습에 빗대 이렇게 말했다. "'영자'가 한쪽 팔을 잃고 절망 속에서 지친 몸을 이끌고 화려한 도시를 배회하지만, 아무도 그녀에게 구원을 손길을 내밀지 않았다. 오히려 냉소적이었다. 그녀는 서울역 염천교 위에서 달리는 기차 위로 자살을 시도한다. 내가 그때 딱 그런 심정이었다. 그러다 보니 철저하게 통제된 사회에서 표현의 자유는 물론이고 개인의 인권을 무차별로 짓밟고 있는 군사독재정권이 하루빨리 무너지기만 바라게 됐다."

영화, 변혁운동이 되다

'영상시대' 결성

한국 영화사에서 중요한 사회 비판 영화였던 김호선 감독의 〈영자의 전성시대〉는 이후 '영상시대'의 결성으로 이어진다. 김호선 감독은 '영상시대'에 대해 "새로운 영화 흐름에 대해 고민하며 당대 감독과 평론가가 뭉쳐서 한국영화의 미래를 바꾸기 위한 '뉴시네마 운동'을 전개하는 모임이었다"고 말했다.

영상시대는 영화가 더 이상 독재정권의 하수인이나 나팔수 역할을 하지 않기 위해 개선이 필요하다고 주장했다. 첫째는 영화 제작을 허가제에서 등록제로 바꿔 누구나 영화를 만들 수 있어야 하며, 둘째는 검열 제도를 폐지해 표현의 자유를 보장해야 하고, 셋째는 우리 영화감독들은 외국영화(미국, 일본, 홍콩) 베끼기에서 벗어나 작가의식을 가지고 창의적으로 영화를 만들어야 한다는 것이었다. 이런 변화를 통해서만이 한국영화가 발전할 수 있다는 취지였다.

영상시대는 단순한 흥행 감독으로서의 재능이 아니라 끊임없이 창작의 용광로를 스스로 달궈가는 작가적 고민에 기인했다. 김호선, 하길종, 홍의봉, 이장호, 홍파(감독), 변인식(평론가), 김화영(불문학 교수) 등은 잡지 『영상시대』를 발간하며 뉴시네마 운동을 전개했다. 불황의 늪에 빠져 침체 일로를 걷고 있던 한국 영화계에 새 바람을 일으키며 좌표를 제시한 것이다.

김종원(평론가)은 "영상시대는 '예술로서의 영화'를 표방한 새로운 영화운동의 일환이었다"며 "30대 중후반에 이르는 영화인들로 구성된 이 모임은 연출 지망생과 신인 배우를 모집하는 등 의욕적인 활동을 했다"면서 이렇게 설명했다.

영상시대 회원들.
왼쪽부터 이장호
감독, 홍의봉 감독,
김호선 감독, 하길종
감독, 변인식 평론가
_김호선 제공

"영상시대는 하길종 감독과 변인식 평론가가 새로운 표현 방식과
영화에 대한 고민을 나누고자 했던 시도였다. 힘을 얻기 위해 김호선
홍파, 이원세, 이장호 감독 등에게 함께하기를 제안해 이들이 동참한
것이다. 하길종, 변인식, 이원세 감독 등은 평론도 쓸 만큼 필력을 갖
춘 분들이어서 글을 통해 새로운 이론을 외부로 알리려 했다. 하길종
감독이 미국 유학파였기에 뉴아메리칸시네마 등의 영향을 받은 것으
로 볼 수 있다."

김종원은 "한국 영화사에서 보기 드문 새로운 영화운동의 모색으
로 평가할 수 있으나 현실적인 한계에 부딪혀 3년여 만에 활동을 접
어야 했다"며 "그러나 이들이 1977년과 1978년 발간한 두 권의 『영
상시대』는 수준 높은 영화잡지였다"고 평가했다.

『한국영화 100년 100경』에서 안재석 교수는 영상시대가 갖는 의의
와 한계성 및 활동에 대해서는 이렇게 평가했다.

'영상시대'는 이념보다는 예술을 중심에 둔 운동이었으며 동시대
의 정신을 표현하려는 영화적 시도였다. 하지만 이들의 한국영화 예

영화, 변혁운동이 되다

술화 운동은 동시대 청년 관객들과 공감대를 형성하지 못했고, 선언적 구호에 머물렀다는 한계를 지닌다. 또한 30대 흥행 감독이라는 지명도에 의존했다는 점과 개인적 친분으로 결성한 동인체가 갖는 느슨한 연대감 등은 '운동'으로서의 동력을 허약하게 했다.

후세의 평가대로 영상시대는 충무로 주류 영화인들이 나선 영화운동이라는 의미는 갖고 있다. 그러나 사회변혁을 기조로 진행된 이후 한국 영화운동과는 방향에서 차이가 컸다. 서구의 영화운동과 같은 흐름에서 사회에 대한 비판의식을 영화를 통해 표현하는 일종의 표현의 자유 확장을 목적으로 두고 있었기 때문이다. 김호선 감독도 "정권을 바꾸거나, 정치적인 구호를 외치는 영화운동이 아니었고, 새로운 배우를 발굴하는 등의 성격이었다"고 말했다.

다만 이들은 1980년 이후 본격화된 영화운동에 지원자로서의 역할을 하게 된다. 영상시대 활동을 했던 이원세 감독은 〈난장이가 쏘아올린 작은 공〉(1981)을, 이장호 감독은 해외 반출 불가 판정을 받은 〈어둠의 자식들〉(1981), 〈바보선언〉(1983) 등 사회성 짙은 작품들을 내놓는다.

1980년대 재야에서 영화운동을 하며 독립영화를 만들던 영화인 중에는 충무로로 통칭되던 주류 영화 시스템에 진입할 때 이장호 감독의 연출부에서 출발한 경우가 많았다. 한국 영화운동이 충무로로 확대되는 과정에서 영상시대 회원이었던 이장호 감독이 이들을 품어주는 역할을 했기 때문이다.

02

영화 청년들의 실천과 도전

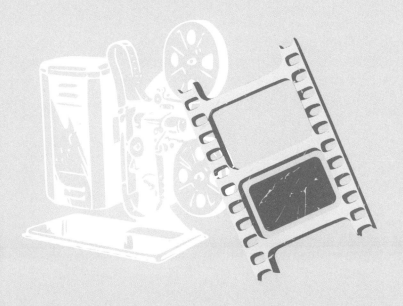

서울대 영화연구회, 얄라셩

박정희 군사독재에 대한 반발로 실험영화 집단이 생기고, 사회파 영화가 등장하며, 한국영화의 방향성에 대해 새로운 모색을 하던 1970년대 후반. 서울대 공대에서 생겨난 작은 영화동아리가 이후 한국영화에 큰 역할을 하게 될 것이라고 예측한 사람은 아마 아무도 없었을 것이다.

그만큼 1979년 서울대 공과대학 학생들이 모이면서 시작된 얄라셩 영화연구회는 한국 영화운동의 밑바탕 구실을 했던 첫걸음이라는 점에서 영화사적으로 매우 큰 의의가 있다. 물론 본격적인 영화운동의 출발에는 80년 5월 광주 학살의 충격이 작용했고, 영화운동이라는 표현이 등장한 것도 그 이후였으나, 1979년 출발한 얄라셩은 학생운동이 활발해지던 당시 대학가 유일의 영화서클로 향후 영화운동의 기초 역할을 맡게 된다.

출발은 1979년 4월 23일자 서울대 학보인『대학신문』에 나온 짧은 광고였다. 가로 5.5cm, 세로 15cm로 나온 광고 내용은 간단했다.

당신도 영화를 만들 수 있다! 소형영화(8mm, 16mm) 제작에 관심이 있는 서울대생을 찾습니다. 얄라성 영화연구회. (연락처 : 서울대학교 보건진료소 최재현)

광고를 낸 사람은 서울대 문리대 심리학과 66학번으로 당시 국립영화제작소에서 감독 수업을 받은 후 기획 업무를 맡고 있었던 이봉원 감독이었다. '얄라성'은 그가 1974년 창단한 극단 이름이었다. 당시 기독교방송 피디였던 이봉원은 창작극을 제작 공연하려고「청산별곡」의 여음구인 '얄리 얄리 얄라성 얄라리 얄라'에서 '얄라성'을 극단 이름으로 따왔다.「청산별곡」의 가사를 좋아해 지은 이름이었다. 그는 대학 재학 시절 '국어운동학생회'를 창립하기도 했다.

이봉원은 2002년 서울대『대학신문』에 보낸 글에서 "당시 여러 대학교 학생들을 중심으로 1979년 4월 '얄라성 영화연구회'를 창립해 1년간 운영하면서, 한국 영화계와 관련 있는 영화기획자, 기자, 화가, 작가, 감독, 연극인, 무용가 등으로 '화요일에 만난 사람들'이란 작은 모임을 만들었다"며 "여기에 후배들을 끌어들이려 했다"고 밝혔다. 영화학과도 없고 영화서클도 없는 모교에도 영화에 관심 있는 후배들이 많을 것이라 생각해, 서울대에서 근무하던 부인을 통해 공고를 낸 것이었다.

당시 공대생으로 첫 모임에 나왔던 김동빈(감독)은 "당시 충무로에

1980년대 얄라셩 초기 회원들. 왼쪽에서 세 번째가 김동빈 감독, 네 번째 김인수 대표, 오른쪽 끝 김홍준 감독 _김인수 제공

있던 이봉원 감독이 젊은 영화인들과 모임을 하다가 이를 대학생들로 넓혀보자는 취지로 광고를 낸 것으로 알고 있다"며, "첫 모임에 네 명이 나왔는데 공교롭게 모두 다 공대생이었다"고 회상했다. 학과는 서로 달랐다. 김동빈은 "인문사회계열 학생들이 많을 줄 알았는데 한 명도 없었다"면서 "아마도 인문사회계열은 문화운동에 관심은 있었으나 그만큼 한국영화를 낮게 취급했기 때문으로 보인다"고 덧붙였다. 당시 모이던 장소가 지금도 대학로 마로니에공원에 있는 학림다방이었다.

보는 영화에서 만드는 영화로

하지만 매주 한 번씩 모임을 이어갔으나, 별다른 진척이 없다 보니 이봉원 감독은 "나중에 다시 보자"는 식으로 한발 물러섰고, 이후 한 명이 빠지면서 홍기선, 문원립, 김동빈 세 명만 남게 됐다. 그들은 프랑스문화원과 독일문화원을 다니며 영화를 봤고, 당시 평론과 이론에 관심이 많았던 문화원 세대 전양준, 강한섭 등도 만나게 됐다. 당시 20명 정도가 무리 지어 몰려다니던 시절이었다.

그러나 영화를 보는 것도 점차 재미가 없게 느껴지자 직접 만들어 보자는 이야기가 나왔다. 어차피 영화를 만들고 싶었기에 촬영 장비도 구비했다. 김동빈은 "아르바이트를 해서 8mm 카메라를 개인적으로 구입했다"고 말했다.

김동빈은 "당시는 서클이 허가제였고 경찰이 학내에 거주하며 사찰할 때라 어용 서클이 아니면 등록해주지 않아, 정식 서클은 아니었고 세 명이 어울리는 수준이었다"고 말했다. 이후 1979년 10월 26일 박정희 피살 이후 자유화 바람이 불기 시작하면서 서클 신설도 허가제가 아닌 등록제로 바뀌게 됐다. 공릉동에 있던 공과대가 관악캠퍼스로 이전한 후 1980년 3월 20일에 '얄라셩 영화연구회'가 서울대 학생회 산하단체로 가입하면서 정식 활동을 시작했다. 그리고 영화를 만들기 위해 회원 모집에 들어간다. 당시 서클 구성의 필수적인 조건은 두 개 이상 단과대 학생들이 모여야 한다는 것이었다. 공과대를 중심으로 미대와 사범대 학생들이 합류했다.

초창기 회원은 설립 주축인 홍기선, 김동빈, 문원립을 비롯해 김홍준, 김인수, 임병용, 이원태, 황주호, 천인국, 이홍철, 김진선, 김홍식, 조철현, 박은미, 박영신 등 16명이었다. 그 이후에 박광수, 송능한, 황규덕이 추가로 합류했다.

황규덕(감독)은 2004년 하재봉(평론가)과의 인터뷰에서 "대학 4학년

영화, 변혁운동이 되다

(1981) 12월, 학교에 있는 영화서클 '얄라셩'의 문을 두드렸다"며 "신입 부원이 되겠다고 하자 당시 (얄라셩 회장이었던) 2학년 김인수가 황당해했고, 선배인 박광수 감독이 없었으면 가입이 불가능했다"고 말했다.

김동빈은 "서클 이름을 바꾸기 위해 투표도 해봤지만 다들 의견이 달라서 얄라셩이란 이름을 계속 쓰기로 했다"면서 "처음에는 운동적인 관점은 없었으나, 이후 진화하고 발전했다"고 말했다.

이봉원 감독은 이후 첫 작품 〈엘리베이터 올라타기〉(1986)을 찍을 때 조감독으로 일하려던 홍기선(감독)이 '파랑새 사건'으로 구속되면서 고초를 겪어야 했다. 홍기선이 경찰 조사를 받으며 이봉원의 조감독이라고 신분을 밝힌 데다, 두 번째 작품이었던 〈내일은 뭐 할거니〉(1986)라는 영화를 찍기 위해 등록했던 제작사 이름이 '얄라셩 프로덕션'이었기 때문이다.

당시 얄라셩이라는 이름은 문제 단체로 관계 당국에 등록돼 있는 상태였다. 이봉원 감독은 졸지에 얄라셩의 대부(?)로 알려지게 되면서 지독한 수난을 받게 됐다. 이 감독은 처음에는 '얄라셩'이었는데, 언제부터인가 '얄라셩'으로 바뀌어 있었다고 회고했다.

대학생들이 영화를 찍는다

얄라셩이 단편영화 제작 과정 중 후시녹음을 위해 자체적으로 만든 녹음 시스템
_김인수 제공

는 것 자체가 일반적이지 않던 시절이었기에 얄라셩 활동에 언론도 관심을 나타냈다. 『중앙일보』(1981.3.26)는 얄라셩을 이렇게 주목했다.

5인치 TV수상기만 한 영상편집기. 5~6개의 필름·테이프를 돌려가며 가위질이 한창이다. 화면엔 열쇠를 닮은 교문, 은행나무가 즐비한 등교길, 잔디밭에 둘러앉은 학생, 도서관 등 서울대 관악캠퍼스 풍물이 스친다. 텅 빈 강의실에서 책가방을 들고 뚜벅뚜벅 걸어나가는 학생 2명이 클로즈업되고 소란스런 구내식당과 자동판매기에서 커피를 꺼내는 장면이 이어진다.

서울대 얄라셩 영화연구회. 지난 겨울방학 동안 촬영한 8mm 소형영화를 편집하고 있는 남녀 회원 10여 명의 눈망울엔 결실을 앞에 둔 뿌듯함이 어린다. 79년 첫 모임을 가진 이 연구회의 현재회원은 모두 30명. 문학·미술 등 여러 예술 장르 중 영상예술이 소재인 이 '서클'은 영상언어가 살아 있는 영화를 만들어 보여주는 것이 목적이다.

회장 송능한 군(20·불어교육과 3년)은 "대학문화 속에 영화예술이 그 뿌리를 내리게 하는 것이 급선무"라며 "견제·비판세력으로 있으면서 창조적인 실험정신을 바탕으로 우리영화의 앞날을 제시해 보이겠다"고 포부를 말했다.

회원들은 직접 시나리오를 쓰며 공동 감독·공동 조연출로 영화를 만든다. 배우가 되는가 하면 촬영기사 역할도 한다. 편집·녹음·음향까지 회원들의 손으로 마무리된다.

초기 회원이자 4대 회장이었던 김인수(제작자, 전 부산영상위원회 운영위원장)에 따르면 처음에는 홍기선(감독)이 회장이었고, 1980년 2대 회장 김동빈(감독), 1981년 3대 회장은 송능한(감독)이었다. 하지만 1981년 6월 1학기를 마치고 송능한이 갑자기 사라지면서 2학년이었던 김

영화, 변혁운동이 되다

인수가 회장을 맡게 된다. 김인수는 "송능한이 연락이 안 되다 보니 회원들 사이에서 회장 없이 어떻게 운영할 수 있겠냐는 이야기가 나왔고, 나보고 맡으라고 해서 회장이 됐다"며 "이때부터 2학기 때 회장이 바뀌는 게 관례가 됐다"고 말했다.

김인수는 얄라셩이 만든 첫 8mm 영화 〈여럿 그리고 하나〉 〈국풍〉 등 당시 제작된 영화 전반에 참여했다. 송능한은 2학기가 시작되면서 다시 나타났는데, 책을 싸 들고 고향인 전주에 머물며 숙고하면서 시나리오 한 편을 완성해 왔다고 한다.

영화는 메가폰과 대자보 이상의 역할을 해야 한다

얄라셩의 중심에는 문화원 세대가 포진돼 있었다. 1970년대 프랑스문화원과 독일문화원에서 영화를 접했던 문화원 세대가 얄라셩의 중심을 이룬 것이다. 김홍준 감독과 황규호 감독, 박광수 감독 등은 얄라셩 이전부터 프랑스문화원을 오가며 영화에 대한 꿈을 키운 문화원 세대였다. 홍기선, 김동빈, 문원립도 79년부터 문화원의 영향을 받게 된다.

75학번 김홍준(감독, 한국영상자료원장)은 "군에서 제대 후 영화를 찍고 싶었는데, 8mm 영화를 찍을 수 있다는 것 때문에 1980년 3월에 본부 서클로 등록된 후 회원으로 가입했다고 했다"고 말했다. 김홍준 감독은 이미 1976년 황규호 감독과 함께 무성영화 〈서울 7000〉을 제작한 경험이 있었다. 이를 바탕으로 얄라셩의 첫 공동 제작 영화에 참여했다. 1980년 얄라셩의 첫 번째 영화마당에서는 〈여럿 그리고 하나〉 〈이층침대〉 〈서울 7000〉 등이 함께 상영됐다.

얄라셩의 첫 작품 〈여럿 그리고 하나〉 촬영 현장 _김인수 제공

초기 얄라셩은 공동 작업을 원칙으로 강조하면서 집단적인 창작
체제로 운영됐다. 1980년 첫 번째 영화마당 자료집에 김홍준이 쓴
글 「왜 영화인가?」는 당시 이들의 생각을 엿볼 수 있게 한다.

개인의 좁은 울타리를 벗어나 이른바 세계와 만나고 그리하여 세
계를 변화시키고 스스로가 변화하기 위한 통로이며 도구로서 영화
를 간주한다면 여기에는 두 가지 단서가 붙을 수 있으리라.
첫째 영화는 현실 참여의 방식으로 정당한 자리를 차지해야 한다.
영화는 때로 메가폰과 대자보의 구실을 할 수 있다. 그러나 영화는
선전 도구 이상이다. …(중략)… 그러므로 영화를 도구로 한 현실 참
여는 그 전략적 목표의 달성과는 무관하게 가장 진실에 가까운 기록
활동이라는 의의를 가지며, 따라서 영화는 냉정한 증인의 입장에서
라도 현실 참여의 마당에 항상 자리 잡을 권리를 거부당해서는 안 된

영화, 변혁운동이 되다

다. …(중략)…

둘째 영화 작업은 공동체의 삶을 체험하고 실험하는 기회를 제공한다. …(중략)… 작가 공동체는 토론과 합의를 거쳐 작품의 이념과 지향을 결정하고 그에 적합한 작업 형태를 창출하며, 공동 작업으로서 작품을 구체화시키고, 완성된 작품이 관람 집단에 전달되기까지의 제 단계를 관리해야 한다. …(중략)… 이념을 같이하며 동시대적 활동을 전개하는 동인 집단의 테두리를 벗어나 작가 공동체는 대화와 토론과 작업으로서 공동체 의식을 형성하여 궁극적으로는 새로운 삶의 형태를 모색하는 데 그 의의를 두어야 한다.

학생운동과 함께 영화도 운동이 되다

얄라셩이 처음부터 영화운동의 성격을 드러낸 것은 아니었다. 『변방에서 중심으로』(서울영상집단, 1996)에 따르면 '운동의 일환으로서 영화를 수용하는 경향과 예술로서의 영화를 대하는 태도가 공존'했다. '이후 학생운동이 심화되는 과정에서 변혁운동의 도구로 영화를 고민했고, 80년대 초반까지는 미숙한 단계'였다.

얄라셩 출신 홍기선이 참여해 〈오! 꿈의 나라〉(1989) 〈파업전야〉(1990)를 만든 장산곶매는 1991년, 내부 문건에서 80년대의 영화운동을 이렇게 평가했다.

영원한 잠에 빠질 것 같았던 영화운동은 1980년대에 들어서 기지개를 켜기 시작했다. 소시민적 민주화운동에 빠졌던 남한의 진보적 운동 진영은 1980년 광주민중항쟁이라는 역사적 사건을 계기로 변혁운동의 새로운 전망을 모색하게 되었으며, 변혁운동은 계급적 깊이를 더해가면서 광범위한 영역으로 확장되어 나아갔다.

이러한 시대적 분위기하에서 대학의 영화서클 회원들이나 문화운동을 하는 사람들 사이에서 영화를 변혁운동의 일환으로 파악하는 경향이 나타나기 시작했다. 그러나 이러한 경향은 80년대 초반까지 다분히 자기 만족적인 성격이 강했다. 이들은 할리우드 영화에 대한 강한 저항감을 갖고 유럽의 누벨바그, 프레시네마 등을 접하면서 진보적 영화에 대한 동경을 꿈꾸는 정도에 불과했다.

얄라셩의 방향성에서 변혁 운동적 색채가 강해진 것은 만든 초기 회원들이 대학을 졸업한 후 1982년 '서울영화집단'을 만들고 나서였다. 여기에는 홍기선의 영향이 컸다.

1984년 노동운동 영화 〈얼어붙은 땀방울〉을 만든 후 얄라셩은 다섯 번째 영화마당 자료집에 실은 「제작 집단의 변」을 통해 영화에 대한 고민을 이렇게 털어놨다. 이 작품의 제작에는 노동자뉴스제작단을 만들었던 81학번 김명준(미디액트 소장)이 참여했다.

한 사회의 기층적 역할을 담당하는 노동자는 직접적 생산자로서 역사 발전의 주체세력이라고 할 수 있다. 그러나, 열악한 노동조건, 세계 최장의 노동시간. 월수 10만 원 이하의 노동자가 전체의 50%, 노동조합의 어용화, 민주노조의 파괴. 개악된 노동법 등등 종속적 발전에 의하여 희생된 한국의 노동자들은 실로 암담한 상태에 있다. 이렇듯 왜곡된 사회구조의 희생자로서 한국 사회의 구조적 모순이 집약되어 있는 노동자들에 대한 당위적 관심에서 우리는 노동문제를 영화의 소재로 선택하였다.

구체적인 영화 제작에 앞서 한국의 노동 경제구조, 노동운동, 노동문학, 노동자 수기 등을 나름대로 공부해가면서 노동자들이 겪는 삶과 그러한 구체적 삶을 통하여 드러나는 사회의 구조적 모순을 총체

영화, 변혁운동이 되다

적으로 표현해보고자 했지만 우리가 지닌 의식의 한계성과 삶의 자리의 차이에서 오는 표현의 부족이 점점 명확해졌고, 그러한 점들은 영화 속에서 적나라하게 드러났다고 생각된다.

우리가 몸짓 하나하나 말 하나하나를 연기해가면서, 우리는 우리가 가진 노동자들의 어려움에 대한 단순한 관심과 그 어려움을 몸소 체현하고 나아가 그들의 고통을 나누는 것 사이에 얼마나 큰 차이가 있는 지를 새삼 깨달았다. …(중략)…

30분이라는 시간 속에 우리의 긴 겨울방학과 우리의 모든 의식이 융해되어 있다. 우리의 삶을 구체적인 현실 속에 몸담음으로써 언젠가는 노동자들의 고통이 치열하게 표현된 영화가 나오고, 그들의 삶이 우리의 주체가 되고 그런 가운데 노동자들이 자신의 권리를 회복하기를 바라며 이 영화를 바친다.

민중영화의 개념을 제시하다

1980년대 학생운동은 이후 학교를 졸업하거나 휴학 후에 노동현장으로 들어가는 것이 일반적이었다. 얄라셩이 노동영화를 만들었던 것도 이런 흐름이 작용한 것이었다. 이들의 고민과 바람대로 몇 해 뒤 노동자들의 고통이 치열하게 표현된 영화들이 나오기 시작했다.

초기 얄라셩의 영화운동의 방향성에 대한 고민에 대해, 이후 얄라셩에서 활동한 후배들은 1987년 3월에 발간한 회지 『영상과 현실』에서 민중영화의 개념을 제기했다고 평가한다.

영화운동이라는 용어가 새롭게 대두된 것은 1980년대였다. 이 말은 단순히 저질의 대명사인 한국영화를 보다 높은 예술적 차원으로 소화시키자는 의도에서 나온 것은 결코 아니었다. 영화운동은 1970

1987년 발간된 서울대 얄라셩 회보
『영상과 현실』 _신종관 제공

년대 문화운동의 성과와 1980년대 한국 영화운동의 성숙을 수렴하면서 대학권에서 제기된 것이다. 1980년 서울대 얄라셩 영화연구회는 창립과 더불어 지배 이데올로기의 수단과 상품화된 상업영화를 비판하면서 민중영화의 개념을 제시했다. 또한 제3세계 영화운동의 경험을 참조하면서 영화 소집단운동의 구체적 방법으로서 '서울영화집단'을 구성하였다.

서울대 얄라셩과 서울영화집단은 35mm 상업영화를 위한 연습 과정으로서 소형영화 운동을 부정하고 상업영화에 대한 일종의 대항영화로서 소형영화를 제기하였다. 즉 영화는 현실 인식과 실천의 수단이 되어야 하며 진정한 영화는 민중과 함께 호흡해야 한다는 것이다. 현재 상업영화가 비록 밝은 모습을 보인다고 하더라도 그것은 체제에 적응된 범위 내에서의 영화에 불과하고 결코 이 땅에 사는 대다수 민중의 요구를 반영한 것은 아니다.

얄라셩 회원으로 장산곶매에서도 활동했던 85학번 신종관은 당시 흐름에 대해 "85년 이후 새로운 영화를 통한 변혁운동으로서의 고민이 현장성의 강화로 이어졌다"고 말했다. 즉 "그동안은 영화를 외형으로 운동을 강조했다면, 영화를 강조하는 분위기로 바뀌었다"는 것이다. 얄라셩은 이후 대동제나 시위대 상황을 촬영해 프로파간다로 활용한다. 노동자들의 파업 현장에 취재 완장을 차고 들어가 비디오 카메라로 투쟁 상황을 담았다.

그 당시 영화운동 진영이 충무로로 대변되는 제도권 영화에 대항

영화, 변혁운동이 되다

해 재야에서 영화를 만들었던 것에 대해서는 한 운동권 선배의 제안 때문이었다고 기억했다. "노동현장에 들어가는 것도 좋지만 꼭 현장을 고집하기보다는 영화를 직접 만들어보는 게 어떠냐고 제안해 방향을 그쪽으로 집중한 것도 있다"고 말했다.

80년대를 대표했던 얄라셩의 영화운동 흐름은 90년대부터는 약해진다. 신종관은 "얄라셩의 운동적 흐름이 90~91년까지 이어지다가 이후 학생운동이 약해지는 과정에서 자연스럽게 영향을 받게 됐다"고 말했다.

초기 얄라셩 회원들은 이후 한국영화에서 중요한 역할을 담당했다. 얄라셩 창립 멤버인 홍기선은 한국 영화운동의 1세대로 꼽히며 〈가슴에 돋는 칼로 슬픔을 자르고〉(1992), 〈선택〉(2003), 〈이태원 살인사건〉(2009), 유작 〈1급기밀〉(2017)을 남겼다. 김동빈은 〈엄마에게 애인이 생겼어요〉(1995), 〈링〉(1999), 〈두 개의 달〉(2012) 등을 연출했다. 박광수는 〈칠수와 만수〉(1988)를 연출하고 같은 해 〈성공시대〉(1988)로 데뷔한 장선우 등과 함께 '코리안 뉴웨이브'의 선두주자가 됐으며, 부산영화제 부집행위원장과 부산영상위원장 등을 역임했다.

김홍준은 영상인류학을 전공한 뒤 임권택 감독의 조감독을 거쳐 〈장미빛 인생〉(1994) 등을 연출하고 부천국제판타스틱영화제 집행위원장, 충무로뮤지컬영화제 예술감독, 강릉국제영화제 예술감독, 한국예술종합학교 영상원 교수, 한국영상자료원장 등으로 다양하게 활동했다. 황규덕은 〈꼴찌부터 일등까지 우리 반을 찾습니다〉(1990) 등을 연출하고 한국영화아카데미 주임교수를 지냈다. 송능한은 시나리오 작가로 경력을 시작하여 배우 송강호의 데뷔작 〈넘버 3〉(1997) 등을 연출했다.

2019년 11월 30일 서울독립영화제 아카이브전 〈서울 7000〉과 〈국풍〉 상영 후 진행된
시네토크에 참석한 얄라셩 초기 회원들. 왼쪽부터 김인수(전 시네마서비스 대표),
김정희(한국열린사이버대학교 교수), 황주호(경희대 교수), 김홍준(감독)

부산영화제 초창기 자막 시스템을 만들었고 현재 동국대에서 영화
를 가르치고 있는 문원립이나, 영화사 시네마서비스와 영화진흥위원
회 사무국장, 충남문화산업진흥원장, 부산영상위원회 운영위원장 등
을 역임한 김인수 등 한국영화의 요소요소에 얄라셩이 존재한다.

김인수가 얄라셩에서 촬영한 영화 〈국풍〉(1981)과 초기 회원들이
만들었던 〈전야제〉(황규덕, 1982), 〈결투〉(문원립, 1982), 〈그들도 우리처
럼〉(박광수, 1982), 〈그 여름〉(김동빈, 1984), 〈수리세〉(홍기선, 1984) 등은
2006년 한국영상자료원이 선정한 '독립영화 50선'에 이름을 올렸다.

80년대 후반 이후 입학하여 현재까지 영화계에서 현역으로 활동
중인 얄라셩 출신들은 이상훈(제작자. 젠앤벤처스 대표), 정미(부산국제
영화제 프로그래머), 김우형(촬영감독), 유운성(영화평론가), 최성록(음향감
독), 박정미(노동자뉴스제작단), 안건형(다큐멘터리 감독, 2018년 미디어시티
비엔날레 대상), 오준호(서강대학교 영상대학원 원장), 소상민(감독), 이응일

영화, 변혁운동이 되다

(감독), 박문칠(다큐멘터리 감독, 교수), 권봉근(감독), 정호중(감독), 최종만 (다큐멘터리 감독), 장혜진(프로듀서), 김정훈(감독) 등이다. 2000년 이후 입학한 회원 중 일부는 2015년부터 영화 팟캐스트 '영화장실'을 운영 중이다.

서울영화집단

서울대 얄라셩 영화연구회의 핵심을 이루던 회원들이 학교를 떠나던 1982년 3월, 영화의 사회비판적 기능에 주목하면서 최초의 영화단체가 만들어진다. 얄라셩으로 출발한 영화운동이 학교 밖으로 나오게 된 것이었다. 취직과 군 입대, 유학 등으로 대거 학교를 떠난 얄라셩 회원들은 영화라는 구심점을 계속 갖고 싶어 했다. 그 노력이 서울영화집단의 결성으로 이어지게 된다.

초기 회원은 홍기선, 김동빈, 박광수, 문원립, 송능한, 황규덕, 윤영주, 오만호, 배인정, 김대호, 김인수, 김홍준, 박은미, 김의석, 이홍철 등이었다. 1981년 얄라셩 4대 회장이었던 김인수는 대학 재학 중이었지만 창립회원으로 참여했다.

얄라셩이 아닌 다른 대학 출신들도 개별적으로 참여했다. 대표적

영화, 변혁운동이 되다

으로 동서영화연구회에서 활동하던 전양준(전 부산영화제 집행위원장)이나, 휴학생이었던 김의석(전 영진위원장) 등이었다.

각 대학의 영화인들, 같은 이름 아래 모이다

얄라셩 창립회원으로 서울영화집단에도 참여한 김동빈에 따르면 "초기 서울영화집단을 만들고 주도했던 것은 박광수와 송능한이었다." 이들이 다른 대학이나 영화모임에 있던 사람들을 서울영화집단으로 이끄는 데 역할을 했다. 각 대학에서 새로운 영화를 고민하던 사람들이 서울영화집단이란 이름으로 모였다는 점에서 의미가 있다.

동서영화연구회에서 활동했던 전양준은 "문화원을 다니며 가깝게 지내던 홍기선, 김동빈, 박광수, 송능한 제안으로 합류하게 됐다"며 "대학에서 영화 활동을 하던 사람들이 모였고, 영화이론에 관한 토론을 많이 했다"고 말했다. 전양준은 이후 1985년 계간 『열린영화』에 「작은영화를 위하여」라는 글을 통해 소형영화와 단편영화로 불리는 8mm, 16mm 영화를 '작은영화'라고 정의했다.

당시 중앙대학교 학생이었던 김의석(감독, 전 영화진흥위원회 위원장)은 "대학을 휴학 중이었던 때였다"며 "박광수와 알고 지냈는데, 영화를 찍을 수 있는 단체를 만든다고 해서 가입하게 됐고, 〈장님의 거리〉(8mm, 1982)를 함께 제작했다"고 회상했다. "황규덕과 문원립 등도 서울영화집단 활동에 적극적이었다"고 덧붙였다.

서울영화집단 회원은 아니었지만 긴밀한 관계를 갖고 개소식에 참여했던 이정국(감독, 세종대 교수)에 따르면 "당시 영화서클이 몇 개 되지 않다 보니, 프랑스문화원과 독일문화원을 다니며 서로가 다 아는

서울영화집단 사무실 개소식에 자리한 정성일, 전양준, 홍기선
ⓒ 서울영화집단

사이였고, 지속적인 교류가 진행 중이었다"고 한다.

이정국은 "동서영화연구회에서 활동했는데, 서울영화집단과 대학영화서클 등과 함께 세미나를 하거나, 신촌 영화마당과 막 태동하기 시작한 각 대학 영화동아리를 다니며 영화 강의를 했다. 서울영화집단이나 다른 모임들이 동등한 입장이었다"고 말했다. 정성일(평론가) 역시도 서울영화집단과 교류하며 개소식에 참석하기도 했다.

중앙대 이용관(부산영화제 이사장)이 서울영화집단과 만난 것도 1982년 함께 세미나를 하게 된 것이 계기였다. 이용관은 "1982년이던가 당시 조경환(전 부평문화센터 관장, 문화기획자)이라는 친구가 주선해서 서울영화집단을 만나게 됐다"며, "영화 세미나를 함께 몇 차례 했었는데, 이 자리에서 박광수를 알게 돼 친구가 되기로 했다"고 말했다.

이용관은 또한 "서울대 얄라셩과 서울영화집단은 한국 영화운동의 시작으로 큰 의미를 지닌다"면서 "당시 신촌 주변의 연세대, 이화여대, 서강대, 홍익대 등의 대학들을 중심으로 한 모임이 있었고 서울대와 고려대 쪽이 모였는데, 서울영화집단이 만들어지면서 이들과 교류를 하게 됐다"고 덧붙였다.

서울영화집단은 당시 영화계의 주류로 통칭되던 충무로에 반대한

영화, 변혁운동이 되다

다는 기치를 내걸고 영화이론 정립과 제작에 몰두했다. 현실 참여에 주목한 연구 작업의 결실로 1983년 발간한 『새로운 영화를 위하여』는 대표적인 성과였다.

『새로운 영화를 위하여』는 한국영화에 대한 문제의식과 함께 이탈리아 네오리얼리즘과 프랑스 누벨바그 운동, 영국 프리시네마, 독일의 뉴저먼시네마 등 전후 유럽 영화의 변화, 다큐멘터리, 미국영화의 기능과 구조, 3세계 영화 등을 담고 있다. 영화에 대한 새로운 시선을 갖게 하는 지침서로서 초기 영화운동의 고민을 볼 수 있게 한다.

전체적인 내용을 살펴보면 영화평론가 장선우(감독)의 글 「새로운 삶, 새로운 영화」를 시작으로 해외에서 출간된 여러 영화서적의 글이 이어진다. 홍기선, 문원립, 황규덕, 송능한, 배인정 등 서울영화집단 회원들이 해외에서 출간된 영화서적과 간행물 등을 발췌해 편역한 것이었다. 유럽 영화 중 이탈리아와 프랑스는 윤영주, 영국은 문원립, 독일은 황규덕, 소련과 동유럽은 김대호, 다큐멘터리 홍기선, 3세계 영화예술은 배인정, 미국 및 남미와 아프리카 영화는 송능한이 각각 맡았다. 마지막 부분은 홍기선의 글 「한국영화의 리얼리즘」, 장선우의 글 「열려진 영화를 위하여」와 함께 「한국영화의 반성」을 주제로 서울영화집단 회원들의 토론회 내용으로 구성됐다. 세계 영화의 흐름과 경향 속에 한국영화의 현실을 비교해 볼 수 있게 한 유의미한 책으로, 일반 대중에게 잘 알려지지 않았던 3세계 영화를 소개한 점은 특별했다. 책에 인용된 외국 원서나 간행물 등은 대부분 미국 유학 중이었던 김홍준이 보내온 것들이었다. 김홍준은 "필요한 자료들을 구한 후 대학 도서관에서 복사해 한국으로 보냈다"고 회상했다.

이론적 연구 외에 창작 역시 서울영화집단의 중요한 활동이었기에

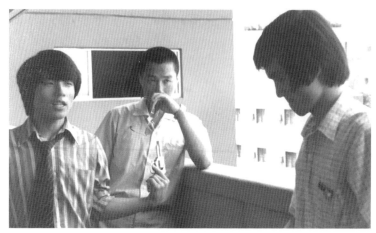

〈결투〉 촬영 현장. 왼쪽부터 김인수, 황규덕, 문원립 감독 _김인수 제공

여러 편의 8mm, 16mm 영화를 제작했다. 주요 작품으로 황규덕 감독의 〈전야제〉, 문원립 감독의 〈결투〉, 김의석 감독이 참여한 〈장님의 거리〉〈생활〉〈그 여름〉 등이 있다.

첫 작품은 1882년 봄에 제작한 〈판놀이 아리랑〉이었다. 당시 공연 중이었던 연우무대의 마당극 〈판놀이 아리랑 고개〉를 8mm 필름으로 기록한, 실험적 요소가 가미된 다큐멘터리 영화였다. 박광수, 김홍준, 황규덕, 문원립이 공동 연출을 했고, 공연 내용뿐만 아니라 연습 장면, 관객 인터뷰, 연우무대 총평 등을 담았다. 공연장과 분장실, 공연 사진 등을 영상으로 담고, 공연 실황과 인터뷰 등은 음향으로 담아 결합시켰다.

이러한 시도는 영상과 음향 간의 불일치를 통해 관객의 심리를 영화에 참여시키도록 한다는 의도로 해석됐다. 관객이 영화에 몰두해 자신과 주인공을 일치시킨다는 종래 영화 틀을 버리고 부조화하는 영상과 음향이 일으키는 다른 작용이 관객을 객관적 위치에 서게 하

영화, 변혁운동이 되다

려는 것이었다.

〈판놀이 아리랑〉은 이 작품의 제작을 계기로 회원들이 더 모여들었고 서울영화집단이 정식으로 발족할 수 있었다는 점에서 서울영화집단의 기초가 됐던 작품이기도 했다. 이후 어느 정도의 제작비가(당시 20여만 원) 적립되면 소형영화 한 편(20분 내외)씩을 만들고 이를 놓고 토론과 연구를 계속해갔다.

민중과 호흡하는 영화

서울영화집단은 남영동에 작업 공간으로 활용하는 사무실을 확보하면서 지속적 활동을 위한 바탕을 마련했다. 개인들이 번역료와 원고료 등을 모아 어렵게 사무실을 마련했고, 새로운 영화에 대한 열정으로 집단 생활을 하면서 개인 제작과 공동 제작을 병행하며 다수의 단편영화를 제작할 수 있었다.

1983년 11월 29일자 『중앙일보』는 「민중과 함께 호흡할 수 있는 새로운 영화의 길을 찾자」란 기사에서 기성 영화계의 구태의연한 탈을 벗어나 공부하고 땀 흘리는 젊은 영화인들의 모임이 있다며 서울영화집단을 소개했다. 기사에는 서울영화집단이 지향하는 민중의 삶에 대한 영화운동의 방향이 강조돼 있다.

> '서울영화집단', 서울대 얄라셩 영화연구회 출신 회원을 주축으로 12명의 20대 영화인들이 발족한 영화 연구 모임이다. 이들은 그동안 첫 공동 작품 〈아리랑 판놀이〉 등 8~16m짜리 소형영화 8편을 만들어 연구하고, 최근엔 영화 논문집 『새로운 영화를 위하여』(학민사)를 펴내는 등 활발한 영화운동을 펴고 있다. …(중략)…

회원들은 매주 두 번씩 이 낡은 방에 모여 앉아 그동안 각자 공부한 것들을 토론하고 제작 계획도 세운다. 토론이 열기를 띠다 보면 밤을 지새우기 일쑤고 회원 중 1~2명씩은 아예 이곳서 숙식을 하기도 한다. 끼니는 주로 라면이고 냉방의 잠자리는 낡은 이부자리 한 채가 전부다.

20대 청년들이 밤낮 없이 모여 앉아 영사기도 돌리고 토론을 벌이다 보니 오해도 받게 마련. 한때 수상한 집단으로 신고돼 경찰의 조사를 받기도 했다. 춥고 낡은 방에 모여 앉아 알아주지 않는 작업에 전념하는 이들이지만 우리 영화계의 현실과 나아가야 할 길을 보는 눈은 누구보다 날카롭고 애정은 누구보다 깊고 뜨겁다.

"기성 영화제는 제 구실을 못하고 있다고 봅니다. 우리의 삶과는 동떨어진 줄기로, 보고 즐기고 나면 그뿐인 '소비형 상업영화'를 양산해내고 있습니다. 그것은 영화가 나아가야 할 참다운 길이 아닙니다."(송능한)

영화는 민중의 삶을 담아 공감하고 새로운 문제로 확인할 수 있도록 만들어가야 한다는 주장이다. 영화에서 민중이 소외돼서는 안 되며, 늘 그들과 함께 호흡해야 한다. 그러기 위해선 문화에서 소외된 소도시와 농촌의 민중을 찾아 그들의 삶을 담아야 한다는 얘기다. 이 같은 새 운동에서 8~16m 소형영화 제작 방법은 많은 장점을 지니고 있다고 덧붙인다.

"이 같은 영화운동이 활성화되기 위해선 누구나 영화를 만들 수 있도록 현행 영화법이 개정되어야 합니다. 영화 제작권을 독점하고 있는 제작자나 작가의식이 결여된 일부 감독 등 기성 영화인들은 민중을 영화로부터 소외시켰습니다. 70년대 이후 영화계의 침체는 그 근본 원인이 여기에도 있다고 봅니다."(홍기선)

'서울영화집단' 회원들은 기성 영화계가 영화의 사명을 외면하고 상업적으로만 흘러왔다는 데 대해 공통된 비판의식을 갖고 있다. …

영화, 변혁운동이 되다

(중략)… 이들은 이러한 운동이 같은 세대들의 공감을 얻어 좀더 확산되고 발전되면 우리나라 영화계의 장래는 조금이나마 제 길을 찾아들게 되지 않겠느냐는 희망을 조심스레 밝힌다.

민중영화 〈수리세〉 〈파랑새〉

이들이 강조했던 민중의 삶을 담은 영화는 1984년 〈수리세〉와 1986년 〈파랑새〉로 구체화된다. 〈수리세〉는 구례군 용방면 구만리 농민들의 수세 현물 납부 투쟁을 담은 다큐멘터리 영화다. 수세는 형식적으로는 농지개량조합이라는 조직에 조합원이 내는 조합비였으나 농민들은 이것을 조합비가 아니라 수세(물값)라고 불렀다. 자발적으로 내기보다는 일제강점기부터 내던 수리조합에 의한 징세 성격이 강했고, 농민 수탈 도구로 받아들였다.

이에 저항하는 농민들의 시위가 벌어졌는데, 홍기선 감독을 중심으로 서울영화집단은 투쟁 현장으로 직접 찾아가 그곳 농민들의 인터뷰와 사건의 재현 등을 통해 농민들이 투쟁이 승리하게 된 사건을 재구성한다. 〈수리세〉는 서울영화집단이 표방했던 '소형영화운동론'을 구체화시킨 최초의 작품으로 평가된다.

서울대 얄라셩 영화연구회 회장을 역임한 김인수는 "당시 대학 재학 중이었으나 촬영과 편집에 참여했고, 홍기선 감독과 함께 현장에서 농민들과 함께 지내면서 영화를 만들었다"고 말했다. 비슷한 시기 김인수는 김정희 등과 함께 영등포 일대 공장 등지를 돌며 김동빈이 연출한 단편 〈그 여름〉(1984)을 촬영하기도 했다. 〈그 여름〉은 농촌에서 상경해 철공소, 레스토랑, 미용실에서 일하는 가난한 세 젊은

이의 이야기를 통해 노동자들의 모습을 사실적으로 그린 영화로 사회의 구조적 모순을 비판적으로 접근하고 있다. 현실을 바라보는 서울영화집단의 시선을 보여준다.

〈파랑새〉는 40분 극영화로 1986년 6월에서 8월까지 2개월 동안 제작됐다. 절망적인 삶을 사는 농민 가족의 모습을 통해 당시 농촌의 비참한 현실을 묘사했다. 아픈 딸의 병원비를 구하러 다니다가 어쩔 수 없이 사채를 끌어다 쓰고, 병이 재발해 치료도 어렵게 된 현실에서 빚만 잔뜩 지게 되는 빈농의 삶은 엎친 데 덮친 격으로 추수한 쌀이 수매마저 안 되고 소 값도 폭락해 더욱 나락으로 떨어진다.

1985년 소 값 폭락 파동을 담은 〈파랑새〉는 당시 농촌에서 농민운동을 주도하던 가톨릭농민회의 도움을 받아 겨우 촬영할 수 있던 영화였다. 당시의 제작 과정을 정리한 기록에 따르면 1985년 7월 중순 애초에 결정된 지역에서의 촬영은 현지 사정과 출연 배우의 거부로 무기한 연기되었다. 하지만 곧바로 가톨릭농민회 전국본부를 통하여 장소를 구하고 배우로 출연할 농민을 물색할 수 있게 되면서 사흘 만에 촬영이 진행됐다.

배우가 아닌 실제 농민을 출연시킨 작품으로 농사일에 묶인 빈농 배우의 형편 때문에 제작진은 농사일도 도우면서 하루 8시간 이상의 노동 후 30분 정도씩 짬을 내 8일 만에 촬영을 끝낼 수 있었다. 당시 제작진은 "농민들의 사정 때문에 밤과 일하는 막간을 이용해 완성하다 보니 영화에 대한 총체적 자기평가의 여유가 없었다며 잘못된 점을 알고도 그냥 넘어가는 오류를 범했다"고 평가했다.

제작진은 "다만 〈파랑새〉의 제작 과정이 한국 민중영화의 구체적 방향성과 가능성을 가늠하는 기회였음을 믿는다"며 "농민 형제들의 삶과 투쟁 속에 제작이 이뤄지고 농민 형제들 속에서 상영·비판되면서 우리는 생산자와 수용자 간의 체험에 들어서는 노정에 들어섰기 때문이다"라고 부연했다.

〈파랑새〉는 홍기선 감독이 연출했는데, 서울영화집단이 활동을 마무리하고 '서울영상집단'으로 바뀐 1986년, 일명 '파랑새 사건'으로 인해 큰 고초를 겪어야 했다.

『변방에서 중심으로』(서울영화집단, 1996)에 따르면 발단은 한국의 민중항쟁사를 다룬 연세대학교 총학생회 제작 다큐멘터리 〈부활하는 산하〉(8mm)가 연세대와 고려대 등 대학가에서 상영되면서였다. 〈부활하는 산하〉의 내용에 이념 서적인 『계급투쟁사』의 몇 대목이 삽입 인용된 점을 빌미로 불법 사상 서적이 대중에게 전파되었다는 혐의를 잡아 연세대 총학생회에 대해 일제 검거령을 내렸다.

〈파랑새〉가 약 20여 차례 농민들에게 상영되자 수사기관에서는 이를 당시의 민주통일민중운동연합(일명 민통련) 계열의 농민 선동 영화로 보고 예의 주시하다가, 〈부활하는 산하〉처럼 소위 불온 사상을 전파하는 작품으로 간주해 검거령을 내린 것이다.

그러나 대공분실의 조사에서 〈부활하는 산하〉와 서울영상집단이 관련 없다는 사실이 드러나자, 공연윤리위원회(공륜)의 심의 없이 상영한 것이 당시 영화법 위반이란 이유로 홍기선, 이효인을 구속했다. 이는 제도권 밖의 영화 관련 활동을 사회주의 이적집단으로 몰아붙여 소형영화 활동에 제동을 걸고, 나아가 한국영화 발전에 쐐기를 박고자 한 의도가 역력한 군사독재의 탄압이었다. 홍기선과 이효인은 재판에서 선고유예 2년을 받고 풀려났다.

남미 영화운동에서 한국 영화운동의 모델을 찾다

서울영화집단의 이론적 토대는 남미 영화운동이었다. 라틴아메리카의 영화운동 경향을 소개하는 한편, 민중영화의 개념을 제시한 것은 서울영화집단이 영화를 통해 추구하고자 했던 지향점이었다.

장선우는 『새로운 영화를 위하여』 서문으로 쓴 「새로운 삶, 새로운 영화」라는 제목의 글에서 한국영화의 방향성으로 민중영화를 제시했다.

> 정말 세계적인 영화가 되길 원한다면 우리 현실의 저 밑바닥으로부터 일어나는 끈질긴 생명력을 발판으로 한 영화, 곧 근원적인 영화가 되길 먼저 희망하지 않으면 안 된다. 그것이 곧 민족을 위한 민중의 영화, 진정한 의미에서의 새로운 영화이다. …(중략)…
>
> 동서 진영 어느 쪽의 방법론도 결코 우리의 새로운 영화를 위한 절대적인 틀이 될 수 없다. 그들의 역사적 요구나 정치적 목적 또는 사회적 동기들이 우리와 다를 뿐만 아니라 우리의 문화적 전통과 그 내용이 영화에 있어서도 특별히 독창적 역량을 크게 자극하고 있기 때문이다. 그런 의미에서 3세계 영화, 예컨대 볼리비아의 우카마우 집단이나 브라질의 시네마노보 운동 같은 것이 시사해주는 바가 적지 않지만 그것도 우리의 현실 속에서, 그리고 우리의 문화적 전통에서 냉정히 검토할 문제는 별도로 남는다.
>
> 우리 시대의 영화는 더 이상 현실을 분칠하고 포장하는 상품제조기여서도 곤란하지만, 그렇다고 성급하게 1초에 24프레임을 쏘는 총이라고 생각해서도 안 된다. 정치적 상황에 따라 변한다는 것도 더욱 믿기 어려운 일이다. 굳이 말한다면 우리의 영화는 어느 때 어디에서건 꽹과리며 북이며 그 신명이 들썩일 때 가장 생명력이 짙은 것으로

영화, 변혁운동이 되다

남을 수 있다고 보여진다. …(중략)…

　그러기 위해서는 변해야 할 것이 많다. 영화법도 배급 구조도 바꾸어야 하고, 필름 값도 더 싸져야 하고 영화에 대한 천시도 좀 덜했으면 좋겠다. 그러나 무엇보다 변해야 할 것은 카메라의 눈이며, 곧 영화인 자신의 눈이다. 그러기 위해서는 자신의 내부에서 들리는 근원적인 소리에 귀 기울이고, 모든 살아 있는 것이 궁극적으로 해방되길 기원하며 민중적 삶으로 가진 것 없이 돌아가려고 노력해야 한다. …(중략)…

　그리고 다시 일어설 수만 있다면 우리는 그때 비로소 새로운 한국영화, 한국영화의 부활이 왔다고 서로 자신 있게 이야기하게 될 것이다. 새로운 영화란 새로운 삶과 무관하지 않기 때문이다.

　일부에서는 서울영화집단이 남미 영화운동에 관심을 두고 영향을 받은 것에 대해 무비판적으로 수용했다는 비판을 가하기도 했다. 하지만 〈오! 꿈의 나라〉 〈파업전야〉를 만들며 1990년대 영화운동의 중심이었던 장산곶매는 80년대 초반의 한국 영화운동을 정리한 문선인 「영화운동이 걸어온 길」(1991)에서 이렇게 평가했다.

　80년대 초에는 한국 사회를 라틴아메리카 종속이론으로 설명하는 견해가 지배적이었고, 라틴아메리카의 운동이론이 광범위하게 소개될 때였다. '서울영화집단'이 라틴아메리카 영화이론에서 한국영화의 모델을 찾은 것은 자연스런 일이다. 서울영화집단은 라틴아메리카에서 정초된 '해방영화론', '제3영화론'을 소개하는 가운데서 자신들의 견해를 덧붙이곤 했는데, 다큐멘터리적 창작 방향을 옹호하고 민중 지향적인 관점을 강력히 제시했다.

다만 장산곶매는 "서울영화집단이 뚜렷한 이념적 목표를 갖고 영화운동을 새롭게 시작했다는 의의를 갖고 있으나, 당시 변혁운동과 분리된 채로 고립돼 있었으며 자신의 이념적 목표를 현실화시키지는 못하였다"고 지적했다.

이정하(전 영화평론가)는 1991년 연세대학교 교지『연세』에 실린 「민족영화운동의 발전을 위해」라는 글에서 "80년대 영화운동의 시발점으로 평가되는 서울영화집단은 영화를 수용하는 입장이나 실천적인 활동의 형태 등에 있어서 70년대 후반에 영화서클 소모임과는 차별적인 질적 전환을 이루었다고 할 수 있다"며 "서울영화집단은 이후 많은 대학영화집단이 등장하는 직접적 토대가 되었으며 한국 영화문화에 민족 민중적 씨앗을 뿌리는 중요한 역할을 했다"고 평가했다.

서울영화집단에서 서울영상집단으로

서울영화집단은 초기 회원이었던 김홍준, 박광수 등이 1983년 미국과 프랑스로 유학을 떠난 이후 홍기선이 중심 역할을 하면서 운영된다. 김동빈은 "홍기선 감독은 군대에 갔다 온 후 서울영화집단에서 집단 생활을 했다"며 "『새로운 영화를 위하여』를 출판할 때가 전성기였다"고 말했다. "이후 초기 회원들도 별로 없었기에 홍기선 감독 위주로 운영이 됐다"고 설명했다.

서울영화집단은 1986년 홍기선 등이 서울영상집단을 만들면서 활동을 끝내게 된다. 김동빈은 "대부분은 미래의 상업영화를 염두에 두고 각자 준비하고 있었지만, 홍기선 감독은 집단에 남아 단편영화 작업을 했기에 노선(?)의 차이도 느꼈다"면서, "가끔 술 먹으러 들르는

영화, 변혁운동이 되다

공간이 되었고, 당시 회사에 다니고 있었기에 홍기선 감독이 가끔 작업비가 부족하면 찾아오곤 했다"고 회상했다.

이어 "당시 홍기선 감독이 이효인 등의 친구들과 작업을 하면서 '서울영화집단'이란 이름을 쓰는 게 부담이 된다고 했다"며 이후 "서울영상집단을 만들게 됐고, 서울영화집단은 책 한 권과 몇 편의 단편영화를 남기고 5~6년의 활동을 마감하게 됐다"고 말했다.

1986년 10월 18일 창립한 서울영상집단은 민중영화에 대한 방향성을 강조한 영화운동 단체였다. 이들은 창립 선언문에서 당시 농가 부채 및 수입 농산물 문제, 빈부격차의 심화에 따른 국민 생활의 빈곤을 거론하며, 문제의 원인을 "외자에 의존하고 있는 경제구조의 파생성과 독점자본과 결탁한 군부 세력, 그 하수인 역할을 하는 정치 세력 등 반민족적, 반민주적, 반민중적 집단"으로 지목했다.

이어 "끊임없는 민중성의 획득과 그에 따른 예술 형식으로서의 민중 형식에 대한 개발 및 보급이 착실하게 이뤄져야 할 것"이라면서, "이것은 결국 현실적으로 인텔리에 주도되고 있는 현 단계 문화운동이 범할 수 있는 오류를 최소화해줄 것이며, 이 땅에 널려 있는 반민족적, 반민중적, 반민주적 요소들의 척결에 일익을 담당할 수 있게 할 것"이라고 강조했다.

또한 "영화운동 역시 같은 관점에서 진행돼야 한다"며 "민중연대속의 끊임없는 제작 및 배급의 과정은 그 자체가 주요한 진보적 형태의 예술 생산 과정이 될 것이고, 동시에 구성원들의 양심적이며 진보적인 활동은 주요한 실천 과정으로서 보편적인 민중 정서의 획득과 그를 통한 민중영화의 완성 및 이 땅의 문제 해결에 적극적인 역할을 해줄 것"이라고 밝혔다.

영상집단 창간호
1986. 10. 18.

■ 창립선언문
■ 영화 (파랑새)
■ 집단활동 소개
■ 회칙
☑ 일반회원 가입안내

서 울 영 상 집 단

1986년 10월 서울영상집단이 발행한
『영상집단』 창간호

서울영상집단은 80년대 이후 8mm 영화를 중심으로 한 영화운동에 대해서도 "민중 형식의 부재를 여실히 드러낸 소형영화, 제반 현실에 대하여 문외한 적이라고 할 만한 각종 영상자료, 고립적이며 분산적이고 배타적이었던 각 영화팀 상호 간의 관계, 이 모든 것이 우리 영화운동의 한계를 노정시켰던 요인들"이라고 반성적으로 평가했다.

하지만 서울영상집단은 '파랑새 사건'의 영향으로 1년 정도의 짧은 활동을 마치고 노선 차이로 인한 문제로 재편된다. 『변방에서 중심으로』에 따르면 영화운동에 대한 입장 차이와 내부 문제로 1987년 초 조직이 분리되면서. 일부는 민족영화연구소를 설립했고, 남은 회원들은 당시 대표적인 문예운동 단체인 '민중문화운동연합'의 산하로 들어가게 된다.

이후 1989년 민중문화운동연합을 탈퇴한 후 노동운동과의 연계를 모색하며 다른 단체들과 연대해 '노동자뉴스제작단'을 결성했다. 그러다가 1989년 말 노동자뉴스제작단의 활동에 대한 평가 과정에서 창작 관점의 차이를 보여 1990년 홍형숙(다큐멘터리 감독), 남인영(부산 동서대 교수) 등이 중심이 돼 '서울영상집단'이라는 이름을 다시 사용하며 분리 독립했다.

낭희섭(독립영화협의회 대표)은 "서울영상집단은 홍기선과 이효인이 영화법 위반으로 구속된 '파랑새 사건'으로 타격을 입은 영향이 컸다"면서 "이후 민중문화운동연합 안으로 들어갔다가 노동자뉴스제작단을 거쳐 다시 분리된 서울영상집단은, 서울영화집단의 연장선이기보다는 새로운 영화조직으로 보는 것이 맞다"고 말했다.

1984년 작은영화제, 영화마당 우리

서울대 얄라셩과 서울영화집단으로 이어지던 80년대 초반 영화운동의 흐름에서 1984년 3월 새로운 영화모임이 생겨난다. 신촌에 있던 문화공간 우리마당을 중심으로 활동했던 '영화마당 우리'였다. 신촌 우리마당 설립자 김기종이 주도했다. 활동 공간과 초기 활동에 들어간 비용을 모두 부담한 김기종은 지난 2015년 3월 당시 주한 미국 대사였던 마크 리퍼트 대사를 피습해 주목받기도 했다.

영화마당 우리는 김기종을 중심으로 프랑스문화원 씨네클럽에서 활동하던 외국어대 문명희와 성균관대 한정석 등 5명이 발기인이 됐고, 회원은 주로 대학 재학생들이었다. 젊은 청년들이 영화에 대한 고민 등을 나누다가 영화를 직접 만들어보기 위한 모임으로 발전하게 됐다.

영화, 변혁운동이 되다

독일문화원을 중심으로 한 동서영화연구회에서 활동하던 회원들도 일부 참여했다. 1984년 3월 독일문화원에서 학생들에게 제공되던 모임 공간 지원 등이 끊어지면서 동서영화연구회가 사실상 해체 수순에 들어갔기 때문이다. 이들 중 일부는 영화사, 기획실 등을 찾아다니며 정성헌의 주도로 세미나를 이어가려다가 영화마당 우리에 참여한 것이었다.

1982년 9월 동서영화연구회에 가입해 1984년 3월까지 활동했던 전찬일(영화평론가, 전 부산영화제 프로그래머)은 "당시 동서영화연구회는 중앙대에서 모였고, 영문 원서로 세미나를 했다"며 "안팎으로 동서영화연구회 노선에 대한 이견들이 생기면서, 주도해오던 세미나에서 손을 떼게 됐다"고 말했다. 이어 "공식적으로 해체에 관한 이야기가 나오지는 않았으나, 더 이상 모임이 진행되지 않으면서 2주 뒤에 사실상 해체됐다"면서 "동서영화연구회에서 같이 활동했던 정성헌이 이후 문화원에서 교류하던 김기종과 함께 영화마당 우리에 참여했던 것"이라고 덧붙였다.

1979년 독일문화원을 다니던 대학생들을 중심으로 만들어진 동서영화연구회가 3년 만에 막을 내린 것이다. 전찬일은 "대학에 입학하자마자(1981) 프랑스문화원을 뻔질나게 드나들며 영화에 빠져들던 내가 전격적으로 영화예술을 '공부'하게 된 것도, 대학 2학년 말 아주 우연한 계기로 동서영화연구회에 가입하면서부터였다"며 "독문학도였던 나는 그 이후로 그 조직이 와해되기까지 1년 6개월여를 영화에, 영화 스터디에 '미쳐' 살았다"고 회상했다.

또한 "동서영화연구회의 실질적 리더이자 정신적 지주는 전양준(영화평론가, 전 부산국제영화제 집행위원장)이었다"며 "유현목 감독이 초대 회장이었는데, 생전 유현목 감독께서 젊은이들과 보조를 맞추기 위해 그토록 애써왔음에도, 훗날 후배들이 동서를 말하며 당신의 이름조차 거론하지 않는 걸 보면서 무척 서운하셨던 기억이 떠오른다"고 말했다.

문화원 세대들이 중심이 돼 만들어진 영화마당 우리는 먼저 활동하고 있던 서울영화집단과 비슷하면서도 다른 지향점을 가졌다. 서울영화집단이 제도권 영화로 불리던 충무로를 비판하며 영화가 민중과 호흡해야 한다는 민중영화 노선을 지향했다면, 영화마당 우리는 큰 영화가 다룰 수 없는 사회적인 모순에 대한 비판과 함께 그 대안으로서의 작은 영화를 추구하며 그 중간 지점에 자리했다. 한계에 부딪힌 당시 한국영화의 상황을 새로운 시선으로 돌파해볼 수 있는 도구로서 작은 영화를 지향한 것이었다.

영화마당 우리의 초기 회원이었던 낭희섭은 당시 활동에 대해 "충무로로 가느냐 아니면 새로운 대안을 찾느냐를 고민하는 시기였다"며 "영화법의 제한을 피하기 위해 영화제를 활용했다"고 말했다. 검열이 엄격하고 표현의 자유가 제한됐던 기존 한국영화에 대한 대안으로서 8mm/16mm 영화를 고민한 것이었다.

작은영화를 지키고 싶습니다

영화마당 우리의 초창기 활동에서 주목할 부분은 서울영화집단 등과 함께 1984년 7월 7일~8일 이틀간 국립극장에서 개최한 '작은영화를 지키고 싶습니다. 8mm/16mm 단편영화발표회'다. 간단하게 줄여서 '작은영화제'로 불린다. 영화마당 우리가 지향했던 영화에 대

영화, 변혁운동이 되다

한 고민이 담겨 있는 행사였다. 지금은 독립영화라고 불리고 있는, 당시 작은영화의 실체를 일반 대중에게 처음으로 알린 영화제로서 의미가 있다. 한국 독립영화 역사에서 '최초의 독립영화제'로 평가하는 행사기도 하다.

작은영화제는 당시 영화청년들의 고민이 묻어난 행사였다. 1980년대 초반은 검열로 인해 창작의 자유가 제한된 시기였고, 영화사들도 허

작은 영화를 지키고 싶습니다./

16/8mm 단편영화발표회

1984년 7월 7·8일 (3·7시)
중앙국립극장 실험무대

1984년 7월 국립극장에서 열린 단편영화발표회
_독립영화협의회 제공

가제로 제한받는 현실에서 누구나 영화를 만들 수는 없었다. 이에 대한 대안으로 선택한 것이 8mm와 16mm 영화였으나 이마저도 제약이 만만치 않았다. 사회를 바꿀 수 있는 새로운 영화를 추구했던 젊은 청년들에게 각종 제약은 불만이었다.

다만 1980년 광주 학살로 집권한 전두환 군사독재 철권통치가 진행되는 시대적 환경에서 직접적인 문제 제기보다는 우회적으로 전달하는 방식을 택한 것이었다.

작은영화제 자료집에 실린 취지문에는 당시 한국영화를 보는 청년 영화인들의 비판적인 관점이 드러나 있다. '단편영화 동인' 이름으로 실린,「단편영화 발표회에 부쳐」라는 제목을 단 글의 첫 문장은 다소 도발적인 문제 제기로 시작하고 있다.

해방 후 저질화된 것은 국회와 국산 영화뿐이었다. 이 발언 속에 자신이 차지하고 있는 지점은 어느 곳인지 보셨습니까?

이들은 "우리 영화는 정부에 의해 사망 진단을 받았습니다. 영화는 객관적으로 숨 쉬지 않고 있습니다. 대중예술이라는 포장 아래 죽어가는 영화의 부풀림은 이제 대중에게조차 외면당하고 있습니다"라고 질타했다.

또한 "관객 대신 구경꾼들이 자리를 메꾸고 신문 지상에는 영화를 알지 못하는 이들이 사회적 지위를 이용하여 책임 없는 글을 발표하고 잡지에는 영화배우의 큼직한 사진과 스캔들도 이제는 예술란에서 쫓겨난 연예란으로 빛 좋은 개살구 꼴이 되어가고 있다"며 "영화가 사회에서 제대로의 기능을 하는 것이야말로 영화의 이상이고, 사회에서 제 기능을 하지 못하는 시대는 아마도 영화인에게 가장 비참한 시대가 될 것"이라고 주장했다.

이어 "영화가 정상적인 기능을 통해 관객과 만날 수 있는 곳은 영화관 외에는 있을 수 없다"며 "바로 그곳에서 우리는 열린 대화를 하고자 하는 것이고, 영화의 가능성을 16mm에서 찾고자 하는 것이 아니라 그곳에서 시작하고자 한다"고 행사의 의미를 강조했다.

취지문은 "더 이상의 변명이 있을 수 있는 여백은 이제 남아 있지 않습니다. 우리라도 시작해야 합니다. 이것은 우리 영화를 하는 그 전부의 것이기도 합니다. 그리고 실패를 해도 멈추어질 수 없는 것입니다"로 마무리된다. 기존 한국영화에 대한 불신을 회복할 수 있는 대안으로 8mm/16mm 작은영화를 제시한 것이었다.

작은 것이 아름답다

작은영화제를 보도한 『한국일보』 1984년 7월 5일자 기사에서 김의석(감독, 전 영진위원장)은 "영화법의 제약, 흥행사들의 장삿속에 좌우되고 있는 한국영화는 눈물을 양산해 내내 관객의 외면을 받고 있다"고 지적하고 "영화예술 발전의 밑거름으로써 소형영화가 활성화돼야 한다"고 강조했다. 이어 "우리는 관객에게 공감을 얻고 또 꼭 보여주어야 할 우리 모두의 영화를 만들어내고자 한다. 관객과 소형영화가 만날 수 있는 공간을 마련해 나가는 것이 1차 목표"라고 덧붙였다.

당시 슬로건인 '작은영화를 지키고 싶습니다'는 작은영화제의 대표 역할(지금으로 따지면 집행위원장)을 맡았던 중앙대 김의석(감독, 전 영진위원장)이 제안한 것이었다. 김의석은 "경제학자 E. 슈마허의 책 『작은 것이 아름답다』에서 따왔고, 33인이 함께 준비했으나, 다들 대표 맡기를 사양해서 결국 내가 맡기로 한 것이고, 유지나(영화평론가, 동국대 교수, 한국영화아카데미 1기) 등과 함께 문화공보부와 공연윤리위원회(공륜)으로 가서 상영 영화에 대한 검열과 포스터 심의를 받았다"고 말했다.

그는 "극영화가 아니다 보니 단편영화에 대한 검열 규정이 없었다"면서 "당시 내가 한국영화아카데미 1기로 영화진흥공사(현 영화진흥위원회)가 운영하는 학교에 다니고 있다 보니 젊은 대학생들이 뭔가를 해보고 싶어 하는 것으로 판단한 탓인지 (검열 담당 공무원들이) 처음에는 따지려고 들었으나, 잘 넘어갈 수 있었다"고 회상했다.

또한, 포스터 심의에 대해서도 "박불똥 화백의 그림을 전시회에서 보고 이거다 싶어서 선택한 그림이었다"며 "공륜에 가서 이미 전시된 그림이고 교과서에 나온 사진이라고 하니 더 이상 언급이 없었다"고 설명했다.

'작은영화를 지키고 싶습니다' 발표회 자료집에 영화법 개정에 대한 의견을 밝힌 것도 표현과 창작의 자유를 가로막고 있던 다시 영화법에 대한 문제의식을 공개적으로 드러낸 것이었다. 누구나 쉽게 영화를 만들 수 있고, 대중과 만남이 수월할 수 있는 환경이 중요했던 젊은 영화청년들에게 자유로운 창작 환경에 대한 갈망이 생겨난 것은 자연스러웠다. 영화법에 대한 문제의식들이 자리 잡을 수밖에 없는 현실이었다. 민중영화를 지향했던 서울영화집단도 영화법 개정의 중요성을 말하고 있었고, 1970년대 이후 한국영화 침체의 근본 원인으로 영화법을 지목하는 목소리들이 꾸준히 이어지고 있었다.

당시 학생이었던 정재형(영화평론가, 동국대 교수)이 쓴 글 「관객 우위의 영화법 개정의 의의」는, 정부와 국회에서 논의되고 있던 영화법 개정 논의의 방향에 대해 우려를 나타내고 있다.

정재형은 "현 영화법 개정의 가장 큰 실책은 영화 제작의 개방 및 자유화 항목에 있다. 상당한 자유가 보장된 듯싶으나 큰 차이점이 없다"며 "독립 프로덕션의 제작 자유화와 개방화가 가능하려면 검열 및 표현의 자유가 수정돼야 하는데, 대폭 완화 내지는 대폭 수정 기미조차 보이지 않고 있다"고 비판했다.

또한 "16mm 필름의 제작 및 수입 자유, 검열의 완화를 강조하며 제작 자유화 역시 검열 및 표현의 자유가 없이는 불가능하다"고 지적하고, "학생으로서 학생 영화를 진흥해달라는 것이 아닌 대중 및 민중의 영화를 위해 숨통을 열어달라는 것"이라고 개인적인 소망을

영화, 변혁운동이 되다

밝혔다.

이어 "한국영화의 개척자 나운규가 만일 지금 있었다면 〈아리랑〉 제작을 위해서 제일선에서 이런 내용을 주장했을 것이 분명하다"며 "우린 지금 〈아리랑〉만큼의 리얼리즘조차도 실현 못 하는 법을 지니고 있다"고 한탄했다.

정재형은 당시 한국영화 현실에 대해 "이장호 감독 〈바보선언〉이 각본과 본영화 검열 때문에 곤욕을 치렀다. 특히 국회의원을 비난하는 퍼포먼스를 하기 위해 김명곤이 국회의사당 앞에서 춤을 추는 마지막 장면을 공륜의 검열을 의식해 국회의사당을 포커스 아웃시켜 희미하게 만든 것은 비난의 대상이었고, 당시 대학로에 있던 카페 8½에서 '〈바보선언〉과 검열 철폐를 위한 영화법 개정 토론회'를 열었다"고 회상했다.

이어 "그 자리엔 미국에서 영화를 공부하던 중 잠시 귀국했던 홍상수(감독)도 있었는데, 영화법 개정을 어떤 식으로 우리가 할 수 있을까를 밤새 고민했다. 영화인답게 영화제를 통해 축제의 형식을 빌려 자연스럽게 시민들에게 영화법 개정의 의의를 호소하자는 아이디어가 나왔고, 그런 문제의식 속에 작은영화제에 참여했다"고 말했다.

정재형은 "그때 김의석과 같이 기획을 맡았는데 영화단체들을 동참시키기 위해 남영동에 있던 서울영화집단에 찾아가 단장이었던 문원립(동국대 교수)과 홍기선(감독) 등을 만나 취지를 설명하고 동참을 허락받았던 일이 생각난다"고 덧붙였다.

1980년대 초반 영화운동의 방향은 민중영화를 추구하는 서울영화집단과 새로운 영화를 추구하던 문화원 세대 및 영화마당 우리 등으로 나뉘었으나 창작의 자유와 검열 등 시대적 제약에 대한 반감이 모두에게 만만치 않았음을 엿보게 한다. 낭희섭(독립영화협의회 대표)는 "당시 영화법 개정에 대한 문제 제기를 하고 싶었는데, 전두환 군사독재가 무섭다 보니 다들 앞에 나서기를 부담스러워했고, 그래서 영화제 형식을 빌렸던 것"이라고 주장했다.

하지만 당시 작은영화제 성격에 대해서는 견해가 엇갈린다. 작은영화제가 꼭 영화법 개정을 강조하기 위한 행사는 아니었다는 것이다. 김의석은 "영화법에 대한 문제 제기로 작은영화제를 열었다는 것은 솔직히 명확하게 기억나지 않는다"며 "기존 한국영화에 대한 문제의식으로 8mm/16mm 영화를 만들었는데, 이를 대중들에게 보여줄 수 있는 기회가 없어 개최했던 것이고, 이런 행사가 처음이다 보니 반응이 좋았다"고 설명했다.

서울예대 조교였던 권영락(제작자, 씨네락픽쳐스 대표)는 "당시 제작허가제로 인해 특정 제작사만 영화를 만들 수 있는 환경이다 보니 제작 자율화에 대한 요구가 있었고, 도제식 시스템 아래서 연출을 하려면 밑바닥부터 10년을 기다려야 했다"며 "영화법에 대한 문제의식과 이를 개선해야 한다는 생각은 기본적으로 갖고 있었다"고 말했다.

1975년 영상시대의 연출 지망생으로 영화계에 들어와 문화원에서 영화공부를 했고 작은영화제 당시 총무로 현역감독으로 참여한 이세민은 당시 영화운동의 분위기에 대해 이렇게 설명했다.

"당시 영화를 공부하던 청년들은 군사독재 5공화국의 정치사회적 문제에 대한 비판의식과 함께 한국영화가 안고 있는 불합리한 도제제도와 검열 등에 관한 문제의식을 기본적으로 갖고 있었다. 다만 그 방향성에서 서울영화집단이 민중영화를 강조한 것이고 새로운 영화를 추구하는 사람들의 생각은 다들 대동소이했다. 상대적으로 서울

영화, 변혁운동이 되다

영화집단이 강성이었고, 이외 다른 영화연구모임 등은 다소 온건한 성향 정도로 평가할 수 있을 것 같다."

작은영화제에 몰린 대중의 관심

작은영화제에 참여한 개인과 단체들의 면면을 보면 당시 활동하던 영화단체들이 대부분 망라돼 있다. 서울영화집단을 비롯해 동서영화 연구회, 영화마당 우리, 한국영화아카데미, 『프레임』동인, 중앙대와 한양대, 서강대, 경희대 등이 함께 준비했다.

서울영화집단에서는 홍기선과 문원립이 참여했고, 영화마당 우리 에서는 정성헌·한정석이, 동서영화연구회에서는 신철·안동규(영화 세상 대표)·이덕신(감독)·한상준(전 부천영화제 집행위원장), 한국영화아 카데미에서는 유지나(동국대 교수)·김소영(한국예술종합학교 교수)·이 용배(계원예대 교수)·황규덕(감독, 전 한국영화아카데미 교수)·김의석(전 영진위원장), 서울예술대학 조교 권영락, 『프레임』동인으로 강한섭· 전양준·정성일이 이름을 올렸다.

1984년은 한국영화아카데미가 개원한 해였기에 1기생으로 입학한 학생들의 참여가 두드러졌다. 『프레임 1/24』은 동서영화연구회 이후 강한섭, 전양준, 신철, 정성일이 동인으로 활동하며 한 번 발간했던 크라운판 계간지였다. 전양준은 "그때가 동서영화연구회와 서울영 화집단 이후 대학 졸업 직전쯤이었던 것 같다"고 말했다.

동서영화연구회 이름으로 참여한 사람들은 이전 회원들이었다. 전 찬일은 "이름을 올린 사람들은 다들 1984년 이전에 활동했던 분들이 고, 동서영화연구회가 활동을 종료하던 1984년 3월까지 있던 사람은 조재홍(감독), 이덕신(감독) 정도"라고 말했다.

작은영화제에서는 모두 6편의 영화가 상영됐다. 장길수 감독의 〈강의 남쪽〉, 서영수 감독 〈문〉, 최사규 감독의 〈숭의 눈물〉, 서울영화집단 〈아리랑 판놀이〉, 황규덕 감독의 〈전야제〉, 김의석 감독의 〈천막도시〉 등이었다. 프랑스문화원 토요단편영화와 각 대학 영화과 영화제 상영작, 연우무대 단편영화상영회와 청소년영화제 수상작들을 중심으로 후보작이 추려졌다. 심사위원은 강한섭, 전양준, 정재형, 홍기선 등이었다. 1차 심사를 통해 64편으로, 2차 심사를 통해 16편이 언급됐다. 이중 갑작스런 행사 일정 변경과 오해 등으로 인해 12작품이 대상이 되었고, 프로그램 진행부였던 정성일의 진행으로 최종 6편이 선정됐다.

〈강의 남쪽〉은 1980년 제작돼 1982년 프랑스문화원에서 열리던 토요단편영화의 최우수 작품으로 선정된 영화였고, 〈문〉은 1983년 9회 청소년영화제 대상 수상작이었다. 〈아리랑 판놀이〉는 서울영화집단의 창립 작품이었고, 8mm 영화 〈전야제〉는 서울영화집단 황규덕과 문원립이 연출과 촬영을 맡은 작품이다. 〈천막도시〉는 서울영화집단에서 초기에 활동했던 김의석이 각본과 연출을 맡고, 영화마당 우리 발기인 정성헌이 촬영하였으며, 1983년 청소년영화제에서 우수상 수상작이었다.

6편의 영화는 하루 2회씩 이틀간 상영됐는데, 300명의 관객을 불러 모으며 성공적인 행사로 끝났다. 당시 영사기 담당으로 참여했던 낭희섭은 "안성기 배우까지 영화를 보러 왔었다"며 "관객들이 많아 수익을 낼 정도였다"고 말했다.

영화, 변혁운동이 되다

작은영화제의 의의와 평가

1984년 작은영화제가 한국 영화운동에서 중요한 의미를 차지하는 지점은, 얄라셩과 서울영화집단으로 이어지며 민중영화를 지향하던 노선과 영화마당 우리를 중심으로 새로운 한국영화를 지향했던 이들이 함께 모여 만든 행사라는 것에 있다. 80년대 초반의 영화운동 역량이 결집한 행사로 평가할 수 있는 것이다.

물론 당시의 행사가 정부의 통제를 받은 부분을 비판하는 시각도 있다. 전양준은 이듬해인 1985년 창간된 계간지 『열린영화』에 쓴 글 「작은 영화를 위하여」에서 "작은영화제 행사가 정부의 지원을 받은 관의 통제를 받으며 보수주의 영화들도 이뤄졌다는 부정적 측면도 있다"고 지적했다.

낭희섭 역시 "오류도 있었다. 행사 장소를 관에서 허락받아야 하는 관계로 전날에 문화공보부(현 문화체육관광부)로부터 검열 아닌 검열을 받아야 했다. 여기서 입장 차이가 드러나기도 했다. 행사를 접자는 쪽과 홍보가 됐으니 이런 사정을 관객에게 알리고 강행하자는 의견이 대립했으나 강행으로 결론이 났다"며 이렇게 설명했다. "누군가는 필름을 들고 가야 하는 악역을 맡았고, 행사는 방해 없이 진행될 수 있었다. 이런 행사가 처음이고 선례가 없었지만, 검열관 심기를 건드리지 않았던 것 같다. 다만 처음의 논의와 다르게 인쇄된 자료집까지 혹시나 문제 될 수 있는 부분을 우려해 검은 펜으로 지우는 자기 검열을 망연히 지켜보게 됐다."

이에 대해 이세민은 "당시 낭희섭은 막내로 심부름하는 정도였고, 실제적인 준비 과정에 참여하지도 않았다"고 지적했다. 작은영화제를 준비한 46인 명단에 낭희섭의 이름은 포함돼 있지 않다. 낭희섭은 "작은영화제 때 영사기를 돌리는 역할을 맡았고, 문화공보부에 누가 갔는지도 알지 못했다"고 말했다.

작은영화의 의미에 대해 전양준은 『열린영화』에 쓴 글 「작은영화를 위하여」에서 이렇게 정리했다.

> 1984년 국립극장 실험무대에서 열린 작은영화제는 처음으로 단편영화인들이 함께 한 뜻깊은 자리였는데, 작은영화의 사회적 기능과 작은영화집단의 활성화 방안을 토론하고 8mm/16mm 영화에 대한 기존의 모든 호칭들을 작은영화로 통일한 최초의 공동모임이었다.
> 작은영화는 1984년 5월 이후 만들어진 신조어로서 과거의 명확한 구분 없이 사용됐던 단편영화 소형영화 실험영화라는 용어들을 폐기하고 영화의 사회적 기능을 작은영화를 통해서 구체화하려는 작은영화인들의 의지가 담긴 말이라 하겠다.

전양준은 이 글에서 "단편영화계의 모습이 큰 영화계의 현실과 별로 다를 것이 없고 대부분의 단편영화인들의 영화 메커니즘 이해 혹은 전위예술이라는 구호하에 큰 영화보다 더 보수적이고 현실도피적인 저질 작품들을 양산해냈으며, 또 관 주도의 청소년영화제에 참가하여 계몽, 정책 영화를 만들기도 했다"고 비판적으로 평가했다.

또한 "작은영화인들은 작은영화가 결코 새로운 개념이 아니라는 사실을 알아야 한다"면서 "작은영화는 '단편영화=대항영화'라는 기존의 개념에 한국식으로 붙인 용어에 불과한 것으로, 작은영화는 단순한 구호가 아닌 실천으로 연결돼야 하는 것이다"라고 강조했다.

작은영화워크숍의 시작

작은영화제는 더 이어지지 못하고 한 번으로 끝났으나, 이후 시작된 영화마당 우리의 워크숍에 영향을 끼친다. 1985년 1월 영화마당 우리는 '작은 영화를 지키고 싶습니다'라는 작은영화제의 정신을 계승하며 신촌에서 첫 번째 작은영화워크숍을 개최한다. 비제도권에서 영화이론이 아닌 제작 실습을 할 수 있는 최초의 영화학교가 생겨난 것이다.

영화에 관심은 있으나 비전공이었던 일반인들에게 실습 중심의 영화제작 교육을 받고 직접 만들어볼 수 있는 기회가 생겨난 것은 이후 독립영화 발전에 큰 역할을 한다. 첫 워크숍 때 기자재가 부족한 상황이었음에도 33명이 온전히 수료한 것은 그만큼 제작을 경험할 수 있는 데 따른 참석자들의 기대치가 컸음을 나타내주고 있다. 워크숍 강사진으로 홍기선 등 서울영화집단이 참여했고, 담당 조교를 영화마당 우리가 맡으면서 낭희섭이 실습 조교, 김형구(촬영감독, 전 한국촬영감독조합 대표)가 카메라 조교를 담당했다.

첫 번째 워크숍을 수료한

1985년 영화마당 우리 워크숍
_독립영화협의회 제공

1987년 겨울 영화마당
우리 사무실에서의
16mm 영화 촬영 현장
_ 독립영화협의회 제공

사람은 변재란(영화평론가, 서울국제여성영화제조직위원장), 권칠인(감독,
전 인천영상위원장 운영위원장), 이정향(감독, 〈집으로〉 연출), 김형구(전 한국
영화촬영감독조합 대표), 박현철(촬영감독) 등이었다. 변재란은 "작은영화
워크숍 등을 통해 홍기선 감독을 알게 됐고, 이후 서울영화집단의 책
번역 등에 도움을 주기도 했다"고 말했다.

　이하영(전 시네마서비스 이사, 『배급과 흥행』 저자)도 작은영화워크숍
을 통해 영화마당 우리에 합류한다. 이하영은 "1986년 1월 작은영화
워크숍에 참여했는데, 담배 연기가 싫었던 기억이 난다"며 "이후 군
에 입대해 복무를 마치고 나서 영화마당 우리를 찾았다가 영화공간
1895를 거쳐, 1991년 영화사 신씨네를 통해 충무로에 들어섰다"고
말했다.

　낭희섭은 "1회 작은영화워크숍 이후 1990년 독립영화협의회가 발
족하여 1991년 1월에 1회 독립영화워크숍으로 승계되기 이전까지
외부 지원 없이 비제도권으로 신촌의 문화공간 우리마당에서 회비를
받아 동계, 하계 방학 기간에 계속 개최했다"면서 "사립대학의 영화
학과도 아니고 국립의 영화아카데미 아닌 곳에서 영화 제작, 필름 확
보, 배급 등의 역할을 담당하며 영화운동을 지원했다는 것은 의미 있

　　　　　　　　　　　　　　　　　　　　영화, 변혁운동이 되다

게 평가할 부분"이라고 말했다.

이어 "작은영화워크숍을 수료하고 학교로 복귀한 친구들은 대학 서클(동아리)을 결성하거나 작은영화제를 개최했고, 서클 자체 역량으로 이화여대 '누에' 가 〈시발〉, 외국어대 '울림' 이 〈울림〉, 한양대 '소나기' 는 〈인재를 위하여〉 등의 단편영화를 만들었다"고 덧붙였다.

영화마당 우리는 워크숍 외에 1970년대 세계 문제작 시나리오 및 작품연구집으로 〈택시 드라이버〉〈파리에서의 마지막 탱고〉〈욜〉 〈에니홀〉 등 외국의 주요 작품의 시나리오를 정리한 책 『극복의 영상들 1』(1988)을 펴내기도 했다. 기획과 책임편집은 이정국(감독, 세종대 교수)이 맡았고 박찬욱(감독), 전찬일(영화평론가), 양윤모(영화평론가) 등이 필진으로 참여했다. 시나리오를 구하지 못한 경우 직접 비디오 테이프를 몇 번이나 보면서 대사를 번역했다고 한다.

1980년대 후반 영화마당 우리에 이언경, 권은선(영화평론가, 서울국제여성영화제 부집행위원장), 홍효숙(전 부산영화제 프로그래머), 이원재, 윤미희, 강미자, 박만규, 이재희, 김윤택, 허현숙, 이규택 등이 합류했다. 권은선은 "1989년 영화마당 우리에 합류해 총무로 사무실을 드나들었고, 이후 만들어진 영화공간 1895에서도 활동했다"며 영화마당 우리를 통해 이하영, 김영진 선배 등을 만나게 됐다"고 말했다. 권은선은 여성 영상 공동체인 바리터에서도 활동했다.

영화마당 우리는 1990년 1월 31일 6개 단체(민족영화연구소, 아리랑, 영화마당 우리, 우리마당 영화패, 영화공동체, 한겨레영화제작소)가 참여한 한국독립영화협의회(약칭 독영협)가 창립되고, 1991년 독영협이 단체별 가입에서 개인 가입으로 전환과 함께 분과 체제가 되면서 활동을 마무리한다.

낭희섭은 "1991년까지 영화마당 우리라는 이름으로 활동이 있기는 했으나, 실질적으로는 1989년부터 활동이 약해졌고, 이 시기 이언경이 만든 영화공간 1895가 영화마당 우리를 잇는 것으로 볼 수 있다"고 말했다.

카페 8과 1/2, 열린영화와 영화언어

1980년대 작은영화제 준비에 거점 역할을 한 곳은 혜화동의 카페 8½이었다. 줄여서 '8반'으로 불렸는데, 이세민(감독)이 만든 공간이었다. 여기서 이세민을 주목할 필요가 있는 것은 1970년대 초부터 80년대 후반의 영화운동에서 눈에 띄는 역할이 있었기 때문이다.

연세대학교 정치외교학과 72학번이었던 이세민은 초기 문화원 세대였다. 고교 재학 중 본 코스타 가브라스 감독의 영화 〈Z〉에 매료되어 정치영화를 만들겠다고 결심했고, 1973년부터 프랑스문화원을 다니기 시작한 것이다.

1975년 당시 하길종, 이장호, 김호선, 홍파, 이원세 감독과 변인식 평론가 등이 중심이 돼 만들어진 영상시대가 연출부와 연기 지망생을 공모할 때 지원해 견습생으로 선발된다. 중학교 동기였던 배용균

1984년 카페 8½ 시사실에 모인 영화 청년들. 왼쪽이 박종원 감독, 한 사람 건너 김의석 감독 _이세민 제공

(〈달마가 동쪽으로 간 까닭〉 감독)의 권유에 따른 것이었는데, 영화계에 발을 들여놓게 된 계기가 됐다.

이세민에 따르면 영상시대의 시험은 한옥희(감독)의 실험영화 〈구멍〉을 보고 감상문을 써내는 것과 영상시대의 사무실이 있던 남산 드라마센터 옆 한양녹음실 옥상에 준비된 소품들을 자의로 배치하여 찍은 스틸 사진에 대한 평가 등이었다.

당시 같이 선발된 일곱 명 중에는 1970년대 서강대 영상연구회에서 활동했던 이황림(감독)이 있었다. 전위적 실험영화를 추구했던 카이두클럽의 리더 한옥희는 1971년 이황림의 영상연구회 발표회를 통해 영화를 시작했는데, 몇 년 지나 한옥희의 영화가 이황림이 지원했던 영상시대의 견습생 선발 시험문제로 활용됐다는 것은 흥미로운 부분이다.

이세민은 영상시대에 대해 "정신은 하길종 감독이었고 명목상의 리더는 가장 연장자였던 변인식 평론가였다"며 "창작자로서의 치열함이 느껴지는 사람은 김호선 감독이었고, 격의 없고 자신만만한 패기는 이장호 감독이 으뜸이었다"고 회상했다.

또 "국내파들이 세계영화 흐름을 인식하기는 무리가 있었고, 공부할 책도 없다 보니 세계 영화산업의 중심에서 세계 영화를 실제로 보

영화, 변혁운동이 되다

고 해박한 지식을 자랑한 하길종 감독의 역할이 컸다"면서 "16mm 단편 영화 제작이 활성화 되어야 한다고 제일 먼저 주창했던 영화인도 하길종 감독이 었다"고 말했다. 아

2011년 단편영화 촬영 현장에서 안성기 배우와 함께한 이세민 감독 _이세민 제공

울러 "하길종 감독이 잡지 『뿌리깊은 나무』에 쓰는 영화평론은 영화를 지향하던 청년들의 피를 끓게 했으며 우리 세대는 모두 그의 제자라고 해도 과언이 아니다"라고 덧붙였다.

일제의 유산인 도제식 체계 아래 스크립터부터 시작해서 퍼스트, 조감독까지 연출부 생활 10년 정도를 해야 감독 입봉(데뷔)을 할 수 있었던 그 시절, 영상시대는 견습 연출부로 두 편의 영화 제작에 참여하면 퍼스트 조감독으로 채용하겠다는 당시로는 파격적인 약속을 하고 연출부를 뽑았다. 하지만 이후 현실의 벽에 막혀 유명무실하게 되었고, 그 후 이장호 감독과 변인식 평론가가 잡지 『영상시대』를 2회 발간하는 데 그치게 된다.

이세민은 이후 1976년 군에 입대해 1979년 제대 후 김창화(영상시대 연출부, 교수), 신승수(감독), 장길수(감독), 등과 함께 '청년영상(연구회)'을 만들어 16mm 영화 두 편을 제작했다. 여기서 만든 작품이 작은영화제에 출품됐던 장길수 연출의 〈강의 남쪽〉이었다.

〈애마부인〉의 실제 시나리오 작가

이세민의 경력에서 색다른 부분은 1983년 대표적 흥행영화였던 〈애마부인〉의 시나리오를 쓰고 조감독을 했다는 점이다. 전두환 정권의 우민화 정책의 대표적인 3S(스포츠, 스크린, 섹스)에 발을 걸쳤다는 것은 특이하다. 1980년 이후 영상시대 견습생 동기였던 이황림이 기획실장으로 있던 현진영화사 기획실에 들어가서 일하다가, 정인엽 감독의 요청에 따라 총무로 현장으로 나가게 된 것이었다.

하지만 〈애마부인〉의 작가는 공식적으로는 다른 두 명의 다른 작가로 되어 있다. 이에 대해 이세민은 "시나리오는 나 혼자 썼고, 당시 한국시나리오작가협회 회원이 아니라는 이유로 제작사에서 작가로 이름을 올리기 어렵다고 했다. 그래서 실제적 기획자인 다른 시나리오 작가 이름으로 나갔고, (나는) 조연출로 이름을 올리게 됐다. 그런 일들이 종종 있었던 시대였다"고 말했다.

영상시대 동인이었던 김호선 감독은 "이세민이 〈애마부인〉 시나리오에 참여한 것은 맞는 이야기"라며 "시나리오를 공동으로 쓴 것으로 알고 있다"고 말했다. 김의석도 "이세민 감독이 시나리오를 쓴 게 맞다"고 확인했다.

이세민은 〈애마부인〉에 대해 "3S 영화로 간주되고는 하나 오해라고 본다"며 이렇게 주장했다. "프로야구는 전두환 정권이 기획하고 추진해 만들어졌으나 〈애마부인〉은 정권의 기획이나 협조를 전혀 받은 바가 없었다. 제목 애마부인의 애마를 한자로 사랑 '애(愛)' 자에 말 '마(馬)' 자로 공연윤리위원회의 검열을 받았는데도 말 '마(馬)' 자가 외설적이니 대마초의 '마(麻)' 자로 바꾸라는 코미디 같은 지시가 내렸을 정도였다. 검열로 사회문제에 대한 표현이 불가능한 시대에 제작자와 영화인의 상업적인 감각이 성애(性愛)영화 쪽으로 방향을 잡은 것이다. 심한 노출 씬도 없었다. 〈애마부인〉은 한형모 감독의 〈자유부인〉, 유현목 감독의 〈아낌없이 주련다〉, 이장호 감독의 〈어우동〉, 김의석 감독의 〈그 여자 그 남자〉 임상수 감독의 〈처녀들의 저녁식사〉와 함께 한국인의 성 의식을 그린 영화로서 주목해야 할 영화이며 웰메이드 영화라는 점을 평가해야 한다. 그 후 주제의식 없는 일련의 에로영화들이 우후죽순처럼 쏟아져 나왔으며 사회적 문제를 주로 다룬 정지영 감독도 80년대에 에로 영화로 분류되는 영화를 만든 적이 있다."

이세민은 영상시대의 영향을 통해 새로운 영화에 대한 의식을 갖고 충무로 현장을 거쳐 1983년 첫 작품인 〈장미와 도박사〉를 연출했다. 함께 활동했던 이들 중 가장 먼저 감독으로 데뷔한 것이었으나 작품적으로 크게 주목받지는 못했다.

그러나 이후의 활동이 영화운동에서 중요한 역할을 한다. 1984년 2월, 이세민은 사업을 하는 대학 후배와 동업으로 대학로에 50평 정도 되는 '8½'이라는 카페를 차렸다. 영화를 공부하던 청년들이 모이는 아지트 역할을 했던 이른바 '8반(半)'의 시작이었다.

카페 내에 4평 정도의 사무실과 암실이 있었고, 카페 내 시사실에서 8mm, 16mm 영화상 영과 세미나 등이 진행됐다. 매주 한 편 하루 3회씩 한국 단편영화와 프랑스 단편영화를 상영했다. 한국 단편으로는 이정국(감독), 최사규(감독), 서명수(감독), 홍기선(감독), 황규덕(감독, 교수), 장윤현(감독) 등의 작품들이 상영됐다. 당시에 애써 만들고도 일반 대중에게 발표할 공간이 없었던 단편영화를 상시 상영할 수 있는 유일한 장소였다.

김의석이 주도하여 성사된 1984년 작은영화제 작품 심사도 카페 8½에서 30명 가까이 모인 가운데 밤을 새워서 진행됐고, 서울대 얄라셩과 이화여대 '누에', 고려대 '돌빛', 한국외국어대 '울림' 등 대학 영화서클의 행사 때마다 스폰서 요청을 흔쾌히 받아들여 꾸준히 후원하기도 하였다. 당시 각 대학 영화서클이 행사 후원을 요청할 때 1순위로 설정했던 곳이 8½이었다고 한다.

카페 8½과 『열린영화』

전양준 등이 중심이 된 '열린영화모임'이 발간했던 계간지 『열린영화』도 8½ 카페의 수익으로 제작됐다. 열린영화모임은 1984년 작은영화제 이후 형성된 연대감을 지속시키기 위해 만들어졌고, 한국영화아카데미 1기생들과 정성일, 전양준, 강한섭, 안동규 등 동서영화연구회 출신들이 주축을 이뤘다. '영화의 실천과 집단성을 강화하면서 영화계의 이론 부속을 통감하고 현실의 입장에서 결코 공허하지 않은 이론과 무장'을 목적으로 결성된 것이다.

『열린영화』는 이세민과 카페를 동업했던 후배가 공동 발행인이었고, 전양준(전 부산영화제 집행위원장)이 초대 편집장이었다. 1985년 전양준이 영국으로 유학을 떠난 이후에는 정성일(평론가, 감독), 안동규(제작자)가 공동 편집장으로 뒤를 이었다.

필자로 참여하거나 뜻을 같이했던 이들은 한국영화아카데미 김의석(감독, 전 영진위원장), 이용배(계원예술대학교 교수), 장주식(전 기획자), 황규덕, 유지나(교수), 김소영(감독)과 서울영화집단의 홍기선(감독), 김인수(전 시네마서비스 대표), 이효인(전 한국영상자료원장), 최사규(감독), 양윤모(전 한국영화평론가협회장), 권영락(제작자), 서명수(감독) 등이었다. 당시 연세대 휴학 중이던 이정하(전 영화평론가)와 낭희섭(독립영화협의회 대표), 한양대 재학 중이던 구성주(감독, 작고)가 막내뻘이었다.

이세민은 "1984년과 1985년은 한국 영화사상 특이한 해로 기억된다"며 "새로운 영화를 꿈꾸던 베이비 붐 세대들이 집결하기 시작하고, 한국영화아카데미가 창설되고, 각 대학 영화서클과 영화모임들이 조직됐다"고 말했다. 이어 "『열린영화』는 그런 분위기 속에서 시대정신을 자각한 깨어 있는 영화청년들이 참여하면서, 원고료도 제대로 안 받고 글을 썼고, 사무실에서 함께 식사하고, 밤을 지새우던 순수한 열정의 소산이었다"고 덧붙였다. 월 1만 원을 내고 구독을 신청한 300명 정도의 회원들에게 발송됐던 인기 있는 계간지였다.

하지만 『열린영화』는 4호 발간을 끝으로 멈추게 된다. 그 이유를 이세민은 이렇게 설명했다.

『열린영화』가 창간하고 3호까지는 전양준이 편집 책임을 맡았다.

영화/과학/실천

1 열린영화

작은영화란 무엇인가

I. 단편영화에서 작은영화까지
   작은영화란 무엇인가

II. 작은영화 개념정립의 가능성
    대중성 · 운동성

III. 시네마 : 작은영화와 사회
     작은영화의 제작과 상영
     열린영화와 닫힌영화 사회와의 관계
     한국영화 · 리얼리즘 · 소시민성 휴머니즘

IV. 필름 메커니즘의 효율성
    8mm · 영화작가의
    V 개념 · 영화산업의 효과
    작은영화의 한계

V. 무비 : 작은영화의 경제적 하부구조
   작은영화 · 독립영화 · 자본

VI. 반성과 전망
    작은영화를 지키는 사람들의

부록

84/85 겨울

『열린영화』 창간호

전양준은 책이 나가기 전에 이런 내용의 글이 나간다고 알려줬다. 그렇다고 일절 간섭하지 않았다. 4호부터는 안동규(제작자, 두타연 대표)와 정성일(영화평론가)이 편집 책임을 담당했는데, 영화법 개정에 대한 글을 실으면서 내게 사전에 알려주지 않은 거다.

그런데, 300명의 회원에게 보내지다 보니 정부 쪽 인사들의 손에도 들어가게 된 것 같다. 영화법 개정을 표제로 한 4호가 발간된 지 며칠 후 공연윤리위원회 선배에게 연락이 왔다. 『열린영화』를 봤는데 등록이 안 돼 있는 잡지니 조심해야 한다고, 불온서적으로 찍히면 관계자들이 위험해질 수 있다는 것이었다. 며칠 후에는 문화공보부 영화과에서 전화가 와서 종로경찰서에 불온서적으로 수사를 의뢰하겠다는 거다. 주위 분들의 도움으로 급한 불은 껐으나 계속 발행하면 가만두지 않겠다고 해서 어쩔 수 없이 접었다. 귀에 걸면 귀걸이 코에 걸면 코걸이인 전두환 군사독재 시절이었다. 그래서 안동규와 정성일에게는 화를 냈고, 더 이상 발간 비용을 지원하지 않게 되면서 4호로 끝나게 됐다. 회원들에게는 잔여 회비 150만 원 정도를 모두 되돌려줬다.

당시 『열린영화』 4호의 '한국영화 시스템'을 주제로 한 특집에 실린 영화법 관련 글은 서강대 출신 남만원(감독)의 「영화정책과 영화법」, 이정하(전 영화평론가)가 쓴 「한국의 영화검열」 등이었다. 일제강점기 이후 영화법 변천 과정과 검열 실태를 분석하는 깊이 있는 글이었다.

그러나 군사독재 시절이라는 시대적 한계 상황에서 영화법 개정에 대한 문제 제기가 당국의 압박으로 인해 결국 영화계간지의 폐간으로 이어지게 된 것이었다. 이후 카페 8½은 1988년까지 운영된다.

『프레임 1/24』와 『영화언어』

1980년대 영화운동은 1984년 작은영화제를 기점으로 비평 중심의 이론과 제작 중심의 실천으로 심화하는 경향을 보였다. 비평 쪽에서 해외 영화를 공부하는 학구파의 대표는 전양준, 강한섭 등 동서영화연구회 출신들이었고, 촬영과 제작을 추구한 쪽은 서울영화집단과 영화마당 우리 등이었다.

이세민은 "비평에서는 전양준의 역할이 매우 컸고, 서울영화집단은 박광수가 중심인물이었으며, 영화마당 우리는 김기종이 활동을 이끌었다"고 말했다.

이론과 비평에 중심을 뒀던 이들은 이전부터 잡지나 책을 지속해서 만들었다. 1980년 전양준, 강한섭, 홍기선, 정성일 등에 의해 만들어진 『프레임 1/24』가 대표적이다. 이세민은 "당시 김호선 감독이 『프레임』에 쓴 전양준의 평론이 못마땅했는지 '그 자식들 뭐 하는 놈들이냐'고 불쾌해하기도 했다"고 회상했다.

전양준은 『열린영화』에 쓴 글 「작은 영화는 지금」에서 "『프레임 1/24』는 그 유치한 악마사냥식 논리에도 불구하고 우리 영화에 대해 집중된 관심을 보여줬다"고 평가했다. 또한 "서울영화집단이 만든 『새로운 영화를 위하여』는 출판할 때 진통을 겪었지만,

1980년 전양준, 강한섭, 홍기선, 정성일 등이 만든 『프레임 1/24』_전양준 제공

『영화언어』 창간호와 2호 _전양준 제공

영화청년들에 이뤄진 최고의 성과"라고 호평했다. 다만 '제3세계 영화의 소개와 미국영화의 기능과 구조에 대한 비판은 유난히 돋보이나 번역에 의존했던 것이 흠'이라고 지적했다.

당시 걸어 다니는 영화사전으로도 불렸던 전양준은 1980년 『프레임 1/24』, 1984년 『열린영화』에 이어 1989년 창간된 계간지 『영화언어』의 발행과 편집을 맡아 비평에서의 보폭을 꾸준히 넓혀갔다. 『영화언어』는 이용관, 전양준, 김지석이 주축이 된 비평지로 한국영화에 대한 본격적인 분석 연구 결과를 발표해 주목받았다. 정재형(영화평론가, 동국대 교수)이 쓴 장선우 감독의 〈성공시대〉를 분석한 글이나, 이용관(부산영화제 이사장)이 이장호 감독의 〈바보선언〉과 〈나그네는 길에서 쉬지 않는다〉 등을 깊이 있게 들여다본 글은 평론의 수준과 깊이를 보여줬다. 1989년부터 전양준이 발행과 편집을 맡은 『영화언어』는 '1995년까지 한국 영화평론의 한 축'을 담당했다.

『한겨레신문』은 1990년 5월 4일자 기사에서 이들의 평론에 대해 "개인적 감상 소감을 기초한 인상 비평이 주류를 이뤘던 기존 영화평론과는 크게 구분되는 비평방식을 채택했다"며 "리얼리즘 이론에 입각해 인물과 상황의 전형성과 작품의 진실성을 평가의 척도로 사용하고, 영화의 구조를 엄밀하게 분석해 들어가거나 구체적인 영화요

영화, 변혁운동이 되다

소들의 의미를 캐묻기도 한다"고 평가했다.

전양준은 "영화공간 1895를 만들었던 이언경이 『영화언어』 초기 편집기자로 활동했고 나중에 편집인으로 일했다"면서 "김지석(전 부산영화제 부위원장, 작고)은 1990년 가을호(5호)부터 편집위원으로 활동을 시작해서 1991년 봄호(7호)에서 편집인으로 『영화언어』 총괄 책임자의 위치에 올랐다"고 말했다.

당시 편집진을 보면 김영진(영화평론가, 전 영화진흥위원히 위원장)이 부편집인을 맡았고, 편집위원은 이용관, 김지석을 비롯해 한국영화 아카데미 1기 출신인 김소영(감독, 한국예술종합학교 영상원 교수), 신강호(대진대 교수), 이충직(전 전주국제영화제 집행위원장), 정성일(영화평론가) 등이었다. 강한섭(전 영진위원장, 작고), 변재란(서울국제여성영화제 조직위원장), 정재형(동국대 교수), 주명진(서울영화집단 활동) 등은 필진으로 참여했다.

영화사 연구자인 문관규 교수(부산대)는 "『열린영화』가 씨네필을 대상으로 했다면, 『영화언어』는 이용관 교수 등이 참여하다 보니 더 전문적이고 아카데미적인 성격이 강했다"면서, "이론지를 발간했다는 점에서 해방 이전 조선프롤레타리아예술동맹(카프)의 영화운동과 다른 차이를 보였다"고 평가했다.

대학 영화운동

1984년 7월 작은영화제의 성공으로 작은영화워크숍과 계간지『열린영화모임』이 시작됐다면, 여기에 더해 영향을 받은 것으로 꼽을 수 있는 또 하나가 대학 영화서클의 결성이었다. 서울 주요 대학에 영화서클이 생겨나면서 대학가를 중심으로 한 영화운동이 힘을 받게 된 것이다.

1979년 공대 모임으로 시작해 1980년 3월 20일 가장 먼저 생겨난 서울대 얄라셩 이후 두 번째로 만들어진 대학 영화서클은 1983년 만들어진 고려대학교 돌빛이었다. 얄라셩과 돌빛은 초창기 대학 영화운동에서 활발한 활동을 펼친다. 1985년 이전 두 대학 영화서클은 지속적인 교류를 통해 대학 영화운동의 밑바탕 역할을 한다.

얄라셩은 대학 영화서클의 맏형으로서 다른 대학의 영화서클 결성을 지원하는 역할을 맡았고, 초기 돌빛의 지도를 맡았을 만큼 역할이나 비중이 더 컸다. 1980년대 후반과 1990년대로 접어들면서 얄라셩과 돌빛은 다른 대학 영화서클과 연대해 대학 영화운동을 선도하게 된다.

고려대 돌빛

돌빛의 시작은 1983년 6월, 영화서클을 결성하려 한다는 공고가 정민교에 의해 교정에 붙으면서였다. 창립회원이었던 정병각(감독, 전 충남영상위원장)은 "영화동아리를 결성한다는 공고가 붙어서 몹시 반가웠다"며 "마침 졸업 후에 영화를 해야겠다고 생각하는 중이었기 때문이다"라고 말했다.

공고를 붙인 정민교는 정병각과 같은 사회학과 80학번 동기였다. 영화서클을 준비하고 있던 정민교가 서울대 얄라셩과 상의해 여름방학 기간에 워크숍을 진행하기로 계획을 세워놓고 회원 모집을 알린 것이다. 창립회원은 정민교, 정병각, 이규석(한국예술종합학교 영상원 교수), 김양래(독립제작사 운영) 등 15명이었다. 정병각에 따르면 "창립회원 중에는 70년대 학번이 두 명 정도 있었고, 대부분 나보다 아래 학번들이었다"고 말했다.

곧바로 여름방학 때 진행된 워크숍이 서클 활동의 시작이었다. 여름 워크숍 프로그램은 '세계영화사', '제3세계 영화', '간단한 작품 제작' 등으로 구성됐다. 강사는 서울영화집단에서 활동하고 있던 얄라셩 출신 송능한(감독), 홍기선(감독), 박광수(감독) 등이었다. 얄라셩 출신이 아닌 강사(김달선 선생)도 있었다. 첫 워크숍을 통해 8mm 영화

1988년 여름, 워크숍 작품 촬영을 위해 임진각에 간 고대 돌빛 회원들. 왼쪽부터 이순진, 김시천, 정병각, 오른쪽 끝 신동일 _신동일 제공

〈하루〉를 제작했다.

'돌빛'이라는 이름은 워크숍에서 작명됐다. 제안자는 졸업 후 교사가 된 사학과 78학번 최규석이었다. '돌'은 고려대의 상징이었고, '빛'은 영화의 상징이라 둘을 합치자고 한 것이었다.

정병각은 초기 돌빛 활동에 대해 "충무로 촬영현장 견학도 했다"며 "배창호 감독의 〈적도의 꽃〉(1983) 저녁 촬영에 가서 밤을 꼬박 새우고 촬영 스태프들의 버스를 얻어 타고 돌아오기도 했다"고 회상했다. 그때 조감독은 영상시대 견습생 출신 신승수 감독이었다.

정병각은 "신승수 감독께서 주도적으로 우릴 안내해서 제일 고마웠고, 지나고 보니 빠듯한 촬영 여건에서도 대학생들에게 친절을 베풀어준 배창호 감독님과 안성기 선배 등 스태프들에게 고마움을 느낀다"고 회상했다. 이어 "배창호 감독, 안성기 선배가 우리들에게 환영한다는 인사말을 해줬던 기억이 난다"고 덧붙였다.

영화, 변혁운동이 되다

돌빛의 중요한 활동 목적은 작품을 만드는 것이었으나, 제작 역량이 미흡해 작품 만들기가 어려웠다. 정병각은 "당시 이규석의 아버지가 영화영상 녹음실을 경영하고 있어서 집에 8mm 카메라와 간단한 조명 장비가 있었다. 이규석은 제작 경험이 있어서 그의 주도로 짧은 단편영화를 만드는 게 전부였고, 실험적인 작품이었던 걸로 기억한다"고 회상했다. 1983년 겨울방학 워크숍 때는 8mm 영화 〈목격자〉를 제작했다.

돌빛은 '서클 유지를 위해 신입회원을 모으는 것과 작품 제작을 위해 노력하는 게 활동의 거의 전부'였다. 1984년 축제 기간에는 다큐멘터리 〈석탑대동제〉를 촬영했고, 2학기 때는 세미나 외에 서클연합제 기간 중인 10월 30일 1회 영화제(당시 명칭은 단편영화제 시사회)를 개최해 〈강의 남쪽〉〈군중들〉〈84 석탑대동제〉〈하루〉 등을 상영했다.

정병각은 "이후 85년 졸업하자마자 3월부터 충무로에 들어왔고 그런 연유로 졸업 후에도 꽤 오래 후배들과 관계가 이어졌다"며 "돌빛이 현재까지 명맥이 이어져온 게 대단하단 생각이 든다"고 말했다.

1985년 입학해 돌빛에 가입한 김시천(서울영상위원회 독립영화공공배급망센터 소장)에 따르면 1986년까지는 서클룸이 없어서 학교 로비, 강의실, 매점 앞 등에서 모임을 해야 했다. 87년에 다행히 학생회관 4층에 방을 배정받고서야 떠돌이 생활을 면할 수 있었다. 이때 영화제도 열었고 작품도 제작했다.

김시천은 "1987년에 돌빛 회장을 맡아 그해 제1회 안암영화제를 개최해 〈오발탄〉 등 16mm 필름 상영했다"며 "이후 매년 주제를 정해 개최해 오다가 시대에 맞게 변화하면서 몇 년 전부터는 자체 제작한 단편영화를 발표하는 방식으로 바뀐 것으로 알고 있다"고 말했다.

그는 "정기적으로 영화이론 학습도 하고, 8mm 필름 영화 제작 워크숍도 병행했는데, 창립회원인 이규석 선배가 주로 촬영, 편집의 기술적인 지도를 해주기도 했다"고 말했다.

또 "87년 총여학생회와 공동 제작으로 학내 흡연과 여학우 폭행문제를 다룬 〈왜 못마땅하죠?〉라는 8mm 작품을 만들었고, 87년 6월 항쟁을 전후로 여러 집회와 이한열 열사 장례식까지 학내외 민주화 투쟁 현장을 8mm 필름으로 기록해두기도 했었다"고 덧붙였다.

하지만 현재 남아 있는 필름은 없다. 김시천은 "다른 대학 동아리에서 상영을 위해 빌려갔다가, 동아리방 건물에 화재가 나는 바람에 그 필름이 소실되면서 기록이 사라졌다"고 아쉬워했다.

1990년 들어서는 비디오를 통해 영화를 제작하기도 했다. 1988년 입학 직후 가입해 돌빛 활동을 주도하며 1990년 회장을 맡았던 박동현(감독, 서울국제실험영화페스티벌 집행위원장)은 "여름방학 워크숍을 통해 영화를 만들었고 〈파업전야〉 상영 때는 학내 상영을 맡아 주관했다"며 "당시는 돌빛 회원이 20명이 넘었고, 대학영화연합 등에서 연내 활동도 적극적이었다"고 말했다.

1980년~1990년대 돌빛 출신 현직 영화인으로는 정병각과 이규석을 비롯해 김동주(감독, 〈빗자루, 금붕어 되다〉), 신동일(감독, 〈컴, 투게더〉 〈반두비〉, 한국영화아카데미), 민환기(중앙대 교수, 한국영화아카데미), 이순진(영화사 연구자), 김정호(경희대 교수, 한국영화아카데미), 임정하(〈음란서생〉 프로듀서, 〈뚜르 : 내 생애 최고의 49일〉 공동 연출), 강이관(감독, 〈사과〉 〈범죄소년〉, 한국영화아카데미), 강연주(CGV 아트하우스 영화사업팀 부장), 고경범(CJ ENM해외사업부장) 등이 있다.

영화, 변혁운동이 되다

연세대 영화패

대학 영화서클의 봇물이 터진 것은 1985년 1월 영화마당 우리가 작은영화워크숍을 첫 개최한 이후였다. 작은영화워크숍에 참여했던 대학생들이 영화서클을 만드는 데 적극적인 역할을 한 것이다.

작은영화워크숍에는 모두 33인이 참여했는데, 연세대에 재학 중이던 변재란(영화평론가, 순천향대 교수)과 이화여대에 재학 중이던 황혜란, 강수정, 외국어대에 재학 중인 장기철(감독), 서강대 이정향(감독) 등이 수강생이었다. 이들 중 일부는 1985년 동시다발적으로 여러 대학에서 영화서클이 만들어질 때 중심 역할을 한다.

변재란은 이정하(전 영화평론가), 정성원 등과 함께 1985년 여름 연세대학교 영화패를 만들었고 2학기에 정식 서클로 등록했다. 1985년 가을에 가입한 이수정(다큐멘터리 감독)은 "당시 3학년이었는데, 5월 교내에서 개최된 작은영화제에서 8mm/16mm 영화들을 보고 저런 영화를 만들고 싶다는 생각이 들어 영화패에 가입하게 됐다"고 말했다. 이때 연대에서의 작은영화제는 1984년 7월에 열린 '작은영화를 지키고 싶습니다. 8mm/16mm 단편영화발표회'의 순회상영회 성격을 갖고 있었다. 5월 초에 연세대를 비롯해 경희대, 고려대, 외국어대 등에서 영화서클 주관으로 개최됐다.

당시 1학년으로 신입생이었던 안훈찬(영화 프로듀서, 미인픽쳐스 대표)이 가입한 것도 상영 영화가 특별했기 때문이었다. 안훈찬은 "85년 상반기 개최된 작은영화제에서 서울대 얄라셩의 〈출구〉, 연세대의 〈광장〉 등을 상영했는데, 매우 인상적이었다"고 말했다. "그래서 상영회가 끝나고 동아리 회원으로 가입하게 됐다"며 "당시 이제 막 동

연세대 영화패의 창립회원 이수정(감독)과 이듬해 신입생으로 들어와 1기가 된
안훈찬(프로듀서). 장소는 영화패 서클룸 _이수정 제공

아리를 결성한 선배들이 활동하고 계셨고 정식 모집 1기 회원이 됐
다"고 덧붙였다.

당시 연세대 영화패를 창립한 이정하, 변재란은 이미 서울영화집
단 등과 교류하고 있을 때였다. 변재란은 1985년 1월 영화마당 우리
의 작은영화워크숍을 통해 홍기선의 서울영화집단을 알게 됐고, 『영
화운동론』(도서출판 화다) 번역에도 참여했다. 이정하와 함께 서울영화
집단이 서울영상집단으로 바뀔 때 창립회원으로 참여한다.

안훈찬은 "선배들이 학내에서 영화동아리를 결성하기 전부터 외부
에서 타 동아리나 모임들을 병행하고 있었기에, 선배들로부터 필사
본 혹은 복사본 형태의 영화 이론서들을 돌려보며 영화 세미나를 했
고, 8mm 영화 제작 기법에 대해서도 배웠다"고 기억했다.

이듬해인 1986년 봄, 연세대학교 영화패는 교내에서 세계영화제
를 기획해 일주일 정도 진행했다. 이수정은 "당시로선 보기 힘들었던

80년대 화제작인 〈파리에서의 마지막 탱고〉〈양철북〉〈미치광이 피에로〉〈제7의 봉인〉 등을 상영했는데, 당시 박건섭(전 부천영화제 부집행위원장, 작고)이 있었던 프랑스문화원에서 16mm 필름을 대여받고 나머지는 비디오를 구해 상영했다"고 회상했다. 이수정은 "당시 교내외 학생들이 줄지어 관람하기도 했다"면서 "연세대 영화패는 이후 1990년 이후 김한민(〈명량〉 감독)이 있을 때 '연세대 영화패 프로메테우스'로 서클명을 바꾼 것으로 안다"고 말했다.

안훈찬은 "변재란과 이정하가 활동하고 있던 서울영화집단에 다른 대학 출신들이 모여 있었기에, 선배들이 자연스럽게 자신들의 학교동아리 후배들을 소개해 주고 상호 협력할 수 있도록 도와줬다"며 "당시 각 대학 영화서클은 제작 경험도 일천하고 장비 및 인력도 충분치 않아서 서로 교류하고 협력할 필요성이 있었다"고 설명했다.

당시 대학 영화서클 결성에는 80년대 초반 영화운동 단체들의 영향이 자리하고 있었기에, 이를 매개로 서로 간에 적극적인 연대와 협력이 가능했던 것이었다.

경희대 그림자놀이

1985년 만들어진 경희대학교 영화동아리 '그림자놀이' 역시 80년대 초반 영화운동이 영향을 끼친 경우였다. 창립을 주도한 사람은 안동규(영화제작자, 두타연 대표)였다. 동서영화연구회에서 활동했던 안동규는 1984년 '작은영화를 지키고 싶습니다 8mm/16mm 발표회'에 참여했고, 열린영화모임에 참여해 1985년 『열린영화』 편집인을 맡기도 했다. 이런 바탕이 자연스럽게 영화서클 결성으로 이어진 것이다.

안동규는 얄라셩과 서울영화집단의 홍기선과 친척이었다. 안동규의 어머니와 홍기선이 사촌으로, 비슷한 또래지만 안동규는 홍기선을 외삼촌이라 불렀다. 안동규는 "내 친구들이 홍기선의 친구였고, 홍기선의 친구가 내 친구였다"며 "만날 때마다 영화운동에 대한 이야기를 많이 나눴다"고 회상했다.

그림자놀이의 초기 회원은 곽재용(감독), 조준백(연극서클 활동) 등 3인이었다. 안동규는 "신규 서클이라 방을 배정받을 수 없어서, 학교 지하창고에 간판을 걸고 시작했다"고 말했다. 이어 "1984년 '작은영화를 지키고 싶습니다 8mm/16mm 발표회'에 서 상영된 단편영화를 학내 상영하고 영화이론을 학습하는 등의 활동을 했고, 곽재용을 중심으로 단편영화를 제작해 교내 상영을 했다"며, "조준백은 단편영화에 출연하기도 했다"고 덧붙였다.

경희대 그림자놀이가 주최한 경희영화제
자료집 _그림자놀이 제공

그림자놀이가 생긴 이후 몇 달 뒤에는 1980년대 후반 한국 영화운동을 선도했던 이효인(경희대 교수, 전 한국영상자료원장)도 회원으로 가입했다. 이효인은 저서 『한국 뉴웨이브 영화와 작은 역사』(2022)에서 "85년 9월 복학 후 아마 그림자놀이 게시판 공고를 봤을 것"이라면서 당시 서클 가입에 대해 이렇게 기억했다.

영화, 변혁운동이 되다

물어보니 안동규(임학)와 곽재용(물리)이 최고 선배라고 했다. 학번으로는 나보다 다 아래였지만, 안동규와는 서로 존대하며 맞먹었고, 곽재용과는 하대하며 맞먹기로 했다. 훗날 안동규는 제작자로 이름을 냈고, 곽재용은 〈엽기적인 그녀〉(2001)의 감독으로 전 국민이 아는 사람이 됐다.

둘은 서로 무시하면서도 경쟁하는 듯했다. 그때 곽재용은 16mm 필름으로 만든 〈선생님 그리기〉로 청소년영화제에서 작품상을 받고는 흥분이 채 가시지 않은 상태였다. 청소년영화제는 영화진흥공사(현 영진위)에서 주최했는데, 당시로서는 접근하기 참 힘들었던 영화 제작을 시도한 대학생들을 격려하기 위한 제도였다.

이효인은 "1985년 겨울에 직접 쓴 시나리오로 연출을 맡고, 곽재용이 촬영을 맡아 단편영화를 함께 만들었다"며 "한 청년이 서울에서 겪는 슬픈 생활을 담은 영화 같은데, 제목은 양성우의 시 「꽃상여 타고」의 시구에서 가져온 〈가슴에 돋는 칼로 슬픔을 자르고〉였다"고 회상했다. 이어 "이 제목은 훗날 홍기선(감독)이 자신의 데뷔작을 만들 때 가져다 썼다."고 덧붙였다.

곽재용은 1986년 충무로에 들어와 서울대 얄라셩 출발의 산파였던 이봉원 감독 밑에서 연출부 일을 하면서 〈내일은 뭐 할거니〉 조감독을 맡게 된다.

외국어대 울림

경희대와 이웃한 한국외국어대학교 '울림'은 1985년 김태균(감독, 전 한국영화아카데미 교수), 장기철(감독), 주경중(감독, 〈현의 노래〉), 김대우(감독, 〈음란서생〉) 등을 중심으로 만들어졌다.

김태균은 "1985년 연극반 활동을 하면서 영화서클을 만들어 같이 활동했다"며 "사회변혁에 대한 목소리들이 많은 시대였던 만큼 그 목소리들이 널리 퍼지길 바라는 마음으로 울림이라고 지었다"고 말했다.

초반 울림은 다른 대학 서클과는 다르게 서클룸을 배정받았다고 한다. 김태균은 "내가 정치외교학과 출신인데, 당시 총학생회장이 학과 후배였다"며, "그렇다고 총학생회 활동을 도와준 것은 아니었지만 방을 배정받을 수 있었다"고 말했다.

김태균은 당시 활동에 대해 "우리는 영화를 만들 역량은 아직 안 돼서 좋은 영화를 많이 보는 쪽이었다"며 "이후 들어온 후배들이 작품을 만들었고 나는 1986년 졸업 후 한국영화아카데미에 진학했다"고 말했다.

울림은 이듬해 열악한 노동환경과 저임금으로 살아가는 노동자들의 이야기를 그린 대표작 8mm 영화 〈울림〉(1986)을 제작했다. 이를 주도했던 주경중은 "원래 제복은 〈노동 울림〉이었고 가난한 노동자가 봉제공장에 취직해 의식화되는 과정을 담은 영화"였다고 말했다.

주경중은 울림 활동에 대해 "1987년까지 다큐멘터리를 찍었고, 거리시위를 8mm에 담아 학내 건물 벽에서 상영하거나 노동현장의 투쟁 장면을 담기도 했다"며 "민중운동의 실천 수단으로 영화를 선택한 것이었기에 현장에서 실천하는 모습으로 보였다"고 회상했다.

김태균은 "이후로 들어와서 울림 출신으로 활동한 영화인들로 장광수(영화진흥위원회), 박정우(감독), 문승욱(감독), 김난숙(영화사 진진 대표), 연극반 후배로는 이재용(감독), 박지홍(교수) 등이 있다"고 말했다.

영화, 변혁운동이 되다

외국어대
영화연구회 울림.
오른쪽에서
두 번째가
장기철(감독), 세
번째 이재용(감독)
_장기철 제공

　1986년 한국영화아카데미를 거쳐 충무로에 진출한 김태균은 1980
년대 후반 한국영화의 해외 진출에 의미 있는 활동을 하면서 〈박봉
곤 가출사건〉(1996), 〈키스할까요〉(1998), 〈화산고〉(2001) 등을 연출하
며 주목받는 감독으로 부상했다.

한양대 소나기

　한양대학교 '소나기'는 1985년 84학번 홍대관에 의해 만들어졌다.
비디오가 활발히 보급되던 시절 취미 활동으로 만들었으나 이듬해
장윤현(감독)과 공수창(감독)이 들어오면서 활기를 띠게 된다. 장윤현
과 공수창은 이후 1990년대 영화운동의 결실이었던 〈파업전야〉 제
작에 참여했고, 충무로로 진출해서는 90년대 한국영화의 기대주로
성장한다.
　소나기를 대표하는 작품은 두 사람이 중심이 돼 만든 〈인재를 위하
여〉다. 학생운동 이야기를 담은 45분 분량의 중편으로, 80년대 대학
영화서클이 만든 8mm 영화 중 꽤 명작으로 꼽히는 작품이다. 서울

대 얄라셩에서 활동했던 정미(부산영화제 프로그래머)는 "매우 센세이셔 널한 작품이었다"고 기억했다. 낭희섭(독립영화협의회 대표)은 "1987년 베를린영화제의 요청으로 추천 작품을 작성할 때 〈인재를 위하여〉도 목록에 있었으나 8mm 필름이어서 아쉽게도 제외할 수밖에 없었다"고 말했다.

운동권 학생들을 그린 이 영화는 시와 최후 진술이 주제였다. 시로 시작하는 영화의 줄거리는 이렇다. '학교 신문에 발표된 조금은 불온한 우영의 시를 운동권 핵심인물인 영성이 운동권 학생들 회지에 싣는다. 영성은 우영에게 학생운동 서클 가입을 권유하지만, 처음에는 이를 거부하던 우영이 차츰 관심을 갖고 생각이 바뀔 무렵 경찰에 연행된다. 담당 형사는 영성을 잡기 위해 고문과 회유를 자행하고, 우영은 취조받는 과정에서 상황을 인식하고 최후 진술에서 자신의 안일함을 반성한다.'

스크립터와 조연출 역할을 맡고 단역으로 출연했던 김소연(프로듀서)은 "시나리오를 쓴 공수창(감독)이 취조하던 형사를 맡아 악역으로 출연했고, 장윤현(감독)은 운동권 핵심인물 영싱을 맡았다"며 "윤덕원(시나리오 작가, 〈빅매치〉 〈사생결단〉)과 방상연(감독, 사과나무픽쳐스)도 참여했다"고 말했다.

1987년 소나기 4기 회원으로 가입해 〈인재를 위하여〉 제작에 참여했던 이창준(프로듀서)은 "〈인재를 위하여〉는 조금 쇼킹한 소재로 이슈가 될 만한 작품이었다"며 "글(시나리오)를 쓸 수 있는 개인적인 능력을 갖고 있던 장윤현이나 공수창의 역할이 컸다"고 말했다.

소나기는 제작 역량이 뛰어났던 영화서클 중 하나였다. 이창준은 "서클에서 워크숍을 강하게 했다"며 "집이 지방이었는데도 방학 때

내려가지 못하고 서클룸에서 자면서 단편영화를 만들었다"고 회상했다. 이창준은 또한 "1987년 채플린영화제를 개최했고, 당시 5·18 광주민중항쟁 비디오 상영과 시위현장에 나가 데모하는 모습을 찍기도 했다"고 오래전 활동을 회고했다.

소나기의 장윤현과 공수창은 이후 영화운동의 역량이 강화됐던 장산곶매에 합류해 〈오! 꿈의 나라〉와 〈파업전야〉의 연출과 시나리오를 맡았고, 김소연은 여성영상공동체 바리터에서 활동을 이어갔다.

소나기에서 활동했던 영화인으로는 홍기선 감독의 첫 작품과 마지막 작품을 만들었던 최강혁(프로듀서), 박찬욱 감독 작품을 제작했던 이춘영(프로듀서), 최인규(감독), 김용한(감독), 최하동하(감독), 박하나(작가, 〈정직한 후보〉), 이상현(프로듀서, 〈은교〉) TV에서 활약하고 있는 김용완(감독, 드라마 〈방법〉) 등이 있다.

이화여대 누에

이화여대 '누에'는 1985년 1월 작은영화워크숍을 바탕으로 만들어졌다. 당시 이대 사회학과 황혜란(82학번)과 강수정(84학번, 당시 이름 김수정)이 작은영화워크숍에 참여했는데, 우연히 만난 두 사람이 의기투합해 3월 개강과 함께 영화서클 누에를 만든 것이다.

'누에'라는 이름은 초기 스크린이 비단으로 만들어졌다는 의미와 함께 여성의 변화와 자각을 촉구하는 그 과정이 누에가 껍질을 벗고 나비가 되는 과정과 일맥상통한다는 뜻에서 따왔다. 특징적인 것은 이들은 16mm 영화 〈시발〉을 제작했다는 점이다. 〈시발〉은 직장 가진 주부가 겪는 사회적 불평등을 다룬 상징적인 영화였다. 8mm가

아닌 16mm 영화로 제작됐다는 점에서 의미가 크다.

이효인은 저서 『한국 뉴웨이브 영화와 작은 역사』에서 8mm와 16mm의 차이에 대해 "당시 대학생 영화인들은 주로 8mm로 영화를 찍었다"며 "16mm로 영화를 만들면 준프로급으로 인정받던 시절이었다"고 설명했다. 또한 "16mm 영화를 만든다는 것은, 아리플렉스(Ariflex)나 하다못해 보렉스(Bolex), 그도 안 되면 벨앤하웰(Bell & Houwell) 카메라를 조달할 수 있다는 얘기였고, 16mm 필름에 어울리는 조명을 사용할 수 있다는 얘기였다"며 "반면 8mm는 종로 3가에 나가 카트리지 형태로 된 필름을 사서 조그만 8mm 카메라를 이용하여 찍으면 되는 것이었다"고 덧붙였다.

황혜란은 "첫 작품 〈시발〉을 함께 만든 강수정, 이현주, 김현주, 김영주, 김미현, 정진숙, 장진경 등과, 이후 누에에 들어온 김수진(영화제작자. 비단길 대표), 한지혜, 원은영, 하영아 등이 초기 회원으로 활동했다"고 말했다. 황혜란은 16mm 영화 〈시발〉 제작에 대해 "오래돼서 정확히 기억나지는 않지만, 당시 서울예전(현 서울예술대학) 학생들의 도움을 받아 촬영 장비와 조명 등을 대여하고 사용법을 배웠던 것

영화, 변혁운동이 되다

같다"고 설명했다.

누에 출신 대표적 영화인들은 〈추격자〉〈늑대소년〉 등을 제작한 김수진, 장산곶매에서 활동했던 김숙(감독), 영진위원을 역임한 강원숙(전 타임와이즈 수석 심사)와 이유진(〈오! 수정〉 프로듀서, 작고), 조윤정(프로듀서, 블루문파크 대표) 등이 있다. 이 외에도 다수가 영화계에서 활동 중이다.

1985년 작은영화워크숍의 조교였던 낭희섭은 "여대에서 대학 서클의 창립영화로 8mm가 아닌 16mm를 지향해 완성한 과정이 궁금했을 정도였다"며 "이대 누에가 사회학적 관점에서 여성영화를 처음 지향한 것으로 볼 수 있다"고 평가했다. 또한 "누에가 1985년 9월에 첫 영화제인 '작은영화의 함성'을 시작할 때 16mm 필름과 영사기를 무료로 지원해주기도 했다"고 말했다.

서강대 서강영화공동체

서강대는 1985년 서강영화공동체가 정식으로 출범했으나 바탕이 달랐다. 1983년부터 신문방송학과를 중심으로 교내 커뮤니케이션센터에서 외국영화를 비디오로 감상하는 모임이 진행되고 있었다.

당시 커뮤니케이션센터에서는 미국인 교수인 케빈 커스턴 신부가 미국과 유럽의 예술영화를 비롯 3세계 국가와 소비에트(현 러시아) 영화를 수급해 왔고, 부정기적으로 상영회가 열렸다. 프랑스문화원과 독일문화원 외에 해외영화를 볼 수 있는 유일한 곳이었기 때문에 연극영화과가 있는 대학의 학생들도 상영회에 몰려들 만큼 인기가 좋았다. 상영회를 담당했던 게 82학번 배병호(감독), 김용태(감독, 작고)

등이었다. 이들은 영화에 대한 소개나 비평을 정리한 자료를 관람객에게 나눠줬고 학생 조교로서 관리하는 업무를 맡았다. 배병호는 "영화감상회에 꾸준히 오던 학생들이 열 명 정도가 돼서 선배였던 김동원(감독, 한국종합예술학교 영상원 교수), 김소영(감독, 한국종합예술학교 영상원 교수), 총학생회장을 역임한 조재홍(감독, 〈노래로 태양을 쏘다〉) 등과 상의해 서강영화공동체를 만들게 됐다"고 말했다. 82학번이었던 박찬욱(감독)도 초기 회원이었다.

주로 신문방송학과가 중심이었던 모임은 1985년 서강영화공동체가 만들어지면서 폭이 넓어진다. 배병호는 "학년이 올라가면서 신문방송학과가 하던 커뮤니케이션센터 학생 조교를 영화서클에서 맡도록 하자고 제안했고, 이후로 서강영상공동체가 이를 담당하게 됐다"고 말했다.

90년대 서강영화공동체에서 활동했던 박진형(부천영화제 프로그래머)은 "커뮤니케이션센터에는 스튜디오, 장비, 비디오 등이 잘 구비돼 있어 관심 있는 대학생들이 활용할 수 있는 게 많았다"고 말했다.

배병호는 "서강영화공동체는 1983년부터 시작한 셈이라며 1985년 대학 영화서클이 잇따라 만들어지고 영화제를 개최할 때 비디오 지원과 비평 및 영화 소개 자료 등을 적극적으로 제공해 다른 대학 영화서클에 도움을 주기도 했다"고 말했다. 에이젠슈타인의 〈전함 포템킨〉도 당시에는 서강대를 통해서만 볼 수 있던 영화였다.

서강영화공동체를 거쳐간 영화인으로는 배병호(감독) 외에 박찬욱(감독)과 최동훈(감독, 〈암살〉), 이정향(감독, 〈집으로〉), 윤태용(감독, 〈베니싱 트윈〉), 최성식(감독, 〈겨울 꿈은 날지 않는다〉), 임경수(감독, 〈6월의 일기〉), 고 김용태(감독, 〈미지왕〉), 전계수(감독, 〈삼거리 극장〉), 이권(감독,

영화, 변혁운동이 되다

〈도어락〉 등이 있다.

성균관대 영상촌

성균관대 영상동아리 '영상촌' 역시 1977~78년에 만들어진 영화 소모임과 1985년 만들어진 영화동아리가 결합해 만들어졌다 성균 관대에서는 동서영화연구회를 이끌던 전양준(부산국제영화제 집행위원 장), 정성일(감독, 영화평론가), 한상준(전 부천국제판타스틱영화제 집행위원 장) 등이 70년대부터 눈에 띄는 활동을 펴왔다.

문화원 세대였던 전양준과 정성일은 동서영화연구회, 서울영화 집단과 교류하며 활동했고, 1984년 '작은영화를 지키고 싶습니다 8mm/16mm 발표회'를 함께 준비했다. 1980년『프레임 1/24』, 1985 년『열린영화』를 발행하며 비평 쪽에서 두드러졌다. 서울대 얄라셩 과 함께 초기 영화운동의 형성 과정에서 비중 있는 역할을 담당했다.

전양준은 "영화서클 활동을 하지 않았지만 1990년대 한국 주류 상 업영화의 중심이었던 강우석 감독도 1990년대 충무로의 중심으로 남북 영화 교류 등 주요한 사업들의 적극적인 후원자 역할을 해 특기 할 만하다"고 말했다.

영상촌은 이후 장준환(감독, 〈1987〉)과 곽용수(제작자, 인디스토리 대 표), 임유철(다큐멘터리 감독)으로 이어진다. 90년대 입학한 임유철 감 독은 "재학 시절 영상촌에서 활동하면서 각종 시위 현장을 비디오카 메라에 담으러 다녔다"고 회상했다.

단편영화 제작, 시위현장 촬영 기본

그 외에도 명지대 '필름아트', 한성대 '활사패', 상명여대 '얼레' 인천대 영화연구회 등이 있었다. 1980년대 대학 영화서클들의 공통점은 작은영화제와 단편영화 제작 등이었다. 시위 현장 촬영도 이들에게 맡겨진 기본적인 역할이었다.

『동아일보』(1985.5.14)는 당시 대학가에서 생겨나고 있던 영화서클들을 주목하면서 "영화이론 및 감상만을 목적으로 하지 않고 대부분 제작 모임으로서 뚜렷한 방향을 설정하고 있다는 점에서 공통점을 지니고 있다"며 이렇게 보도했다.

> 지금까지 영화 제작 서클로는 서울대 얄라셩이 명맥을 이어오고 있었고, 중대 동국대 한양대 등의 연극영화과를 통한 영화 제작이나 대학별로 개인적 활동에 그쳤을 뿐 대학가의 문화운동에서는 특정한 소수에 불과했다.
>
> 그런데 서강대가 신방과 학생을 주축으로 이끌어온 영화연구모임이 올해 들어 전 대학을 상대로 회원의 범위를 넓혀서 출범하는 것을 필두로 고려대 돌빛, 외국어대 울림을 비롯, 연세대 경희대 성균관대 이화여대 숙명여대에서도 영화연구회가 본격적으로 구성돼 이번 학기 서클 연합회에 등록했거나 등록을 준비 중이다.

『동아일보』는 또한 "대학 영화서클들이 개최하는 작은영화제에 대한 학생들의 관심도 크다"며 "외대의 경우 3일 동안 열린 1회 작은영화제의 마지막 날이 토요일이라 수업이 없는 날임에도 불구하고 270석을 좌석을 꽉 메우고 서서 보는 학생들까지 있을 정도로 연일 폭발적 호응과 열기 속에 진행됐다"고 전했다.

기사에는 당시 경희대 그림자놀이의 안동규와 외대 울림의 주경중이 언급된다. 안동규는 작은영화제의 의의에 대해 "짧은 연륜을 극복할 체제를 가다듬고 다수의 학생들이 새로운 형태와 내용의 영화에 대해 낯설지 않은 태도로 대하면서 이해의 폭을 넓혀보자는 것"이라고 설명했다.

주경중은 "영화제를 준비하면서 두려움이 많았으나 학생들이 단순한 호기심 이상의 진지한 관심을 보여주는데 큰 용기를 얻었다"며 사회성이 부각되면서 예술성도 가미된 신선한 감각의 새 영화에 대한 학생들의 갈증을 해소시킬 수 있도록 노력하겠다"고 말했다.

파랑새 사건과 대학영화연합

1985년 여러 대학에서 한꺼번에 생겨난 대학 영화서클은 서로 교류함으로써 연대감을 형성하게 된다. 기존에는 서울대 얄라셩, 프랑스문화원 및 독일문화원을 중심으로 활동했던 성균관대, 학내 커뮤니케이션센터를 중심으로 한 서강대 등 3개 학교가 주축이었던 것이 대학 영화서클이 늘어나면서 교류의 폭이 넓어진 것이다.

이들의 연대가 강화될 수 있었던 계기가 바로 '파랑새 사건'이었다. 1986년 11월 18일자 『경향신문』에 실린 짤막한 기사는 일명 '파랑새 사건'을 알리고 있었다.

서울시경은 18일 민중영화를 만들어 영상을 통한 통한 의식화 활동을 벌여온 서울영상집단 대표 홍기선(29. 서울대 원자핵공학과 졸)

영화, 변혁운동이 되다

과 기록교육국장 이효인(25. 경희대 행정학과) 등 2명을 영화법 위반 혐의로 구속하고 사무간사 변재란(연세대 영문과 졸)을 같은 혐의로 불구속 입건했다.

경찰에 따르면 이들은 지난 7월부터 저곡가, 소값 파동 등을 겪는 농민들의 비참한 생활상만을 8mm 필름 40분 상영의 영화로 제작, 전국 19개소에서 상영한 것을 비롯, 고려대 등 4개 대학에서 4만 원씩 받고 필름을 대여 상영케 해 의식화 활동을 해왔다는 것이다.

파랑새 사건은 1982년 서울대 얄라셩 출신들이 창립한 서울영화집단이 1986년 10월 18일 서울영상집단으로 이름을 바꿔 새로 창립한 직후에 발생했다. 정치적 영화운동에 대한 군사독재의 첫 탄압으로 구속자가 나왔다.

농민들의 삶을 담은 영화 〈파랑새〉를 만들어 영화법을 위반했다는 것이 이유였지만 사실 본질은 따로 있었다. 공안기관이 혐의를 두고 조사하던 사안에서 관련성이 드러나지 않자 풀어주지 않고 별건으로 구속, 기소한 것이다.

홍기선과 이효인

파랑새 사건의 주역이었던 홍기선과 이효인의 만남은 1985년으로 거슬러 올라간다. 9월 복학 후 경희대 영화서클 그림자놀이에 가입한 이효인(경희대 교수, 전 한국영상자료원장)이 서울영화집단의 홍기선(감독, 작고)을 알게 된 것은 겨울로 막 접어들 무렵이었다. 그림자놀이를 만든 안동규(제작자, 두타연 대표)의 안내로 아현동에 사무실이 있던 서울영화집단에 처음 발을 들여놓게 된 것이다.

파랑새 사건으로 연행된 서울영상집단의 고 홍기선(감독).
이효인(전 한국영상자료원장), 변재란(영화평론가)
ⓒ 미인픽쳐스, 이효인, 서울국제여성영화제

이효인은 저서 『한국 뉴웨이브 영화와 작은 역사』(2022)에서 당시 상황을 이렇게 기록했다.

문을 여니 마주 보이는 구석의 책상에서 한 사람이 멀뚱한 표정으로 느릿느릿 의자에서 일어나 걸어 나왔다. 홍기선 형이었다. 서로 인사를 했고, 같이 그곳 아니면 뒤편에 있는 아현시장으로 들어가서 소주를 마셨던 것 같다. 홍기선은 원래 말수가 없는 편이었고 낯가림도 좀 있는 사람이었으니, 처음 만난 자리에서 특별히 깊은 얘기를 나눈 것 같지는 않다. 주로 현재 서울영화집단의 활동에 대해 물었는데, 별로 시원한 대답을 듣지는 못했다. 그때는 처음 보는 사람에게 내부의 일을 선뜻 말하기가 힘들었을 것이라고 생각했는데, 뒤에 알고 보니 사실 별로 말할 것이 없었던 상황이었다.

이효인에 따르면 당시 서울영화집단은 주로 홍기선 개인을 중심으로 민중문화운동협의회라는 문화운동 단체에 느슨한 형태로 소속되어 있었다. 운영 자금은 대학 등에서 영화를 상영하고 1회 상영 비용으로 20만 원 정도를 받아 사무실 월세 등을 충당하는 정도였다. 초기 회원들은 유학과 직장 생활, 한국영화아카데미 진학 등으로 어쩌다 모임을 가졌고, 영문 책을 놓고 문원립(감독, 동국대 교수)의 주도 아

영화, 변혁운동이 되다

래 스터디가 진행되고 있었다.

이효인은 3학년 2학기가 끝난 후 학교 앞 자취방에서 서울영화집단 사무실로 거처를 옮긴다. 당시 연세대 영화서클 영화패를 만들었던 이정하(전 영화평론가)와 변재란(영화평론가, 순천향대 교수) 등이 회의 등으로 오갈 때였다. 이들은 자연스럽게 서울영화집단의 새로운 회원으로 충원됐다.

이효인은 『한국 뉴웨이브 영화와 작은 역사』에서 "서울영화집단에는 연세대나 이화여대 영화서클 학생들이 들렀으며, 충무로 조감독 생활을 하던 임종재(감독), 김의석(감독), 권영락(제작자) 등이 밤에 소주를 들고 와서 같이 마시거나 자고 가기도 했다"며 당시의 분위기를 전했다.

> 1986년은 분신 사망 시위, 5·3 인천 사건 외에도 수많은 일들이 벌어진 해였다. 따라서 매일 우리들은 각성된 상태에서 지내는 것과 마찬가지였기에, 조금이라도 뜻이 맞는 사람들이라면 쉽게 친해질 수 있었다. 같이 나누는 술 한잔, 순댓국 한 숟갈이 뜨겁게 정겹고 눈물겨웠던 시절이었다.

농민영화 〈파랑새〉

1986년 서울영화집단은 영화제작을 기획하게 된다. 이 영화가 〈파랑새〉였다. 이효인은 "홍기선이 민중문화운동협의회에 일로 갔다가 누군가에 부탁을 받았는데, 농촌 실정을 다룬 만화가 원작이었고, 아마도 농민운동 관계자에게 청을 받았기 때문일 것"이라고 회상했다.

당시는 외국 소 수입으로 인한 소값 폭락으로 농민들의 항의시위가 빈번할 때였다. 서울영화집단은 시나리오를 구상한 후 결말과 구성은 보류한 채 촬영에 들어가려고 했으나, 7월 중순 촬영 예정 지역의 사정과 출연 배우의 거부로 무기한 연기된다. 그러나 그 즉시 가톨릭농민회를 통해 정읍의 농가를 소개받아 촬영에 들어갔다.

빈농의 집에서 8시간 일을 돕고 30분씩 촬영 끝에 8mm 영화 〈파랑새〉는 8일 만인 7월 30일에 완성된다. 이후 8월 2일 현상과 8월 3~4일 녹음과 편집을 끝냈고, 음성녹음은 다시 지역으로 내려가 농민들의 사정 때문에 밤과 막간을 이용해 마무리하게 된다.

이효인은 『한국 뉴웨이브 영화와 작은 역사』에서 "나와 이정하, 홍기선, 그리고 경희대 후배 한 명 등 총 네 명이 했는데, 촬영 도중 나와 홍기선 형과 작업 방식과 의견 차이로 몇 번이나 다퉜던 것 같다."고 밝혔다.

〈파랑새〉가 완성되자 8월 한 달간 민중문화운동협의회에 속한 연극패 몇 명과 함께 가톨릭농민회 소속의 전국 마을을 돌면서 영화를 상영하고 공연을 다닌다. 그리고 9월쯤에는 김기종이 대표로 있던 신촌의 우리마당에서 공개상영회를 열면서, 서울영화집단의 이름을 바꾸고 서울영상집단의 출범을 알린다.

이효인은 "서울영화집단의 조직을 확충하면서 서울영상집단으로 개명했다"며 초창기 서울영화집단에 속해 있다가 노선 혹은 성격 차이로 따로 모임을 하고 있던 배인정, 김대호 등과 영화에서 영상으로 매체를 확장하고 조직을 통합하기로 한 것으로, 영화예술지향적 성격에서 영상운동을 지향하기로 한 것이다"라고 설명했다.

배인정(노동자뉴스제작단)과 김대호는 한때 서울영화집단에 있다 떠났던 사람들이었다. 변재란은 "사무실을 합치기 전이라 이들을 혜화

영화, 변혁운동이 되다

동팀으로 불렀다"며 "남인영(동서대 교수) 등도 혜화동팀에 있었다"고 말했다. 당시 변재란은 서울영상집단의 팸플릿과 각종 문건의 제작을 맡고 있었다.

서울영상집단은 1986년 10월 18일자로 펴낸『영상집단』창간호에 실린 창립선언문에서 "새로운 영상운동을 펼쳐보고자 모든 민주적 영상팀들이 다시금 한자리에 모이게 되었다"며 "모든 자기 주장을 철회하고 이 땅의 문제 해결을 위해 무조건적으로 서울영상집단이라는 새로운 깃발 아래 우리는 단결한 것이다"라고 밝혔다. 이어 "앞으로 우리는 이 깃발 아래에서 과학적인 원칙론에 입각한 다양한 형태의 영상예술 활동과 함께 양심적이며 진보적인 세력으로서 강력한 역할을 이 땅에서 맡고자 하는 바이다"라는 각오를 나타냈다.

홍기선과 이효인, 변재란이 연행된 것은 서울영상집단이 출범하고 얼마 지나지 않아서였다. 연행 시기에 대해 이효인은 언론의 구속 기사가 나오기 20일 전 쯤인 것 같다고 했고, 변재란은 11월로 기억한다고 말했다.

이효인은『한국 뉴웨이브 영화와 작은 역사』에서 당시 분위기를 이렇게 설명하고 있다.

> 10월에 들어서자 흉흉한 소문이 돌기 시작했다. 학생 및 사회운동권의 민주화 저항운동이 점점 더 거세지자 전국적인 검거가 있을 것이라는 소문이었다. 약간 위축되면서도 우리까지 검거가 될 것이라고 판단하지는 않았지만, 여하튼 다들 조심하기로 했다.

이효인은 당시 선배의 소개로 노량진경찰서 인근으로 거처를 옮겨

수배 중이던 민중문화운동협의회 인사와 함께 있었다. 어느 날 아침 일찍 두 명의 형사가 집으로 찾아와 연행됐고, 성북경찰서로 끌려간다. "다른 방에는 홍기선 형이 잡혀 있었고 사무실에 있던 책, 자료, 비디오테이프, 기자재 등도 전부 실려온 상태였다"고 기억했다. 이틀을 보낸 후 눈을 가린 채 옮겨간 곳은 장안동 대공분실이었다.

같은 날 변재란도 경찰에 연행된다. 그는 당시 상황에 대해 이렇게 회상했다. "그날은 (혜화동)팀원들과 사무실을 청소하려고 한 날이었다. 홍기선과 통화를 하던 중 갑자기 전화가 끊어졌다. 황급히 아현동 사무실로 가봤더니 문이 열려 있었다. 문이 닫혀 있으면 안으로 들어가지만, 문이 열려 있으면 (누군가 있을지도 모르니) 들어가지 말자고 작정했으나, 어쩌다 들어가게 됐고 숨어 있던 형사에게 잡혀서 성북경찰서로 끌려갔다. 거기서 홍기선과 이효인을 봤다. 저녁 식사로 선짓국을 시켜줬는데, 불안함 때문인지 두 분은 제대로 식사를 못 하더라. 이후 눈이 가려진 채로 다른 곳으로 옮겨졌다. 나중에 그곳이 장안동 대공분실임을 알았다."

파랑새 사건의 단초가 된 〈부활하는 산하〉

이들이 연행된 것은 영화 〈파랑새〉 때문이 아니었다. 공안기관이 8mm 다큐멘터리 〈부활하는 산하〉를 서울영화집단이 제작한 것으로 보고 있었기 때문이다. 〈부활하는 산하〉는 서울영화집단이 아닌 연세대 영화패가 제작한 영화였으나 파랑새 사건의 바탕이 됐다.

연세대 영화패 1기 안훈찬(프로듀서)에 따르면 당시 대학 영화서클 대표자들의 만남이 자주 이뤄지고 있었다. 서울대 얄라셩, 고려대 돌

　　　　　　　　　　　　　　영화, 변혁운동이 되다

빛, 이화여대 누에, 경희대 그림자놀이
등으로 84, 85, 86학번들이 주축이었다.
상호 정보 교류와 친목을 위한 모임이
1985~1986년을 지나오면서 5·18 광주
항쟁과 이에 따른 대학 내의 분신 투쟁,
그리고 가두시위 등의 민주화운동 속에
서 시대적 상황과 영화운동의 역할과 방
향에 대한 고민으로 발전하게 된다. 당
시 각 대학 영화서클도 이런 흐름에 참
여하면서 동시에 8mm 필름으로 현장을

대학 재학 시절의 안훈찬.
연세대 영화패에서 활동하며
〈부활하는 산하〉를 만들었다.
_이수정 제공

꾸준히 기록하며 광주항쟁 비디오 상영 등 영상을 활용한 영화운동
을 병행하고 있던 때였다.

1986년 상반기 연세대와 고려대는 총학생회 차원에서 연고전 축
제 기간 동안 학술제를 개최하기로 한다. 당시 학내에서는 광주 학살
의 배후가 미국이라는 인식하에 민족해방(NL)이라는 운동노선이 대
중적 장악력을 발휘하고 있었다(NL로 불렸던 민족해방과 경쟁했던 운동노
선은 PD로 약칭되는 민중민주였다). 연·고대 총학생회도 반미민족해방
노선의 대중화 작업 일환으로 일반 학생을 상대로 한 학술제를 준비
했다.

그런데 축제 기간의 성격과 분위기도 있으니, 학술제를 자료집 나
눠주고 토론자가 나와서 딱딱하게 하는 것보다는 좀 더 대중 친화적
접근을 시도하자는 차원에서 당시로서는 도전적인 선택을 하게 된
다. 한국 근현대사에 대한 다큐 제작을 통해 영상적으로 접근해보자
는 결정이 내려진 것이다.

안훈찬은 "그래서 동학농민운동부터 1986년 5·3 인천사태까지를 외세에 저항한 민족해방의 역사라는 관점에서 상영시간 약 100분 정도의 8mm 다큐멘터리로 만들었다"며 "5월 연고전 축제 기간에 첫 상영되면서 나름 학생들 사이에 엄청난 파장을 일으켰다"고 말했다. 이어 "레드콤플렉스가 강고하게 유지되던 시절이라 일단 학생들에게도 '한국전쟁이 단순한 북의 남침이 아니라 외세에 저항하는 민족해방전쟁이라는 식'의 내레이션이 꽤 충격적으로 다가갔을 것"이라고 덧붙였다.

당시에는 북한 김일성의 사진조차 금기시되던 시절이었다. 그래서 영화패 회원들은 도서관에서 있는 책에서 김일성의 사진을 8mm 카메라에 담았고, 방송에 나왔던 역사 다큐멘터리의 장면도 담아서 직접 영화를 만들었다.

전두환 군사독재의 서슬 퍼런 탄압 시기에 이런 내용의 영상물을 제작한다는 것은 극도의 긴장과 보안 속에서 은밀하게 이루어져야 했다. 국가보안법에 저촉되는 일이었다. 제작에 관여한 사람은 이정하, 안훈찬, 민경철 등이있다.

영화는 연세대 대강당에서의 첫 상영 이후 연·고대뿐 아니라 다른 대학에서도 은밀히 혹은 전투적으로 상영됐다. 첫 상영 때는 음향 녹음이 안 돼 있어 남녀 학생이 변사 역할을 했는데, 호응이 컸다. 이후 녹음 작업을 거쳐 다른 대학으로도 상영이 확대된다.

안훈찬은 "당시 도서관 혹은 대강당 등에서 기습적 홍보와 함께 경찰의 침탈에 대비해 마스크와 각목으로 무장한 사수대가 지키고 있는 가운데 상영이 이뤄졌고, 이러한 상황은 이후 〈파업전야〉 상영에서도 전개됐다"고 회상했다.

영화, 변혁운동이 되다

결국 공안기관은 영상으로 1시간 이상의 다큐를 만들 수 있는 역량과 의식이 있는 단체로 서울영화집단을 특정하기에 이르렀고, 아현동 사무실을 급습해 홍기선, 이효인, 변재란을 연행한 것이었다.

『동아일보』 1986년 11월 11일자 기사는 '의식화 영화 관련 3명을 연행 조사'라는 제목으로 이들의 체포 사실을 전하면서 〈부활하는 산하〉에 대해 "문제된 이 영화는 동학혁명에서 6 · 25, 광주사태, 5 · 3 인천사태에 이르는 근대 및 현대사의 큰 사건을 반외세 민중항쟁적 시각에서 편집한 90분짜리 8mm 다큐멘터리 영화로 TV 화면을 편집해 넣거나 자료 책자 등을 촬영한 것이다"라고 보도했다.

홍기선, 이효인, 변재란이 연행된 후, 자취방 등에 숨겨져 있던 〈부활하는 산하〉 제작에 사용된 자료들은 영화패 회원들이 치웠고, 제작에 참여한 영화패 회원들은 잠적해서 잡히지 않았다. 대신 연세대 총학생회 간부들이 잡혀가 고초를 당한다. 안훈찬도 경찰에 불려가 조사를 받았으나 〈부활하는 산하〉가 아닌 〈파랑새〉 때문이었다. 아무런 혐의점이 나오지 않아 무사히 넘어간다. 안훈찬은 "〈부활하는 산하〉는 영화 크레딧으로 표기한다면 제공이 연세대 총학생회고, 제작이 연세대 영화패였다"고 말했다.

이효인은 『한국 뉴웨이브 영화와 작은 역사』 초고에서 "서울영화집단에 가끔 찾아오기도 했던 연대 총학에서 일을 보던 정씨 성을 가진 재기발랄한 학생과 이정하가 주도적으로 만든 것으로 알고 있다. 그 학생은 이정하의 친한 후배였는데, 서울영화집단이 배후라고 생각한 근거가 됐다"고 회상했다.

그러나 안훈찬은 "이효인 선배가 얘기한 학생은 연세대 영화패 초기 회장으로 이정하, 변재란 등과 함께 85년도 서클 창립회원이었던 정성원인데, 직접적으로 〈부활하는 산하〉 제작에 참여하지는 않았다"며 "이후 87년 총학생회 간부로 활동했기에 간접적인 연관성을 갖고 있었던 것으로 볼 수 있다"고 말했다.

이효인은 『한국 뉴웨이브 영화와 작은 역사』를 펴내면서 "이정하가 홍기선과 나에게도 비밀로 부친 채 만든 영화였다"고 초고 내용을 고쳤다. 이효인도 오랜 시간이 흐른 뒤에야 〈부활하는 산하〉를 누가 만들었는지 알 수 있었을 만큼 제작 과정에 대한 보안이 오래 유지됐다.

영화 통한 투쟁 가능성 보여준 파랑새 사건

장안동 대공분실로 끌려간 홍기선과 이효인은 경찰에게 고문 등 가혹행위를 당한다. 『한국 뉴웨이브 영화와 작은 역사』에서 이효인은 당시의 상황을 이렇게 묘사했다.

건물에 들어서자 눈가리개를 풀어줬고, 서너 명이 나를 붙들고 지하로 내려가서는 어느 방으로 처넣었다. 고함을 지르며 옷을 갈아입으라고 했다. 옷을 발가벗고 그들이 주는 냄새나는 군복으로 갈아입으니 벽을 보고 서 있으라고 했다. 한 시간쯤 지나서 몇 명이 들어와서 무작정 패기 시작했다.

그러더니 한 명이 나를 책상에 앉히고는 내가 읽은 책, 만난 사람, 활동 내역 등 모든 것을 어릴 때는 물론 대학 입학 후부터 상세하게 쓰게 했다. 후들거리는 손으로 겨우 몇 장을 쓰고 나면 욕설과 함께 손찌검이 이어졌다. 익히 아는 대로, 북한의 지령을 받았지, 너 빨갱이지, 여기서 너 하나쯤 죽어 나가도 아무도 모른다 등의 협박과 함께 계속 반복해서 쓰게 했다.

이효인은 "가끔은 무릎을 꿇리고는 구둣발로 머리를 차거나 욕조의 물을 틀고는 너 맛 좀 볼래, 했지만 실제 실행에 옮기지는 않았다"며 "왠지 시간만 질질 끌고 있다는 느낌이 들었으나 시간이 갈수록 점점 더 불안해졌다"고 회상했다. "더 큰 어떤 조직표를 짜는 데 시간이 걸리고 있으며, 그 이후에 나에게 상상하기도 싫은 고문이 가해질 것이라고 생각했기 때문이었다."

그러던 어느 날 저녁, 약간 웅성거리는 소리와 함께 문이 열리더니 변재란이 다른 취조관 몇 명과 함께 들어왔다. 처음에는 이건 또 무슨 일인가 하며 걱정했지만, 그녀가 반가운 웃음을 짓는 것을 보고는 안심했다. 약 10분이 채 안 되는 이상한 면회였는데, 잘 기억나지는 않지만, 변재란이 나와 기선 형을 꼭 확인하고 싶어 부탁을 했다고 했던 것 같다. 직감적으로 국가보안법 위반에서는 빠졌다는 것을 느꼈고 어쩌면 여기서 그냥 나갈 수도 있겠다는 희망도 들었다.

변재란 역시 1주일 정도 구금돼 조사를 받게 된다. 변재란은 "그 직전에 부천서 성고문 사건이 발생해 사회적 파장이 컸기 때문인지 경찰이 신중했고 장안동으로 갈 때도 걱정했으나 여경이 옆에 있어서 상대적으로 편안했다"고 말했다.

그는 "장안동에서 성북서로 다시 가던 날 이효인을 만난 기억이 난다"면서 "나가기 전에 경찰의 안내로 보게 된 것이고, 이후 홍기선에게 장안동에서 많이 맞았다는 이야기를 들었다"고 말했다. 반가운 웃음을 지었다는 이효인의 기억에 대해서는 "웃었던 기억은 없다"고 말했다. 홍기선과 이효인은 폭행 등 가혹행위를 당했다면 변재란은 상대적으로 유화적인 조사를 받으면서 심리적 불안감이 덜했던 차이로 보인다.

변재란은 "성북서에서 오니 아버지가 계셨고, 귀가할 수 있었다"며 "호흡기 질환이 심해 건강이 대단히 안 좋았기 때문에 구속을 면하고 기소되지는 않았다. 아마도 직접적으로 〈파랑새〉 제작에 참여하지 않았던 것이 구속되지 않은 이유였던 것 같다"고 회상했다. 또 "당시 건대 사태가 벌어진 직후라 장안동 대공분실에 학생들이 많아서 조사실이 부족할 정도여서 그 영향에 덕분에 일찍 나오게 될 수 있었던 것 같다"고 덧붙였다.

건대 사태는 1986년 10월 28일 건국대에서 열린 학생운동 조직 전국반외세반독재애국학생투쟁연합(애학투련) 발족식을 경찰이 강경 진압한 사건이다. 경찰이 학교 진출입로를 봉쇄하자 집회를 마친 학생들은 건물에 들어가 나흘 동안 농성을 벌였고, 강제진압으로 1,525명이 연행되고 이중 1,288명이 구속된 80년대 최대 공안사건이다. 전두환 정권은 이들을 '공산혁명분자'라고 규정했고, 국가보안법이 적용됐다.

1주일 이상의 조사에도 불구하고 결국 홍기선과 이효인이 〈부활하는 산하〉 제작에 관여했다는 혐의를 하나도 찾아내지 못하자 경찰은 대신 〈파랑새〉 상영을 문제 삼아 영화법으로 구속·기소한다. 실질적으로 영화를 만든 주역들이 잠적해 잡히지 않아 두 사람에게는 국가보안법이 아닌 영화법이 적용된 것이다. 이들은 이듬해 3월 선고유예로 석방된다.

이효인은『한국 뉴웨이브 영화와 작은 역사』에서 "〈파랑새〉 사건

영화, 변혁운동이 되다

은 독립영화 2세대(1984년 '작은영화를 지키고 싶습니다 8mm/16mm 발표회') 시기 두 개의 상징적 의미를 지니고 있었다"며 "1986년 여름에 제작, 상영된 후 1986년 10월 이후에 피검된 이 사건은 영화를 통한 투쟁이 가능하다는 것을 역설한 것이었고, 또 이 사건으로 인하여 독립영화계 내부 작은영화와 운동영화의 성향 차이가 확연히 드러나게 되었다"고 평가했다.

뜻밖의 결말, 대학영화연합 결성

홍기선과 이효인의 재판은 각 대학 영화서클 학생들에게도 관심사였다. 여러 대학서클에서 참관을 했고, 재판이 진행되는 과정에서 대학 영화서클의 연합단체인 '대학영화연합'이 꾸려지게 된다.

안훈찬은 "홍기선, 이효인 선배의 구속은 영화운동하는 후배들에겐 엄청난 충격이었고 동시에 자극이었다"며 "재판 방청 이후 근처 다방에 모인 각 대학 동아리 회장단들은 더이상 친목단체로 머물지 말고 당대의 학생운동에 발맞춰 대학 내 영화운동도 하나의 조직으로 연합하여 연대의 방향을 모색해보자는 의견이 모아졌다"고 말했다.

이어 "그 후 몇 번의 논의 끝에 대학로 한 카페에서 발기인대회를 통해 의장 선출과 함께 출범식을 결정했다"면서 "고려대, 상명대, 서울대, 외국어대, 경희대, 성균관대, 연세대, 한양대의 회장단들이 모였던 것으로 기억된다"고 덧붙였다.

대학영화연합(대영연)은 1987년 5월 24일 서울대에서 출범식을 개최했다. 1기 의장은 〈부활하는 산하〉를 만든 주역인 안훈찬이었고, 총무는 고려대 돌빛의 김시천이었다. 1985년 집중적으로 생겨났던 대학 영화운동이 2년 만에 연대투쟁의 길로 들어선 것이다. 이후 경희대 그림자놀이의 김인수가 2대 의장을, 서울대 얄라셩의 이승현이 3대, 전영태가 4대 의장을 맡았다.

안훈찬은 "처음 사무실은 영화마당 우리와 같이 사용했다"며 "전국 영화과 영화동아리 모임과도 함께 모여 공동사업을 논의했다"고 말했다. 영화마당 우리가 당시 서대문 치안본부 인근에 있던 건물의 옥탑방으로 사무실을 옮기면서 월세 부담을 줄이기 위해 대학영화단체들과 같이 요일을 정해 사무실을 공동 사용한 것이었다.

대학영화연합은 1987년 12월 1일~15일까지 혜화동 연우소극장에서 전국 영화과 연합회 등과 함께 '열린영화를 위하여-작은영화제'를 개최했다. 연우무대 창단 10주년 기획행사로 영화마당 우리가 주관한 영화제였다. 서울영화집단 〈그 여름〉, 한양대 소나기의 〈인재를 위하여〉, 외대 울림의 〈울림〉, 서울예대 장동홍·오정옥·이재구 등이 공동작업한 〈그날이 오면〉 등 13편이 상영됐다. 대선 직전이라 검열을 안 받을 수 있어 김민기(《아침이슬》 작곡자)와 공동기획으로 온건하게 대중적인 공간에서 개최된 것이다. 홍보, 자료집 발간, 영사기 사용, 예산까지 실질적인 준비는 영화마당 우리가 담당했다.

또 같은 시기에 비슷한 일정으로 연세대 학생회관에서는 외국어대 울림 주최로 '제5공화국 보도영화전'이 열리기도 했다. 이를 주관한 장기철(감독)은 "광주 학살과 철거 투쟁 등의 영화를 상영했다"며 "외대에서 상영이 호응이 좋아 연세대를 빌려서 상영한 것인데, 700원의 관람료를 받았는데도 2만 명이 관람했고, 관객 중 일반 시민이 70% 정도였다"고 말했다. 당시 경찰은 대선을 앞두고 주요 대학을 압수수색했는데, 이 과정에서 상영 기자재도 압수됐다. 하지만 다음 날 기자재를 다시 구입해 중단 없이 행사를 마칠 수 있었다고 한다. 그만큼 흥행에 큰 성공을 거둔 행사였다.

이듬해인 1988년 3월 15일~5월 말까지 2회 대학영화연합 민족영화제를 개최해 〈인재를 위하여〉 〈노란 깃발〉 등을 각 대학에서 상영했다.

낭희섭(독립영화협의회 대표)에 따르면 1980년 이후 영화운동은 작은영화(1884), 열린영화(1985), 민중영화(1986), 민족영화(1987)로 변화하고 있었는데, 대학 영화서클 등이 만든 영화가 총학생회 지원을 받아 상영될 경우 '민족영화'라는 이름을 내세우는 것이 유행이었다.

대영연은 1988년 8월 24일에는 청년 영화단체들과 동국대학교에서 집회를 열어 감독협회의 영화인협회 탈퇴를 촉구하고 영화법 개정 투쟁에 즉각 동참할 것을 주장했다. 『동아일보』는 1988년 8월 23일자 기사에서 "이들은 영화에 대한 사전심의는 헌법에 보장된 예술의 자유를 원천적으로 구속하는 위헌 법률"이라며 "영화법을 영화진흥법으로 개정하는 시안을 제기하는 한편 스크린쿼터제 고수, 영화진흥공사의 폐지. 영화 참여자들의 자유계약제 실시 등을 요구했다"고 보도했다.

안훈찬은 "인근 영화진흥공사(현 영화진흥위원회)에 찾아가 요구사항을 외친 뒤 남산길을 따라 대한극장과 스카라극장 그리고 마지막으로 단성사와 피카디리극장까지 행진하며 거리시위를 전개했다"고 회상했다.

영화와 운동 사이에서

대학 영화서클이 생겨난 후 대학영화연합으로 이어진 1980년대 대학 영화운동은 학교마다 성격이 달랐다. 치열하게 외국의 예술영화를 보며 한국영화의 현실을 비판하고 이론을 강화한 쪽이 있었다면, 다른 한쪽은 제작을 추구했다. 딱히 어느 한쪽으로 방향의 구분을 두지 않고 자연스레 여건과 상황에 따라 흘러갔는데, 이론적인 학습에 중점을 둔 대학들이 상대적으로 많았다면, 제작은 서울대 얄라성, 한양대 소나기, 외국어대 울림 등이 두드러졌다.

울림에서 활동했던 장기철은 "서울영화집단이 펴낸 『새로운 영화를 위하여』가 할리우드 외의 다른 영화를 소개했다는 점에서 충격적이었고, 영화마당 우리의 워크숍이 제작에 도움을 주면서 대학 영화운동에 중요한 영향을 끼쳤다"고 말했다.

1987년 12월 대선 당시 구로구청에서 발생한 부정투표를 발견하고 시민과 학생들이 구로구청을 점거했던 구로구청 사태 때는 서울대 얄라성의 활약이 돋보였다. 이상빈 감독이 만든 다큐멘터리 영화 〈어둠을 뚫고 태양이 솟을 때까지〉는 1987년 12월 대통령 선거 당시의 부정선거 문제와 국민의 분노로 3일간 이어진 항쟁을 대학 영화서클 학생들이 필름 자료로 남겨놓았다는 점에서 의의가 있다. 이때 서울대 얄라성의 이상빈과 이승현은 구로구청에 진입해 농성 현장을 촬영하다가 이승현은 연행되고 이상빈은 경찰의 진압 과정에서 캐비닛에 숨어 있다가 빠져나오게 되면서 영화가 만들어진 것이다.

이효인은 『한국 뉴웨이브 영화와 작은 역사』에서 대학 영화운동에 대해 "1985년에는 경희대, 고려대, 명지대, 서강대, 성균관대, 서울

영화, 변혁운동이 되다

대, 연세대, 외국어대, 이화여대, 한양대 등의 영화동아리들이 느슨한 형태로나마 연합 동아리의 형태를 취하기도 했다"며 "연세대 영화패를 이끌던 이정하와 내가 합심하여 학생운동이나 사회운동에 발맞추는 조직으로 탈바꿈시키려 몇 번 시도했지만 이루지는 못했다"고 밝혔다.

이어 "이는 당시 영화운동 구성원 대부분이, 민주화운동의 반대편에 서 있는 것은 아니었지만, '영화'에 보다 더 관심을 기울였던 상황을 반영하는 것이었다"며 "따라서 1985년 서울영화집단이, 불과 몇 명에 불과했지만, 민주화운동과 같이 발을 맞추고자 했던 것은 영화 '운동'의 조그만 시작이었다고 볼 수 있다"고 설명했다. "물론 '영화' 운동이든 영화 '운동'이든 어느 것이 옳았다는 가치 판단을 하지 않는다는 전제 위에서"라고 덧붙였다.

서강대 서강영화공동체를 만들었던 배병호(감독)는 "1980년대 대학 영화서클들은 각각의 지향점이 있었다"며 "군사독재 타도와 사회변혁의 의식은 기본적으로 갖고 있었다"고 말했다. 다만 "당시 영화서클의 활동을 운동적인 성격으로 국한시키는 것은 영화의 확장성을 제약하는 것이고, 8mm/16mm 영화를 찍어서 노동자나 농민을 계몽시킨다는 것은 다소 무리한 이야기"라며, "영화 자체에 대한 공감도 만만치 않았고, 영화 그 자체가 좋았기에 영화를 공부하지만 특정한 경향으로 가는 것은 선호하지 않았다"고 말했다.

대학영화연합은 이후 1987년 6월 항쟁과 그 끝의 6·29선언으로 새로운 국면으로 접어든다. 안훈찬은 "1987년 7월 8월 9월 노동자대투쟁 등 한국사 격변기 속에 좀 더 다양한 분화가 시작되는 역사를 맞이하게 됐다"고 말했다.

서울대 얄라셩에서 활동했던 정미(부산국제영화제 프로그래머)는 "대학영화연합은 영화를 선전선동의 도구로 생각하는 경향이 우세하여 많은 회의와 토론을 통해 자신들의 영화운동론을 정립해 나갔다. 이 과정에서 참고한 영화들이 〈알시노와 콘도르〉 〈칠레 전투〉 〈산티아고에 비가 내린다〉 같은 남미 영화, 천카이거 감독, 코스타 가브라스 감독 등이었고, 이 작품들은 노동 다큐와 함께 대동제 기간에 학내 영화제에서 상영됐다"고 말했다.

또한 "학내 영화제는 흥행도 잘 돼서 그 수익으로 영상 장비를 사서 시위 현장도 기록해서 보급했고, 시나리오와 문예이론 등을 학습하던 여름영화학교도 운영했다"며 "얄라셩 출신 송능한 감독과 김홍준 감독도 이 시기에 학생들을 가르쳤다"고 덧붙였다.

〈오! 꿈의 나라〉나 〈파업전야〉 상영 사수 투쟁도 대학영화연합에 속한 동아리가 중심이 됐다. 1989년부터 건국대학교 영화동아리 햇살에서 활동했던 송낙원(영화평론가, 건국대 교수)은 "대학영화연합으로 활동하면서 1990년 〈파업전야〉 상영 때 영사팀으로 영사기를 돌렸다"고 말했다.

서울영상집단, 장산곶매, 바리터, 푸른 영상, 노동자뉴스제작단, 노동자문화예술운동연합(노문연)이 있어 선배들과의 교류가 활발하게 진행됐으며, 졸업 후 그쪽으로 진출한 사람도 여럿이었다.

대영연에서 서대영연으로

대학영화연합은 1991년에 이르러 87학번인 오정훈(다큐멘터리 감독, 전 인디다큐페스티발 집행위원장)이 중심이 돼 서울지역대학영화패연석회의(서대영연)로 재편된다. 1987년 6월 항쟁을 전후로 서클이라는 명칭은 재야운동가 백기완 선생의 제안으로 우리말인 동아리로 차츰 바뀌게 된다.

1기 의장은 건국대 '햇살'의 오정훈이었다. 2기 경희대 그림자놀이의 정병국, 3기 서울대 얄라셩 허은광(영화평론가, DMZ국제다큐멘터리영화제 사무국장), 4기 고려대 돌빛 이동혁 등으로 이어졌다. 3기 의장을 맡았던 서울대 얄라셩 허은광에 따르면 서대영연은 제작 장비 교류 등의 현실적 필요성에서 출발했고, 91학번들이 주축이었다.

박진형(부천영화제 프로그래머)은 "대학 영화동아리들이 1992년 동유럽영화제를 개최하면서 서대영연의 결속이 강화됐고 회지 형태로 『젊은영화』를 발행했다"며 "동아리 전체가 참여하는 것보다는 몇몇이 대표성을 갖고 만나는 자리였다"고 말했다. 이어 "80년대처럼 정치적 성격이나 운동의 맥락으로 가지는 않았다. 영화패의 성격이 변화하던 시기였다"고 설명했다.

허은광은 "대략 20여 편의 동유럽 영화를 직접 번역하고 자막을 입히는 작업을 분담하여 진행한 동유럽영화제는 서대영연의 위상을 확인하고 참여 대학 간에 끈끈한 유대를 통해 조직력을 확보한 행사였다"고 평가했다.

이어 "서대영연은 이전 대영연에 비해 운동적 성향은 옅은 조직체였다"면서 "그러한 성격을 드러난 사례가 1992년 대통령 선거에 어떻게 참여할 것인지에 대한 논의 결과라고 볼 수 있다"고 말했다. 1992년 대통령 선거 당시, 민중후보 백기완 대통령 후보를 지지하는 영화인들이 홍보팀을 구성했는데, 서대영연 차원에서 조직적 참여는 하지 않는다는 결정을 했다는 것이다. 다만 "서울대 얄라셩의 허은광, 건국대 햇살의 태준식(다큐멘터리 감독)이 개인적으로 참여한 바 있고, 노동자뉴스제작단, 서울영상집단, 보임 등이 단체로 결합했다"고 덧붙였다.

서대영연에서 당시 연대사업부장으로 활동했던 이화여대 누에의 조윤정(프로듀서, 블루문파크 대표)은 "한 달에 한두 번 만났고, 공동워크숍을 가졌으며. 노동자뉴스제작단이나 장산곶매 등과 협력했다"고 말했다. 또 "당시에는 MBC 파업과 미군에게 살해당한 동두천 기지촌 여성 윤금이 사건 등을 비롯해 개인의 자유와 범람하는 미디어 환경에서 영화가 갖는 의미 등에 세미나를 했고, 네 편 정도의 영화를 제작했다"고 설명했다.

조윤정은 또한 "당시 서강영화공동체 박진형과 서울대 얄라셩 유운성이 학술부서를 맡았고, 영화동아리가 없던 숙명여대의 김일란(다큐멘터리 감독)이 개인적으로 참여했다가 이후 학교로 돌아가 영화동아리 '아침'을 만든 것으로 알고 있다"고 말했다. 서대영연 회원 중에는 중앙대 영화동아리 '반영'의 이혁상(다큐멘터리 감독)도 있었는데, 김일란과 이혁상은 이후 다큐멘터리 제작집단 '연분홍치마'에서 활동하며 용삼 참사를 다룬 〈두 개의 문〉과 〈공동정범〉을 만들었다.

1980년대와 방향이나 지향점에서는 차이가 있었으나, 1990년대의 대학 영화운동 역시 사회문제에 대한 의식을 갖고 이후 한국영화 발전에 든든한 밑바탕 역할을 하게 된다.

03

민중과 호흡하는 영화

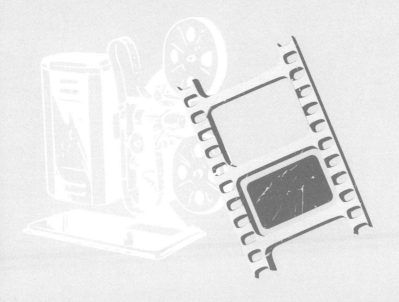

충무로로 가는 길, 한국영화아카데미

1986년 11월 파랑새 사건으로 다소 위축되는 면이 있었던 영화운동은 1987년에 들어서면서 당시의 어수선한 시국과 맞물려 다시 분주해진다.

1987년 새해가 밝은 지 며칠 안 된 1월 14일 서울대생 박종철이 남영동 대공분실에서 고문 살해당한다. 6월 항쟁의 도화선이 된 큰 사건이었다. 민심은 들끓었고, 2월 7일 열린 박종철 열사 추도제는 1980년대 광주민중항쟁 이후 최대 시위가 됐다. 서울 도심 전역에서 대학생, 시민들과 경찰이 격렬하게 충돌한다.

이때 박종철 열사를 다룬 다큐멘터리 영화 〈우리는 너를 빼앗길 수 없다〉를 제작한 것이 서울영상집단의 이정하(전 영화평론가)였다. 49분 분량의 다큐멘터리 영화는 한국기독교교회협의회(NCCK) 인권위원회의 의뢰를 받아 만든 것으로, 고 박종철 군 국민추도회 준비위원회도 제작에 함께했다.

이정하에 따르면 박종철 열사 다큐멘터리는 서울영상집단으로 제작 의뢰가 들어온 것이었다. 하지만 당시 파랑새 사건 여파로 서울영상집단의 활동이 제자리를 못 잡던 상황이라 처음 제작을 맡았던 이정하가 결국 편집과 녹음 등 최종 완성까지 맡게 됐다. 취재 촬영 단계에서는 배인정(전 노동자뉴스제작단 대표)이 초반에 함께했다. 음악은 〈광야에서〉 작곡자인 문대현이 맡았고, 편집은 이정하의 자취방이었던 공덕동 골방에서, 녹음은 광화문 근처의 어느 교회를 활용했다.

영화 제목은 1987년 1월 20일 서울대학교에서 열린 박종철 열사 추모제에서 서울대 언어학과 일동의 이름으로 발표한 추도시에서 따온 것이었다. 이후 2007년 같은 제목의 책이 나오기도 했다.

이정하는 파랑새 사건의 발단이 된 연세대 영화패의 다큐멘터리 영화 〈부활하는 산하〉의 제작을 주도했던 핵심인물이었다. 만일 당시 검거됐다면 조직사건으로 확대됐을 가능성이 컸기에 박종철 열사의 고문살해 규탄 투쟁에 영화를 통한 참여도 불가능했을 것이다. 홍기선과 이효인이 연행된 직후 다행히 잠적해 잡히지 않으면서 무사히 넘어갈 수 있었다.

그때 이정하는 안동규(제작자, 영화세상 대표)의 집에 숨어 있었다. 안동규는 "당시 서울 일원동에 살았는데, 홍기선과 이효인이 연행된 후 이정하가 우리 집에서 열흘에서 보름 정도 있다가 다른 곳으로 옮겨갔다"고 말했다.

안동규는 1985년 홍기선과 이효인이 만날 수 있도록 주선해주는 등, 당시 영화운동의 전개에서 연결고리 역할을 하게 된다. 그는 "이효인이 서울영화집단에 가겠다고 해서 외삼촌인 홍기선을 소개해준 건데, 서울영화집단에 있던 대부분이 충무로나 한국영화아카데미 등으로 가고 홍기선만 남아 있는 상태에서 이효인이 가겠다고 하니 미안한 마음이 있었다"고 회상했다.

하지만 안동규는 홍기선과 이효인이 구속된 후 석방운동에 참여하거나 재판 참관이나 면회는 가지 않았다고 한다. 그 이유에 대해 "당시에는 영화운동이 중요하고 누군가 해야 할 일이라고 생각했지만 그걸 외삼촌이 하고 있다는 게 마음이 안 편했고 마땅치 않게 생각했던 부분이 있었다"고 말했다.

충무로 진입 통로가 된 한국영화아카데미

안동규의 언급처럼 1985년 이후 민중영화를 지향했던 서울영화집단은 홍기선만 전업 활동가로 남아 외로움을 겪던 시기였다. 파랑새 사건을 전후한 시기, 한국영화의 재야에서 작은영화를 추구하며 주류 제도권 영화를 비판했던 영화운동은, 하나둘 주류 영화로 상징되는 충무로로 활동무대를 옮기게 된다.

여기에는 1984년 개원한 한국영화아카데미가 중요한 역할을 했다. 1980년대 한국영화아카데미를 주목할 필요가 있는 것은 영화운동의 충무로 활동에 통로 구실을 했기 때문이다. 한국영화아카데미 개원을 전후로 한 시기는 영화운동이 활발해지던 시점이었다. 새로운 진로를 모색하며 8mm/16mm 영화를 주로 찍던 청년 영화인들에게 한국영화아카데미는 많은 관심을 받게 된 대상이었다.

한국영화아카데미는 1983년 10월 27일 당시 문화공보부가 발표

1984년 개원한 한국영화아카데미 ⓒ 한국영화아카데미

한 영화진흥계획의 일환으로 세워졌다. 국산 영화의 질적 향상과 국
제진출을 강화하기 위한 것이 설립 목적으로, 영화 진흥을 위한 조사
연구 및 영화인 양성을 위한 교육 훈련을 전담할 전문기관으로 만들
어진 것이다.

1984년 1기 입학생은 오진환(연세대 독문과), 황규덕(서울대 독문과),
임종재(서울시립산입대 조경학과), 이용배(서울대 조경학과), 오병철(중앙대
연극영화과), 장현수(중앙대 연극영화과), 이영호(한양대 연극영화과), 김소
영(서강대 영문과), 김의석(중앙대 연극영화과), 박종원(한양대 연극영화과),
장주식(연세대 사회학과), 유지나(이화여대 불문과) 등 모두 12명이었다.

이 중 황규덕(감독)은 서울대 얄라셩과 서울영화집단에서 활동했
고, 김의석(감독)도 서울영화집단 초기 회원이었다. 김소영은 서강대
서강영화공동체가 태동할 때 선배로서 조언과 도움을 주기도 했다.
대학에서 시작된 영화운동의 초창기 적극적으로 활동했던 인물들 다
수가 한국영화아카데미에 입학하게 된 것이었다.

하지만 한국 영화아카데미는 실질적으로는 1988년 서울 올림픽을 앞두고 만들어져야 할 필요가 있었다. 2기 김정진

한국영화아카데미 1기. 김의석, 장주식, 황규덕, 오병철 감독
ⓒ 김의석

(감독)에 따르면 "당시 1986년 아시안게임과 1988년 올림픽을 앞두고 이를 촬영하고 기록할 영상기사를 양성하기 위한 것이 설립 이유 중 하나"였다.

1987년 입학한 한국영화아카데미 4기 이정향(감독)은 "1986 아시안게임과 1988 올림픽을 겨냥해서 만들어졌다는 얘기는 그 당시 줄기차게 들었다"며 "1987년도 2월에 대학을 졸업하자마자 아카데미에 들어가서 1988년 2월에 수료하고, '88 올림픽 공식 필름'팀에 들어갔다"고 말했다. 또한 "공식 필름(official film)팀은 거의 문화공보부의 '문화뉴스' 감독님들이 중심이었고, 그 밑에 조감독들이 (퍼스트 한 명, 세컨드 두 명) 세 명씩 포진해있었다"면서 "퍼스트는 권칠인 감독, 세컨드는 나와 4기 동기인 김태균 감독, 이렇게 셋이 한 팀이었다"고 회상했다.

1980년대 후반 영화운동 단체 장산곶매에 참여해 대표를 맡기도 했던 이용배(감독, 계원예술대학교 교수)는 한국영화아카데미를 통해 영화운동에 뛰어든 특별한 경우다. 이용배는 대학 재학 당시 영화운동보다는 미술 쪽에 관심을 두고 있었다. 1983년 4학년으로 복학한 후

대학 미술반 활동을 마감하고 '애니메이션 제작과 우리의 현실'을 주제로 서클 세미나를 하는 등, 복학생으로 졸업을 준비하는 모습이 아닌 애니메이션 업계로의 진로를 모색했다. 군 제대 후 복학하기 전까지 하청회사에 입사하여 애니메이션 배웠던 경험을 살려야겠다는 생각을 했기 때문이다. 그가 하청회사에서 그렸던 것은 〈로보트 태권 V〉로 유명한 김청기 감독의 〈혹성로봇 썬더 A〉의 동화 컷이었다.

그는 정식으로 미술 공부를 해야 할 것 같아 수원의 서울농대 도서관에서 미대 대학원 입학 준비를 하는 과정에서 한국영화아카데미 모집 공고를 보게 된다. 뒤늦게 영화 공부를 하게 된 것이다. 당시 영화서클 얄라셩이 있었으나 잘 몰라 가입하지 않았고, 한국영화아카데미에 입학하고 나서야 황규덕(감독) 등을 비로소 알게 됐다.

이용배는 "아카데미 면접을 보면서 '어찌 영화를 하려 하는가?' 라는 질문에 '애니메이션을 했었는데 영화 연출을 배우면 스필버그 같은 영화와 애니메이션을 종합하는 디즈니가 될 수 있을 것 같아서'라고 답변했던 것으로 기억한다. 한국영화아카데미에서의 수업은 엄청난 문화적 충돌과 각성이 많았다"고 말했다.

이용배는 "아카데미 졸업 후 1986년 아시안게임에 뛰어들어 육상 필드 부문 기록팀 조감독과 성화 봉송 기록을 담당했다"고 말했다. "1988년 올림픽 준비를 위해 1986년 아시안게임 때 국가적 예비 운영과 공식 다큐멘터리 제작 등을 대대적으로 하자고 해서, 국립영화제작소 주관으로 공식 다큐멘터리 제작팀이 꾸려졌다"며 "대한뉴스 제작의 한가운데 뛰어든 셈인데, 공무원 관행, 권위 등이 보여 고통스럽던 기억만 있었다"고 회상했다.

청년 영화인들, 한국영화아카데미에 모이다

한국영화아카데미는 개원 이후 대학 영화서클에서 활동했던 학생들이 본격적으로 영화를 공부하는 데 큰 도움이 됐다. 대학에 영화과가 드물었던 시절, 영화를 전공하지 않은 학생들이 한국영화의 중심에 자리하는 기회로 작용했다.

한국 영화운동의 분기점 같은 역할을 했던 1984년 7월 '작은 영화를 지키고 싶습니다 8mm/16mm 단편영화발표회'에 한국영화아카데미 1기생들 여럿이 주체적으로 참여했고, 당시 김의석(감독, 전 영화진흥위원회 위원장)이 집행위원장 역할을 맡은 것도 의미 있게 볼 수 있는 부분이다.

이후 1985년 영화마당 우리의 '작은영화워크숍'을 수료한 권칠인(감독, 전 인천영상위원회 운영위원장)이 2기, 고려대 돌빛을 만든 정병각(감독)이 3기, 외국어대 영화동아리 울림을 만들고 졸업한 김태균(감독), 서강영화공동체의 활동에 참여했던 이정향(감독), 부산에서 대학영화운동을 했던 오석근(영화진흥위원장)이 4기. 외국어대 울림의 장기철(감독)이 6기로 입학한다.

전반적으로 한국영화아카데미에 들어온 학생들은 새로운 영화에 대한 열정과 함께 정치사회 문제에 대해 기본적인 의식이 있던 청년 영화인들이었다. 대학에서 영화를 즐겨 보면서 깊이 있게 학습하고 기존 전공보다는 영화를 택하고 싶었던 이들에게 한국영화아카데미는 매력 있는 학교였다.

이정향은 "대학 2학년 때 한국영화아카데미라는 곳이 생겼다는 소식을 듣고 꼭 거기에 들어가겠다는 열망으로 남들 다 하는 취업 준비도 마다하고, 졸업 학년을 보냈다"며 "한국영화아카데미가 2년 연속 여학생을 뽑지 않았다는 사실에 마음 졸이기도 했었다"고 말했다.

또한 "대학 4년 동안 영화를 전문적으로 공부하지 않고, 그저 영화를 좋아하고 딴짓을 했던 게 시나리오를 쓰거나 연출을 하는 데 있어 더 도움이 된 것 같다"면서 "기술적인 건 아카데미에 들어가서 배웠지만 때늦은 감은 전혀 못 느꼈다"고 회상했다.

이어 "아카데미를 다니면서 할리우드 키드의 기나긴 독학 시절에 비해 더 전문적이고 체계적으로 배운 것도 많지만, 무엇보다도, 선택된 자로서의 의무감, 책임감을 배웠기에, '하다가 아니면 말고'식의 생각은 할 수 없었다"며 "당시 40만 원을 내긴 했으나 국비 장학생이라는 듣기 좋은 이름도 있었고, 국비로 배우는 만큼 충무로에 진출해 한국영화를 격상시키는 엘리트가 되어야 한다는 무언의 압박도 어깨를 으쓱하게 했다"고 덧붙였다.

1985년 한국영화아카데미를 1기로 졸업한 황규덕과 김의석이 1985년 충무로 연출부로 들어가면서 재야에 머물던 영화운동은 자연스럽게 하나둘 충무로에 안착하게 된다. 김의석은 1985년 장영일 감독의 〈왜 불러〉에 연출부로 들어갔는데, 얄라셩 출신으로 처음 충무로에 들어간 황규덕도 이 영화에 기획으로 참여한다.

1984년 '작은영화제'에서 "한국영화가 정부에 의해 사망선고를 받았고, 사회에서 정상적인 기능을 못 하고 있다"며 충무로 상업영화를 맹비난했던 세대들이 한국영화아카데미를 거쳐 이른바 주류 영화로 대표되던 충무로에 합류하게 된 것이다.

한국영화아카데미는 이후 1990년 중반 한국영화 중흥에 중요한 역할을 한다. 결과론적으로 이들의 영화는 기존 한국영화의 문법과는 다른 시도로 1990년대 중반 한국영화를 빛냈다는 평론계의 평가를 받고 있다. 사회성 있는 작품들이 점차 증가했고, 기존 충무로의 제작 관행을 벗어났기 때문에 가능한 일이었다.

박종원은 〈구로 아리랑〉(1989)으로 데뷔해 〈우리들의 일그러진 영웅〉(1992)을 만들었고, 김의석의 데뷔작 〈결혼 이야기〉(1992)는 5기 박헌수의 시나리오로 만들어진 최초의 기획영화였다. 황규덕의 〈꼴찌부터 일등까지 우리 반을 찾습니다〉(1990), 김태균의 〈박봉곤 가출사건〉(1996), 이정향의 〈미술관 옆 동물원〉(1998) 등은 1990년대 한국영화의 르네상스 시대를 이끌게 된다.

한국영화아카데미 출신들은 한국 독립영화를 해외에 소개하는 데에도 어느 정도 역할을 했다. 김태균에 따르면 1988년 아카데미를 졸업하고 1990년대 충무로에 사무실이 있을 때 당시 해외 영화계 관계자들이 당시 영화운동 청년들의 8mm/16mm 영화를 보기 위해 찾아오기도 했다.

당시 대표적인 사람이 영국의 평론가 토니 레인즈였다. 그는 자비로 처음 한국영화, 특히 독립영화에 관심을 갖고 들어온 평론가였다. 영화진흥공사(현 영화진흥위원회)가 남산에 있던 시절이었는데, 토니 레인즈가 누군지 잘 몰랐던 영화진흥공사는 오히려 작품을 보여주지 않고

부산영화제 초기 와이드 앵글 파티에서 춤을 추는 영국의 평론가 토니 레인즈
ⓒ 부산국제영화제

박대했다고 한다.

김태균은 "내가 영화진흥공사에 같이 가서 이 사람 해외에서는 유명하다고 말해주기도 했다"며 "당시는 대부분 상업영화로 가고 한국영화아카데미를 졸업한 나와 몇 명만이 독립영화에 치중할 때여서 당시 만들어진 작품들이 거의 내 사무실에 있었고, 해외 인사들은 비디오 등으로 시사를 했다"고 말했다.

김태균은 "이후 한국 정부 초청으로 온 뉴욕현대미술관(MoMA)의 영화담당 큐레이터 래리 카디시는 영화진흥공사에서 한국영화를 보고 토니 레인즈의 소개로 내 작업실에 와서 독립영화들을 보게 된 경우였다"고 덧붙였다.

래리 카디시는 1996년 11월 뉴욕한국문화원과 함께 한국 영화제를 개최해 유현목, 신상옥, 임권택 3인전을 개최했고, 임순례 감독의 첫 장편 〈세 친구〉도 뉴욕현대미술관이 주최하는 1997년 신인영화제에 초청하는 등 한국영화의 해외 진출에 공헌한 인사였다. 이 공로를 인정받아 1996년 1회 부산국제영화제에서 한국영화공로상을 수상했다.

시나리오 검열에 정보기관 사찰

하지만 한국영화아카데미는 1989년 11월 6기생들의 졸업작품 시나리오 검열 문제로 논란을 일으킨다. 한국영화아카데미 역사에서 가장 문제가 된 사건으로, 당시 학생들의 의식을 엿볼 수 있다.

『한겨레신문』 1989년 11월 22일자에 따르면 연출 전공 담당이었던 최하원 감독은 연출 전공자 시나리오 중 〈슬픈 시〉〈아리랑 고개 넘어〉〈별이 되어 만나리〉를 사회적이고 정치성이 있다는 이유로 반려

한다. 문제는 3편의 시나리오 반려가 작품성이나 미학적 기준에 의해서가 아닌 소재 제한의 일환으로 이뤄졌다는 데 있었다.

홍준석의 〈별이 되어 만나리〉는 실종된 청년 노동자의 이야기를 그의 여자 친구를 통해 풀어가는 이야기였고, 금보상의 〈아리랑 고개 넘어〉는 1989년 전대협 대표로 북한을 방문한 임수경(전 국회의원)의 언니 임윤경 씨를 주인공으로 세워 분단 극복을 위한 사랑의 필요성을 부각시킨 작품이었다. 김은주의 〈슬픈 시〉는 어느 학원 프락치의 갈등과 고뇌를 소재로 삼고 있었다.

반려된 시나리오 모두 사회성 짙은 내용을 담고 있었다. 이에 반발한 한국영화아카데미 학생들은 성명을 발표하고, 언론에 알리며 강하게 문제를 제기했다.

〈슬픈 시〉를 반려당했던 김은주(감독)는 "그때 뜻을 같이했던 아홉 명이 모두 졸업작품을 거부했다"면서 "한국영화아카데미가 이 정도의 작품도 수용하지 못할 것이라고는 생각도 못 했다"고 말했다. 당시 한국영화아카데미는 김은주에게 '대학 때 운동권 아니었냐? 왜 이런 시나리오를 썼냐? 등등 압박을 가했다고 한다.

김은주는 "나는 학생운동과 거리가 멀었고 영화가 좋아 아카데미에 들어온 것인데, 대학 때 만들고 싶었으나 여건이 안 돼 한국영화아카데미에서 만들고 싶었던 작품이 막히는 걸 납득할 수 없었다"며 "끝까지 졸업작품을 만들지 않아 졸업식 때 졸업장을 못 받고 이후에 수료증을 받았다"고 말했다.

1985년 외국어대 울림 창립의 주축이었던 장기철(감독)도 졸업작품을 거부한 아홉 명 중 하나였다. 장기철은 "본질을 정확하게 말하면 당시 영화진흥공사(사장 김동호, 현 영화진흥위원회)가 국가안전기획

한국영화아카데미 6기 장기철(감독)과 김은주(감독)_김은주 제공

부(현 국가정보원)에 학생들의 시나리오를 제출해 검열을 받은 것이었다. 이를 시간이 흘러 문서로 확인할 수 있었다"고 밝혔다.

장기철에 따르면 1999년 영화아카데미 총동문회장으로 활동하면서 한국영화아카데미 발전 방안을 위한 기획서를 한국영화아카데미 사무국과 만들던 과정에서 보관된 모든 기록을 열람할 수 있었다. 거기서 시나리오 검열과 일련의 사태 및 수업을 거부한 아홉 명의 사찰 기록을 국가안전기획부(현 국가정보원)에 보고한 것을 발견하게 된다.

장기철은 "과거사진상규명위원회를 통해 당시 상황에 대해 진상조사가 있었으면 좋겠고, 결국 졸업작품 거부로 졸업이 안 되고 수료 처리한 아홉 명에 대한 명예회복이 필요하다"며 "당시 졸업을 한 동기들과 그렇지 못한 아홉 명 동기들 간에 거리감이 생기기도 했다"고 말했다.

따라서 "지금이라도 영화진흥위원회가 조사를 해서 당시 검열과

1990년 한국영화아카데미 6기 졸업식에서 시나리오 검열 항의에 동참한 내빈과 아카데미
학생들 _장기철 제공

사찰에 관여한 사람들은, 비록 현직에 없더라도 사과가 있기를 바란
다"면서 "시나리오 검열 항의에 한국영화아카데미가 학생들의 반발
을 끝까지 무시했던 것은 당시 영화진흥공사와 국가안전기획부의 지
시를 받았기 때문이었다"고 강조했다.

『한겨레신문』1989년 11월 22일자 기사에 따르면 한국영화아카데
미 나한태 원장과 연출을 지도했던 최하원 감독은 소재 제한을 당연
시했다. 이에 대해 학생들은 "소재 제한이 한국영화의 진흥을 담당하
고 있는 영화진흥공사에 의해 행해지고 있다는 데 슬픔을 느낀다"며
"기성 영화의 검열을 법제화한 영화법조차 교육기관 안에서 만들어
지는 작품은 검열을 받지 않도록 하고 있다"는 입장을 밝혔다.

소재 제한과 검열에 반대하며 졸업작품을 거부했던 한국영화아
카데미 장기철(감독), 김은주(감독), 김명화(프로듀서) 등 6기 아홉 명은

〈아리랑 고개 넘어〉를 별도로 만들게 된다. 영화는 〈슬픔을 자르고〉라는 제목으로 1990년 3월 독립영화협의회의 주최로 예술극장 한마당에서 열린 1회 독립영화제에서 상영했다. 외부에서 촬영 장비를 마련하고 제작비를 갹출해 만든 후 검열을 무시하고 개최한 1회 독립영화제에서 다른 작품들과 함께 상영한 것이었다.

『한겨레신문』1990년 3월 24일 기사는 〈슬픔을 자르고〉 상영 소식을 전하며 "전대협 대표로 북한을 방문한 임수경 씨 가족들이 방북 직후의 충격과 갈등, 어려움에서 벗어나 꿋꿋하게 서가는 과정을 언니 윤경 씨의 시각으로 그린 20분짜리 16mm 색채영화"라고 소개했다. 또 "임수경 씨 가족의 양해와 협조로 임 씨의 집에서 직접 촬영을 했고, 잔잔하고 조용하게 주인공의 심리 변화를 그려나갔으며, 습작으로는 깔끔한 소품"이라고 평가했다.

부당한 시나리오 검열을 거부한 한국영화아카데미 학생들의 저항은 한국영화아카데미 역사에서 처음이자 마지막이었다는 점에서 표현의 자유 수호를 향한 가치 있는 행보였다.

충무로로 가는 것은 변절인가

1985년 1기 졸업생을 배출하기 시작한 한국영화아카데미는 당시 영화운동과 충무로 제도권 영화를 잇는 중간지대 역할을 맡고 있었지만, 마냥 환영받은 것은 아니었다. 영화를 통해 세상의 변혁을 추구했던 청년 영화인들이 충무로로 가는 것에 대해 당시 서울영화집단 홍기선(감독)은 매우 부정적이었다. 민중영화를 지향하며 영화운동을 하던 입장에서는 충무로라는 제도권으로 들어간다는 것을 긍정적인 시선으로 볼 수 없었기 때문이었다.

황규덕(감독)은 영화잡지 『키노』 2004년 4월호에 실린 나온 인터뷰에서 한국영화아카데미에 입학하게 된 계기와 홍기선의 반응을 이렇게 설명했다.

> 서울영화집단에서 수세 현물 납부에 관한 다큐멘터리(〈수리세〉 1983)를 찍기 위해 전라도 시골(구례)에 내려갔는데, 경찰들이 불순분자를 색출한다고 몰려왔다. 새벽에 포위망을 뚫고 서울로 오는 시외버스터미널 식당에서 신문을 보다 한국영화아카데미 1기를 뽑는다는 공고를 발견했는데, 운명적인 느낌이었다.
>
> 그런데 한국영화아카데미에 들어간다고 했더니 선배인 홍기선 감독이 배신자라고 해서 술 먹고 대판 싸우기도 했다. 그땐 충무로로 간다는 게 변절이었기 때문이다.

안동규(제작자, 영화세상 대표)는 "당시 홍기선의 생각은 '그냥 민중영화를 만들면서 활동하지 굳이 충무로로 가야 하냐'는 것이었다"며 "영화운동이 충무로로 상징되는 한국영화의 주류에 편입되는 것에 대한 부정적인 시선이 강했다"고 설명했다.

영화마당 우리에서 활동했던 낭희섭(독립영화협의회 대표)은 1985년부터 시작된 충무로 진출을 '투항'이라고 주장하고 있다. 그는 "파랑새 사건을 전후로 영화운동 세대들이 아예 영화를 그만두거나 그토록 혐오하던 충무로를 선택하게 된다"며 "그동안의 영화운동이 젊은 날의 초상처럼 순수했던 것이 아니라면, 유감스럽게도 자신의 충무로 진출을 위한 경력에 불과했다고 볼 수 있고, 냉정한 재평가가 필요하다"고 말했다.

하지만 낭희섭의 주장은 이후 영화운동이 이뤄낸 성과를 간과한 편협한 인식이라는 비판이 있다. 영화운동이 충무로에서 이뤄낸 수많은 결실을 무시하는 것으로 지나치게 교조적 시각을 드러냈기 때문이다. 얄라셩 대표였던 김인수는 "투항이라고 하기에는 영화운동이 충무로를 바꿔놓은 성과가 매우 많다"고 말했다.

낭희섭은 1984년 충무로에서 하명중 감독 〈땡볕〉 연출부에 있었으나 파랑새 사건 이후에는 작은영화 운동의 일환으로서 단편영화 보급과 독립영화워크숍에 전념한다. 그는 독립영화에 대해 "자본을 넘어 권력을 넘어 인간 사회의 공동선을 카메라 쇼트에 담아 말하는 것이, 독립영화와 독립영화인들에게 주어진 참으로 귀중한 사회적 역할이며 특권이면서, 멋지고 고난스럽지만 저버리지 말아야 할 사명"이라고 강조했다.

영화운동 세대를 받아준 임권택, 이장호, 장선우

이렇듯 일부의 부정적인 시선도 있었지만, 영화운동 초기 세대가 충무로로 활동을 넓힌 데는 이들을 받아줄 수 있는 기존 감독들의 존재가 있다는 것도 작용했다. 영화운동 세대들이 충무로에 연출부로 들어서며 함께했던 감독들은 대표적으로 임권택, 이장호, 장선우 등이었다. 이들은 1970년대 문화운동과 새로운 영화를 지향했던 영화운동을 보듬는 역할을 한다.

안동규에 따르면 임권택 감독은 당시 군사독재정권의 3S정책(스포츠, 스크린, 섹스)과 결이 다른 영화를 만들었다. 반공영화 같지 않은 반공영화를 만들었고 〈짝코〉(1983)를 통해 빨치산을 인간적으로 그리는 등 분단 문제 등에 관심을 기울이며 젊은 세대들과 소통이 되는 감독이었다. 임권택 감독은 부친을 비롯해 친지들이 빨치산 활동을 했고, 이 때문에 어린 시절 고초를 겪기도 했다.

이장호는 1975년 영상시대 활동을 하며 새로운 영화에 대한 고민과 함께 사회파 영화를 만들어온 대표적 감독이었다. 장선우는 1970년대 대학시절 마당극패에서 활동하며 민중문화운동에서 뛰어들어 1980년대 충무로에 들어온 후 이장호 감독의 〈일송정 푸른솔은〉(1983)을 기획하고 1985년 〈서울황제〉로 데뷔한 문화운동의 맏형이었다.

이들 중 가장 주목할 인물은 장선우(감독, 본명 장만철)이다. 임권택 감독이나 이장호 감독에게는 사회운동의 이력이 없었으나 장선우는 이들과 달랐기 때문이다. 장선우는 1970년대 초 박정희의 3선개헌, 교련, 유신헌법 반대 투쟁으로 대학이 소용돌이칠 때, 채희완·임진택·김민기 등이 벌인 마당극·탈춤 운동에 주도적으로 참여한 민중문화운동 1세대였다.

민중문화운동을 함께했던 김학민(학민사 대표)가 2004년 4월 『한겨레21』에 기고한 글에 따르면 당시 대학에서 민중문화 운동을 주도하는 이들이 반독재 운동과 흐름을 같이하는 것은 당연한 일이었다. 박정희 유신독재 정권이 미 제국주의를 등에 업고 이 땅의 민중의 삶과 공동체 문화를 말살하고 획일화해갈 때, 반봉건 압제의 함의를 슬기롭게 문화적 코드로 발산했던 탈춤·마당극 등 우리 민중문화를 계승해보려던 운동과의 갈등과 충돌은 필연적인 일이기도 했다.

김학민은 "이것이 70년대 중반부터 운동가 중심의 학생운동에 이른바 '딴따라'들이 적극 참여하게 된 계기가 된 거라고 생각한다"며 "이때부터 대학가의 반독재 운동이 학생 대중들에게도 급속히 퍼져나갔고, 곧 존재론적 자기 결단을 할 수밖에 없는 급박한 상황에서 딴따라들의 기발한 문화적 기제들이 효과를 발휘한 셈"이라고 설명했다.

이러한 구체적 상황이 1975년 5월 22일 김상진 열사의 장례식이었다고 한다. 김상진 열사는 1975년 4월 11일 서울대 농대 교정에서 유신헌법과 독재정권의 허위성을 고발하는 양심선언문을 낭독하고 할복 자결했다. 서울대병원으로 이송 도중 절명했으나 벽제 화장터에서 장례식도 치르지 못하고 화장됐다. 며칠 후 열사의 육성녹음이 기독교방송(CBS)에서 방송됐고, 명동성당 추모 미사에서도 공개되었다. 1975년 5월 22일 서울대 관악캠퍼스에서 추모식을 개최했는데, 학생운동사에서 '5·22사건'으로 불리고 있다.

김학민은 "일명 '오둘둘'로 불리는 이 사건에 서울대 '딴따라'들이 총동원됐다"며, "1974년 민청학련 사건으로 학생운동가들이 싹쓸이 투옥됐기 때문이기도 했겠지만, 70년대 이후 민중문화 운동으로 성숙해온 대학가 문화일꾼들의 정의와 자유에 대한 열정과 저항정신의 발로로 보는 것이 정확한 분석"이라고 밝혔다.

장선우는 학내에서 1976년 제적 학생들을 모아 민주청년학생운동협의회를 조직했다가 중앙정보부에 끌려가 흠씬 두들겨 맞았고, 1980년 광주항쟁 당시 계엄사 합동수사본부로 끌려가 서울대, 연세대 시위의 배후조종자로 지목돼 고문을 당하기도 했다. 김학민에 따르면 당시에는 장선우가 학생 시절의 마당극 운동을 정리하고 TV나 영화 등 영상매체 쪽에서의 활동 공간을 모색하고 있을 때였다.

장선우는 1985년 〈서울황제〉로 데뷔하는데, 서강영화공동체의 김동원(다큐멘터리 감독)과 경희대 그림자놀이의 안동규가 연출부로 참여했다. 아카데미 1기 김의석은 조감독을 맡았다. 〈서울황제〉는 원래 제목이 〈서울예수〉였으나 검열 과정에서 제목이 바뀌게 된다.

충무로에 진출한 장선우는 당시 영화운동 후배들을 보듬기도 했다. 수감 중이던 후배들에게도 작은 도움이라도 주기 위해 애썼던 것으로 보인다. 이효인(영화평론가, 전 한국영상자료원장)은 파랑새 사건으로 수감 당시 장선우 덕분에 감옥에서 받았던 배려를 저서 『한국 뉴웨이브 영화와 작은 역사』에 이렇게 기록하고 있다.

> 어느 날은 못 보던 구치소 직원이 내 수인번호를 불러서 나갔더니 욕탕으로 데려가서 목욕을 시켜주었다. 아무도 없는 호젓한 욕탕에서 시간에 쫓기지 않고 뜨거운 물에 몸을 담그니 정말 기분이 좋았다. 목욕을 끝내고 어두운 복도를 걸어가던 그는 고개를 돌려 나의 눈을 얼핏 맞추고는 "너 장만철 알아?" 그랬다. 장선우 감독이 인맥이 닿았던 구치소 직원을 통하여 부탁을 했던 것이다.

민중영화는 민중주체의 예술운동

서울영화집단이 펴낸 『새로운 영화를 위하여』에서 민중영화를 주창했던 장선우는 1987년 7월 대학영화연합이 마련한 워크숍에 이효인, 곽재용(감독) 등과 함께 강사로 초청돼 '민중적 영화'에 대한 강의를 하기도 했다. 이효인에 따르면 당시 장선우는 백기완의 '민중문화론'에 깊이 동화돼 있었다고 한다. 장선우는 1980년대 중반부터 민중영화의 의미를 강조하고 있었다. 그의 글은 대학영화 세미나 등에서 활용되기도 했다. 1985년 『실천문학』 봄호에 기고한 글 「민중영화의 모색」에서 민중영화의 의미를 이렇게 설명했다.

상업영화는 이미 그 체질상 스스로 변화할 수 없는 것이니 작은영화로 탈출구를 모색해야 한다는 주장도 나오고 있으며, 제작 주체를 민중 속으로 이동시켜야 한다는 주장도 일어나고 있다. 하여간에 중요한 것은 타협적이고 수구적인 제반 태도에서부터 근본적이고 공격적인 시각에 이르기까지 그 변화의 요구는 전면적이고 한편 근본적으로 대두되고 있다는 사실이다.

민중영화란 바로 이러한 전면적인 요구와 근본적인 각성을 추구하는 여러 가지 경향을 아우르는 포괄적이고 역사적인 개념으로 등장하고 있다고 해야 할 것이다. 포괄적이란 말은 민중영화라는 틀이 기존 상업영화가 지니는 가능성에서부터 이에 맞서는 작은영화들에 이르기까지 다 끌어안고도 남을 만한 그릇이라는 뜻이며, 역사적이란 민중시대에 제반 민중예술 분야의 축적된 운동량이나 그 논리와 무관할 수 없다는 뜻이 된다. 따라서 민중영화는 민주주체의 예술운동이라는 시대적 활동과 연관되는 말이면서 동시에 영화의 매체 특성을 반영하는 독자적인 자기 운동 논리를 띨 수밖에 없다. …(중략)…

우리 영화는 그동안 특권과 지배, 물신 숭배와 외국 숭배, 베스트셀러 숭배, 소재 숭배, 향토주의 숭배, 인기 숭배, 과대망상 등으로 멍들어왔다. 민중의 눈으로 볼 때 그렇게 멍든 영화는 차라리 민중을 죽이는 죽음의 그림자이며 고문일 수도 있었다.

민중영화란 민중주체의 예술운동으로서 민중은 누구이며 민중은 무엇인가 그리고 삶의 편에 서 있는가 아니면 삶을 압살하는 자들의 편에 서있는가를 끊임없이 질문하면서 민중의 분열, 대립, 적대감, 환락, 부패를 책동하는 것이 아니라 궁극적으로 자기 회복을 위한 저항, 각성 통일, 신명을 촉성하는 영화를 말한다. …(중략)… 또한 민중영화란 우리의 영화 현실의 모순과 비리에 대한 비판적인 대안으로 나온 개념인 동시에 이 땅에서 진행되는 다른 예술매체의 운동적

영화, 변혁운동이 되다

성과를 반영한 말이기도 하다.

문화운동의 중심에 섰던 이들은 1984년 민중문화운동협의회(민문협)를 만들게 되는데, 여기서 비중 있는 인물이 또 한 사람 나타난다. 서울대 마당극패에서 활동했던 장선우의 후배 유인택(전 예술의전당 사장)이었다. 그는 1985년 민문협 사무국장을 맡게 된다. 장선우에 이은 유인택의 등장은 70년대 문화운동 출신들이 80~90년대 영화운동을 뒷받침하는 역할을 했다는 점에서 의미가 있다. 문화운동에서 터를 닦은 유인택은 1990년대 영화운동에서도 눈에 띄는 역할을 하게 된다.

유인택은 1983년 대학 졸업 후 제약회사에 들어가 평범한 직장인으로 생활을 택했다. 하지만 재학 시절 학생운동으로 문화운동에 열중하던 유인택으로서는 당시 어두운 시대의 상황에 안주하는 게 체질에 맞지 않았다. 어렵고 힘들더라도 온몸으로 부딪혀보겠다고 작정한 것이었다. 그래서 전업 활동가를 선언하고 퇴사한다. 1984년 극단 연우무대의 사무국장을 맡아 다시 문화운동의 일선에 서게 된다. 그리고 이듬해 민문협의 살림을 책임지게 된다.

유인택에 따르면 군사독재의 감시와 탄압을 받던 민중문화운동협의회 산하에는 영화분과위원회가 있었다. 구성원은 서울영화집단의 홍기선(감독), 서강영화공동체의 산파역인 김동원(감독) 등 다수의 의식 있는 영화인들이었다. 유인택은 "어느 날 홍기선이 농촌영화 〈파랑새〉를 제작하는 데 돈이 모자란다고 해서, 민문협에 30만 원 지원을 요청해 지원한 적이 있다"고 회상했다.

유인택은 이후 1988년 민족예술 전용극장인 예술극장 한마당을

민중문화운동협회의
사무국장 시절
불법연행 미술인
석방을 요구하며
농성을 벌이고 있는
유인택 대표(오른쪽
아래)_유인택 제공

운영하면서 장산곶매의 〈오! 꿈의 나라〉 상영을 돕다가 탄압을 받게
된다. 하지만 꿋꿋하게 버티면서, 1980년대 말에서 1990년대 초로
이어지는 영화운동의 든든한 조력자와 후원자로서의 역할을 맡게 된
다. 그의 활약은 1990년대 이후 더욱 돋보이게 된다.

　1980년대 영화운동이 1970년대부터 이어져온 문화운동의 지류 역
할을 했다면, 장선우와 유인택은 문화운동의 선배로서 영화운동을
도왔고, 이후에는 아예 영화운동에 전면에서 주도적으로 나서게 됐
다는 특징이 있다.

영화, 변혁운동이 되다

1987년 영화인 시국선언

충무로에 자리 잡는 젊은 영화인들이 하나둘 늘어나기 시작하던 1987년, 한국영화 사상 초유의 일이 벌어진다. 1987년 4월 13일 발표된 전두환의 호헌 조치를 비판하며 영화인들이 시국선언을 한 것이었다.

그때까지 유례가 없던 일인 데다 1980년대 영화계가 처음으로 단체행동을 했다는 점에서 이는 역사적 사건이었다. 해방 이후 정권의 검열과 온갖 제약 속에 눈치를 볼 수밖에 없었던 영화인들이 정치적인 사안에 대해 집단 성명을 낸다는 것 자체가 아주 특별한 일이었다.

시국선언의 시작은 정지영 감독이었다. 여기에 정일성 촬영감독과 함께 1980년 이후 데뷔한 감독들과 1985년 이후 연출부 등으로 충무로에 들어오기 시작한 젊은 영화인들이 참여했다. 1970년대부터 독일문화원과 프랑스문화원을 드나들었던 초기 문화원 세대 선배인 정지영 감독이 나서자 후배들이 동참한 모양새였다.

정지영 감독에 따르면 발단은 술자리였다. 성명서 발표 이틀 전쯤 충무로의 한 술자리에 모인 영화인들에게 "우리도 가만히 있지 말고 나서자"는 말을 꺼내자 전부 동의한 것이다. 곧바로 실행에 옮겨졌고 시국선언은 일사천리로 진행됐다.

당시는 전두환의 장기집권 음모를 반대하는 사회단체들의 성명과 이를 찬성하는 관변단체들의 성명 발표가 이어지고 있던 때였다. 대통령 직선제를 요구했던 국민의 요구와는 달리 기존의 간선제로 선거를 치르겠다는 것은 군사독재를 연장하겠다는 것과 다름 없었다. 이에 반발하는 분노의 목소리들이 퍼져 나갔다.

실무를 담당했던 안동규(제작자)에 따르면 당시 충무로 한국의집 뒤편에 있던 한 단체의 사무실을 하루 빌려 전화를 돌렸고, 참여 인원 100명을 넘기는 게 목표였다. 안동규는 "문화예술 단체들의 호헌반대 성명이 잇따르던 때였고, 만화가들도 참여하는 상태에서 영화인들이 뒤처지는 게 부끄러운 마음이 들기도 해 나서게 된 것이었다"고 설명했다.

안동규는 밤새 전화를 걸어 젊은 영화인들에게 동의를 받아낸다. 주로 연락한 대상은 충무로 주류 영화계에 들어와 있던 문화원 세대와 대학 영화운동 출신들이었다. 충무로에 자리를 잡기 시작했던 이들은 성명을 낼 거라는 이야기에 대부분 동참 의사를 전했다.

안동규는 "젊은 사람들은 동의한다고 해도, 나이 드신 분들은 참여하는 게 생계가 걸린 문제고 위협적인 일이었다"며 "그럼에도 불구하고 참여해줘서 감사했고, 정지영 감독과 가까웠던 감독들이 다수 동참했다"고 말했다.

4 · 13 호헌 반대 성명은 1979년 서울대 영화동아리 얄라셩으로 출발한 한국 영화운동에서 영화계 현안이 아닌 정치적인 문제에 대한 영화인들의 첫 집단행동으로 서로 연대를 형성했다는 점에서 중요한 의미를 지닌다. 지금이야 영화단체들의 성명이나 입장 표명이 일상화됐으나, 당시 사회 분위기에서 이례적일 수밖에 없는 행동이었다. 6월 항쟁으로 표출된 한국 사회 민주화 투쟁에 영화계 역시 동참을 결의했다는 점에서 역사적인 의의가 있었다.

'현 시국에 대한 우리의 입장'이란 영화인들의 성명은 다소 부드럽고 완곡하게 썼지만, 호헌을 반대한다는 분명하고도 단호한 입장을 담았다.

> 전 국민의 지지와 열기 속에서 진행되어온 민주제 개헌 논의를 지대한 관심을 가지고 지켜보았던 우리는 최근의 정부, 여당의 4 · 13 조치에 깊은 우려와 실망을 금할 수 없다.
>
> 우리는 호헌론을 주장한 정부, 여당의 일방적인 4 · 13 조치가 바로 전국민적인 민주 개헌 논의를 원점으로 되돌림과 아울러 진정한 국민적 합의에 기초한 민주헌법을 제정할 의사가 전혀 없음을 표명한 것에 다를 바 없음을 확신한다. 현재 우리 사회의 민주화를 저해하는 모든 비민주적 요소들을 타개하기 위해서는 우선 삼권분립의 확립, 언론의 자유, 학문과 예술의 자유 보장이 선행되어야 한다. 따라서 헌법은 이러한 제도적 장치를 담아야 하며 이를 위한 개헌 논의는 전국민적 합의를 바탕으로 진행되고 반드시 성사되어야 한다고 본다.
>
> 이에 우리 영화인들은 더 이상의 방관 혹은 침묵이 민족의 당면과제인 민주화의 실현에 도움이 될 수 없다고 판단하여 진정한 애국의 심정으로 다음과 같이 주장한다.

1. 정부 여당은 일방적인 4 · 13 조치를 즉각 철화하고 개헌 논의에 성실한 자세로 임해야 한다.

2. 개헌논의를 여야간의 협상이 아닌 전국민적인 기반위에서 국민 개개인의 행복과 발전을 위한 민족적 차원에서 진행되어야 한다.

3. 한국영화의 발전을 위해서라도 민주헌법을 위한 개헌은 반드시 이뤄어져야 한다.

1987년 5월 11일
영화인 일동

성명에 참여한 영화인들은 모두 97명이었다.

곽지균, 김유진, 김행수 김현명, 남기남, 박광수, 박철수, 송경식, 신승수, 원정수, 이미례, 장길수, 장선우, 장영일, 정지영, 정희철, 조금환, 조문진, 주영중, 차성호, 차현재, 홍파, 김성수(이상 감독) 송길한, 유시몬, 임승수, 장춘태, 한대희(이상 시나리오 작가) 김명곤, 조선묵(이상 배우) 강근식, 강인구, 신병하, 오동식, 장옥조, 정성조(이상 영화음악 작곡가) 강제규, 곽재용, 권영락, 견지섭, 김한진, 김강숙, 김경식, 김동원, 김봉은, 김상범, 김윤태, 김의석, 김재수, 김진용, 낭희섭, 문명희, 박기용, 박태장, 박현덕, 박현철, 배경민, 서명수, 서재경, 송관선, 신동창, 신영희, 심승보, 안동규, 양승규, 양윤모, 유영재, 이건호, 이권근, 이도희, 이영재, 이정국, 이정하, 이하영, 이효인, 임경중, 임종재, 전경수, 전양준, 정지섭, 정병각, 정수문, 정홍순, 조경오, 조성구, 주성욱, 최사규, 황인용, 허근회, 현봉기, 홍기선, 김경식(이상 조감독) 박성덕, 서정민, 정일성, 최찬규(이상 촬영기사) 김 현(편집기사) 등이 동참했다.

영화, 변혁운동이 되다

성명이 발표되자 참여자들에 대한 정권 차원의 압박이 가해지기 시작했다. 안동규는 "중부경찰서와 남산의 국가안전기획부(현 국가정보원)가 충무로 영화사들과 가까이 있다 보니 정보기관의 감시가 만만치 않았던 때였다"며 "성명에 참여한 일부는 '중부경찰서에서 전화를 받았다'고 철회를 요청하는 분들도 있었다"고 말했다. 그만큼 압박이 심하게 들어오면서 박철수(감독), 이미례(감독), 정회철(감독) 등 세 명이 철회 의사를 밝혔고, 당시 언론에 보도되기도 했다.

또한 당시 영화인협회 이사장이었던 정진우 감독은 회원 중 명단에 포함된 37명을 개별적으로 불러 앞으로는 영화에만 전념하겠다는 내용의 각서를 협회에 제출하게 한다. 영화인협회는 이를 바탕으로 영화사들에 서명 영화인의 활동과 관련 협조 공문을 보내기도 했다.

공문 내용은 "시국선언을 발표해 영화계에 물의를 야기시킨 데 대해 당사자들의 잘못을 충분히 반성, 각성했으므로 앞으로는 다시 이러한 일이 재발하지 않을 것"이라며, "이들이 종전과 다름없이 한국 영화 발전을 위해 일할 수 있도록 배려해달라"고 요청하는 것이었다.

그러나 뒤늦게 이 사실이 공개되면서 일부 서명 영화인들은 반발했다. 이들은 "정진우 이사장 권유로 '영화에만 전념하겠으며 서명 작업을 확산시키지 않겠다'는 내용의 각서를 제출한 적은 있으나 서명 행위 자체를 잘못으로 인정하고 반성하는 내용은 없었다"고 반박했다.

이 무렵 정지영 감독은 〈위기의 여자〉 개봉을 준비 중이었는데, 심의가 보류돼 영화 관계자들은 이를 시국선언과 관련된 것으로 보기도 했다.

정진우 감독은 "정보기관의 압박이 심했다"며 "아예 영화를 못 하게 하겠다는데, 이사장으로 내가 가만히 방관하고 있을 상황이 아니었다"고 말했다. 이어 "〈위기의 여자〉 심의 보류도 시국선언에 대한 압박 차원이었다"고 증언했다.

전양준(전 부산영화제 집행위원장)은 1990년 7월 1일『한겨레신문』에 기고한 글에서 '1987년 5월 11일의 영화인 시국성명은 정지영 감독의 헌신적 노력의 결실로 이는 뒷날 UIP 직배 저지 및 영화진흥법 쟁취투쟁에서 보여준 영화인의 단결을 확인한 중요한 사건이었다'고 평가했다.

6월 항쟁을 앞두고 나온 영화인 시국성명은 검열과 제약에 순응했던 충무로 주류 한국영화가 본격적인 반독재 민주화 투쟁에 동참하는 데 물꼬를 튼 것이었다. 1987년 12월 대통령 선거를 앞두고 일부 영화인들은 애국영화인 일동 명의로 군부독재의 완전한 타도, 노태우 후보는 한국영화 탄압을 책임지고 즉각 사퇴, 영화 검열 철폐를 주장하는 성명을 발표하기도 했다.

1991년에도 영화인 시국성명이 이어졌다. 당시 노태우 정권의 공안정국에 반대하는 시위 과정에서 강경대 열사가 경찰의 폭력으로 숨졌을 때, 정지영, 박철수, 문성근, 이용관 등 영화인 129명이 성명을 내고 정권의 강압적이고 물리력에 의한 통치 중단. 수감 중인 민주인사 석방 등 민주개혁 조치를 요구하기도 했다.

1987년 영화인 시국성명은 영화운동에 몸담았던 청년들이 한국영화의 중심으로 자리하는 과정에서, 새로운 세대가 충무로 주류 영화에 진입했음을 알리는 신호탄과도 같았다. 바야흐로 영화운동이 충무로라는 토양에 새로운 싹을 틔우기 시작한 것이었다. 보수적인 충무로의 분위기가 바뀌기 시작했음을 알려준 징표였다.

5월 광주 영화의 수난

　1980년대 새로운 영화를 추구하던 흐름이 영화운동이란 이름으로 규정된 것은 5월 광주항쟁 때문이었다. 전두환 군사정권이 광주에서 자행한 학살은 영화에 방점을 찍었던 '영화'운동을, 영화를 매개로 운동에 중심을 둔 영화'운동'으로 변화시켰다.

　영화는 단순히 보고 즐기는 오락물을 넘어, 새로운 표현 방식으로 세상을 바꾸고자 하는 사회변혁의 의식을 담기 시작했다. 그 바탕이 5월 광주였다. 군사독재에 맞서다 쓰러져간 사람들에 대한 빚을 영화를 통해 갚고자 하는 것이었다.

김태영 감독 〈칸트씨의 발표회〉

5월 광주 영화가 한국 영화운동에서 본격적으로 시도된 것은 1987년 6월 항쟁 이후였다. 첫 출발은 김태영(감독, 인디컴 대표)의 〈칸트씨의 발표회〉였다. 특별한 점은 김태영은 초기 영화운동과는 연관성이 없다는 사실이다. 독일·프랑스문화원–얄라셩–서울영화집단–대학 영화서클 등으로 이어지던 흐름에서 김태영은 벗어나 있었다. 평범한 청년 영화인이 자생적으로 사회문제에 대한 의식을 갖게 돼 영화를 만든 다소 특별한 경우였다.

1980년, 김태영은 음악에 빠져 꽤 이름난 DJ로 명성을 날리고 있었다. 당시 명동 코스모스백화점 앞에 있던 도심다방과 숙명여대 앞에 있던 라이프다방 등이 주무대였다. 정치사회적 문제에 대해서는 별 관심이 없었다.

하지만 1980년 5월의 대규모 시위는 그의 의식이 바뀌는 계기를 마련한다. 5월 16일 버스를 타고 서울역 앞으로 나갔다가 서울지역 대학생들의 시위현장을 목격하게 된 것이다. 서울역에 집결했던 대학생 시위대는 격렬한 시위를 벌인 뒤 이른바 '서울역 회군'을 결정하고, 이는 다음 날 5·17 비상계엄 조치를 단행한 전두환 군사정권에 반격의 빌미를 준다.

1980년 5월 30일 종로 5가 기독교회관에서 광주 학살의 진상 규명을 요구하는 유인물 「동포에게 드리는 글」을 인쇄하던 과정에서 계엄군을 피하다 떨어져 사망한 서강대 학생 김의기 열사 사건은 김태영을 자극했다.

5월 시위 중 숙명여대 학생들이 경찰의 봉쇄에 학교를 담 넘어 들

영화, 변혁운동이 되다

단편영화 〈칸트씨의 발표회〉
_김태영 제공

어가는 상황에서 학생들이 담을 넘도록 받쳐주는 역할을 했던 김태영은 이때부터 한국 사회에 문제가 있다는 것을 깨닫게 됐다. 1981년 서울예대 방송연예과에 입학했고, 졸업 후에는 다시 영화과에 들어가 공부를 이어가면서 "당시 광화문 논장 등 사회과학 서점을 찾아 금서로 지정된 책들을 구해 읽고 사회문제에 눈을 뜨게 됐다"고 말했다.

단편영화 〈칸트씨의 발표회〉는 5·18 광주항쟁을 소재로 한 첫 작품이었다. 1987년 7월 제작돼 10월에 완성됐다. 광주항쟁에 참여해 행방불명으로 처리된 어느 젊은이의 의문사를 그려내면서, 시대의 왜곡과 자유와 민주주의의 중요함을 표현하는 영화다. 35분 분량으로 조선묵, 서갑숙 배우 등이 출연했다.

영화는 도시의 인물들을 찍던 사진작가가 우연히 칸트 씨라는 인물을 발견하고 그의 행동에 호기심을 느껴 촬영하면서 이야기가 전개된다. 렌즈 속 칸트 씨에게 묘한 애정을 느끼게 된 사진작가는 칸트 씨의 모습을 인화해 같은 장소에서 칸트 씨를 기다리지만 만나지 못한다. 대신 칸트를 잘 알고 있는 전경에게 아침 일찍 칸트가 잡혀간 상황과 그가 광주항쟁 때의 행방불명자였다는 소식을 전해 듣고 괴롭게 돌아선다. 몇 주가 지난 뒤 TV를 시청하다 사진작가의 발표회를 소개하는 뉴스 뒤로 저수지에서 비닐에 싸인 어느 젊은이의 시체가 떠올랐다는 뉴스를 보게 된다.

〈칸트씨의 발표회〉는 1985년 김태영이 제작한 〈관찰노트〉(최민수 출연, 16mm, 22분)를 모태로 만들어졌다. 이 영화를 분실하면서 2년 만에 〈칸트씨의 발표회〉라는 제목으로 다시 제작하게 된 것이다. 개작 과정에서 광주항쟁의 상황을 다룬 황석영의『죽음을 넘어 시대의 어둠을 넘어』의 내용과 1987년 6월 항쟁의 도화선이 된 박종철 열사 고문 치사 사건을 접목했다.

김태영은 연출 의도에 대해 "자유와 민주주의를 부르짖다 죽어간 이 땅의 젊은이들에게 바치고자 했던 것이다"라며 "30년 가까이 이어지는 군사독재에 국민은 노예가 됐고, 민주열사들은 감옥에 들어가 있거나, 일부는 죽어가는 현실이 연습이 아닌 실제 상황임을 강조하기 위해 만들었다"고 말했다. 이어 "무서운 겨울공화국에 살아가는 동시대의 젊은이들이 국민의 한 사람으로서 오직 한가닥 타는 목마름으로 만든 작품"이라고 강조했다.

〈칸트씨의 발표회〉는 1988년 38회 베를린국제영화제 영포럼 부문에 공식 초청되고, 이탈리아 토리노영화제 본선에 진출했다. 이후 하와이국제영화제와 싱가포르국제영화제에도 초청받는다.

카이두클럽을 만들었던 한옥희(영화평론가)가 이 무렵 독일에서 유학 중이었다. 한옥희는 베를린영화제에서 〈칸트씨의 발표회〉를 관람한 후 월간『객석』에 보낸 글에서 "적은 수의 관객이었지만 상영 후 뜨거운 공감의 박수를 받았고, 솔직하고 진지한 토론이 진행됐다"고 전했다. 그는 당시 베를린국제영화제 분위기에 대해 "관객과 평론가들의 뜨거운 열기는 지금도 생생하게 느껴질 정도"라며, "토론회가 끝나고 김태영 감독과 토니 레인즈 평론가의 첫 만남 자리를 우연히 주선했다"고 회상했다.

이때 베를린영화제에 초청된 한국 단편영화들은 〈칸트씨의 발표회〉 외에 〈그날이 오면〉(연출 장동홍, 서울예전 영화과), 〈강아지 죽는다〉(박광우 연출, 동국대 연극영화과), 〈공장의 불빛〉(이은 연출, 중앙대 연극영화과), 〈버려진 우산〉(조진 연출, 서울예전 영화과), 〈백일몽〉(이정국 연출, 중앙대 연극영화과), 〈울타리를 넘어서〉(정성진 연출, 서울예전 영화과) 등 모두 일곱 편이었다.

한옥희에 따르면 당시 베를린영화제에서는 한국 흥행 영화의 기수라고 할 수 있는 이장호 감독의 〈바보선언〉과 〈나그네는 길에서도 쉬지 않는다〉, 학생운동의 일부로 만들어진 정치적 참여성을 띤 단편영화들이 평행으로 선보였다. 충무로 주류 영화뿐만 아닌 영화운동의 과정에서 작은영화라는 이름으로 만들어진 여러 단편영화가 유럽의 국제영화제에 처음으로 소개된 시간이었다.

필름이 베를린으로 가기까지

대학생들이 만든 단편영화가 베를린영화제에 출품됐다는 것은 그 의미가 크다. 영화운동이 이뤄냈던 작지 않은 성과이기도 했다. 사회 문제를 다룬 단편영화가 베를린영화제에 상영되기까지의 과정은 특별했다.

출발은 1987년 9월이었다. 서강영화공동체를 만들었고 당시 서강대 커뮤니케이션센터 조교를 맡고 있던 김용태(〈미지왕〉 감독, 작고)는 영화제 포럼 부문에 초청할 한국영화를 찾고 있던 베를린국제영화제 코디네이터 담당 임혜경 씨를 낭희섭(독립영화협의회 대표)에게 소개한다. 낭희섭은 "영화진흥공사(현 영화진흥위원회)와 한국영화아카데미가 있었음에도 불구하고 내게 의뢰가 왔던 이유는 1988 서울올림픽을 맞이하여 한국 사회의 민주화를 배경으로 한 사회비판적 성격의 영화들을 초청하려는 것과 함께 1985년 이후 전국 대학 및 진보적 사회운동 단체에 단편영화를 보급하는 실무 역할을 담당하고 있었기 때문이었다"고 말했다.

낭희섭은 당시 대학의 영화 전공 학생 작품들을 중심으로 30여 편의 16mm 필름 라이브러리를 갖고 있었다. 전두환 군사독재 치하의 한국 사회 문제점과 모순을 베를린국제영화제를 통해 보여줄 수 있다는 것에 동의한 낭희섭은 임혜경과 함께 단둘이 선정 작업을 진행한다.

보안상 아무도 모르게 작업을 해야 했기 때문에 서대문 치안본부(현 경찰청) 옆의 허름한 5층 건물 옥탑방에 있는 영화마당 우리 사무실에서 시사와 협의를 통해 6편의 작품을 선정했다. 한양대 영화서클 소나기의 〈인재를 위하여〉도 후보로 거론됐지만, 8mm 복제가 어려워 유보됐다.

베를린국제영화제 측은 항공료와 숙소를 제공하는 조건으로 한 명을 공식 초청한다. 연출자들이 갈 수 있었으나, 한 명만 초청되었다 보니 그 누구도 먼저 나서지 않았다. 결국 배급과 선정을 진행한 낭희섭이 추천됐다. 하지만 낭희섭은 당시 배급 일을 중단하고 새로운 진로를 모색하고 있었다. 그래서 후임자로 자처한 김윤태에게 귀국

후 배급일을 담당하는 조건으로 초청 자격을 양도한다.

　김윤태는 이 과정에서 자신이 출연한 〈칸트씨의 발표회〉 한 편을 더 임혜경에게 보여주게 된다. 1980년 5월 광주를 소환한 단편이었기 때문에 추가로 초청됐다. 이때 김태영은 다른 편의 제공 없이 초청만 받는 조건으로 자비를 들여 베를린국제영화제에 참여하게 된다. 공식 초청을 받은 것은 김윤태였지만 출품된 단편영화의 감독 중 유일하게 김태영이 참가하면서 〈칸트씨의 발표회〉가 주목받게 된 것이다.

　낭희섭은 "당시 〈칸트씨의 발표회〉는 김윤태 씨의 독단적인 행동으로 베를린영화제에 가게 된 것이었다"며 "이런 조건으로 갈 수 있다는 것을 알게 된 나머지 여섯 명의 감독으로부터 김태영 감독에게 특혜를 준 것처럼 오해를 받기도 했다"고 말했다.

　최종 출품까지의 과정도 긴장의 연속이었다. 영화마당 우리는 1987년 12월 1일~15일까지 대학로 연우무대 소극장에서 베를린영화제에 추천된 작품을 중심으로 한 '열린영화를 위하여 — 작은영화제'를 개최한다. 또 이듬해인 1988년 1월 18~19일 이틀간 독일문화원과 함께 베를린영화제 포럼에 초청받은 단편들과 〈인재를 위하여〉를 추가해 상영회를 준비했다.

　『동아일보』는 1988년 1월 19일자 기사에서 "8mm와 16mm 필름으로 10~20분 분량으로 제작된 작은영화들이 소극장을 중심으로 자리를 잡아가고 있다"며 독일문화원에서 열린 작은영화제와 상영작들을 소개했다. 기사에 영화평론가로 등장한 홍기선(감독)은 이들 영화에 대해 "기성 영화의 폭력, 섹스 등 상업적 속성을 배제하고 우리의 절실한 문제들에 대해 진지하게 접근하는 것이 작은영화의 두드러진 특징"이라며. "기술적인 보완을 하면 전망이 밝다"고 평가했다.

그러나 작은영화제는 일정을 마치지 못하고 중단된다. 낭희섭은 "검열 없이 공개적으로 개최하려고 했는데 치외법권 지역인데도 독일대사관으로 압력이 들어왔던 것 같고, 결국 독일문화원에서 '상영을 할 수 없다'며 양해를 구하면서 작은영화제가 중단됐다"고 말했다. 이어 "공개적으로 문제를 제기하고 항의할 생각이었다가 접었다"며 "베를린영화제를 앞두고 출국에 문제가 발생할 수도 있을 것 같았고, 독일문화원의 도움으로 우리 정부 모르게 베를린영화제에 출품되는 7편의 영화들이 외교행낭으로 보내질 수 있어서 조용히 철수하게 됐다"고 회상했다.

광주를 다룬 첫 장편 독립영화, 〈오! 꿈의 나라〉

1987년 '열린영화를 위하여 − 작은영화제'에 상영되고 1988년 베를린국제영화제에 초청된 영화들은 안팎의 주목을 받게 된다. 자연스럽게 제작에 참여한 영화인들 사이의 교류도 늘어났다. 〈인재를 위하여〉를 연출했던 한양대 소나기의 장윤현(감독)에 따르면 1987년 당시의 사회적인 분위기에서 의식 있는 작품들이 잇따라 나왔고, 영화계에서도 관심이 높아지면서 작품을 낸 사람들의 모임이 만들어졌다. 서로 만날 기회가 자주 생기면서 이를 기회로 장편영화에 대한 이야기가 오고 가기 시작한 것이다.

〈공장의 불빛〉을 연출했던 이은(제작자, 명필름 공동대표)은 "1988년 6월쯤 성균관대학교에서 베를린영화제에 출품됐던 영화들의 상영회가 있었는데, 여기서 '서로 몇십만 원씩 내고 15분~20분 분량 만들

영화, 변혁운동이 되다

〈오! 꿈의 나라〉 촬영 현장에서 이은, 장윤현, 오지혜 배우 ⓒ 장산곶매

던 단편영화를 모으면 장편영화를 만들 수 있지 않겠느냐는 이야기
가 오갔다"고 말했다. 이러한 논의에는 홍기선, 이효인, 오정옥(촬영
감독), 공수창(감독) 등이 함께했다. 1986년 11월 〈파랑새 사건〉으로
구속됐던 홍기선과 이효인은 1987년 3월 선고유예로 풀려난 이후 이
정하, 변재란 등과 함께 서울영상집단을 탈퇴하는 형식으로 벗어나
있던 상태였다.

변재란(영화평론가, 순천향대 교수)은 "1987년 9월 영화를 공부하기
위해 중앙대 대학원에 입학했다"며 "학부생이었던 이은이 홍기선 감
독을 소개해달라고 해서 연결시켰던 기억이 난다"고 말했다. 이은은
"자세하지는 않지만 당시 중앙대 앞 카페에서 권인숙 성고문 사건과
관련된 영화를 만들어 상영하는 과정에서 영화운동을 했던 선배들을
초대했는데, 그때 변재란과 인사하게 된 것 같다"고 기억했다.

민중영화를 추구했던 홍기선과 대학에서 영화를 만들었던 청년 영
화인들과의 장편 논의는 중앙대 연극영화과, 한양대 소나기, 서울예

술대 영화과 등이 주축을 이룬 가운데 진행됐다. 여기서 만들어진 작품이 장편 독립영화로 처음 5월 광주를 다룬 〈오! 꿈의 나라〉였다.

서울독립영화제가 2019년 독립영화 아카이브 구술사 프로젝트로 펴낸 책 『다시 만난 독립영화』에는 당시 〈오! 꿈의 나라〉를 만들었던 장산곶매 초기 회원들의 인터뷰 기록이 나와 있다. 이 책에서 장동홍 (감독)은 장산곶매에 대해 "개별적인 팀이다 보니 구심점이 있어야 했다. 그 역할을 했던 사람이 홍기선이었다"며 "특유의 성정과 리더십으로 후배들을 모았고, 공수창과 함께 〈오! 꿈의 나라〉 시나리오를 쓰게 됐다"고 말했다. 이은은 "이효인 선배가 모임을 같이 하다가 민족영화연구소를 만들면서 빠졌고, 홍기선이 맏형 역할을 했다"면서, "공수창은 시나리오, 나와 장윤현·장동홍은 감독으로 공동 연출을 맡게 된 것"이라고 밝혔다.

노동자와 광주 배경을 놓고 논의를 하다가 광주 영화로 결정을 하게 된 이유는 노동자 이야기는 계속할 수 있지만 광주 이야기는 너무 늦었다는 말이 나오면서였다. 이은은 "누가 그 말을 했는지는 모르겠으나 그렇게 논의가 모여서 광주에 대한 이야기를 하기로 된 것"이라고 말했다.

〈오! 꿈의 나라〉는 광주 학살과 배후에 있던 미국을 비판하는 영화다. 광주에서 시민군으로 활동하다 진압 작전 직전 빠져나온 종수는 동두천에서 미군 PX 물건을 거래하고 있는 고향 선배 태호를 찾아가 그의 집에 은신한다. 그 과정에서 광주에서의 기억을 떠올리며 광주에서 벌어진 참혹한 일에 대해 이야기하고, 기지촌 여성들과 미군 부대 주변에 사는 사람들의 모습을 통해 미국의 실체를 되짚어 본다.

홍정욱, 박충선, 오지혜가 주연을 맡았고, 김동원(감독), 김영진(영

영화, 변혁운동이 되다

화평론가, 명지대 교수), 이덕신(감독) 등이 단역으로 출연했다. 공동 연출을 맡았던 이은도 미국을 비판하는 시민군 역할로 등장하고 장윤현도 마찬가지로 시민군 역할을 맡았다. 홍기선 역시 공수부대에게 얻어맞는 광주시민으로 분장해 출연한다.

주요 배우들은 이은의 중앙대 후배들과 장동홍의 서울예대 후배들이었다. 도청과 시위대 진압 장면 등은 중앙대와 흑석동 인근에서 촬영됐다. 전남대에서 학생들이 계엄군에게 두들겨 맞는 장면을 촬영한 외국어대 정문과 기지촌이 있던 동두천이 주요 촬영 장소였다. 영화에 미국 이야기가 들어간 것은 당시 학생운동을 주도하던 노선인 NL(민족해방)의 영향이 작용했다.

〈오! 꿈의 나라〉, 광주와 서울의 온도차

6월부터 제작에 들어간 영화는 12월 말에 완성된다. 첫 상영은 광주에서 진행됐다. 홍기선(감독)과 장윤현(감독)이 영사기를 들고 내려가 광주 민예총에서 상영한 것이다. 하지만 반응은 좋지 않았다.

장윤현은 "상영 전에는 '아무도 하지 않는 영화를 만들어줘서 고맙다'는 이야기를 하셨던 분들이 상영관에 불이 켜졌는데도 어떤 반응도 없이 아무도 일어나지 않았다"며 "한 사람이 의자를 탁 차고 일어서면서 "이게 무슨 광주 영화야!" 하면서, "나가자 다른 관객들도 다들 웅성웅성하면서 뒤따라 나갔다"고 밝혔다. 그는 이때 "큰 충격을 받았다"면서 "누군가의 고통을 소재로 삼는다면 그 사람들 입장에서 이야기해야겠다는 생각을 했다"고 말했다.

그렇지만 서울에서의 반응은 달랐다. 유인택(예술의전당 대표)이 운영하고 있던 신촌의 예술극장 한마당에서 1989년 1월 14일부터 상영되었는데, 70석 좌석에 200~300명이 몰려들어 관람할 정도였다.

이 과정에서 장산곶매라는 이름도 생겨난다. 이은은 "유인택에게 영화를 상영하고 싶다고 했더니 이름이 필요하다고 했다"며 "여러 이름이 후보에 올랐고 투표 끝에 홍기선 감독이 낸 '장산곶매'로 결정됐다"고 말했다. 유인택은 "당시 이은 등 후배들이 찾아와 영화를 상영할 곳을 찾는다고 해서 연극이 없는 낮 시간대를 배려한 것"이라고 회상했다.

배급은 영화마당 우리의 낭희섭이 맡았다. 낭희섭은 1987년 베를린영화제 포럼 부문 작품 선정 이후 배급에서 손을 떼려 했으나, 대신 보냈던 김윤태가 연락도 없이 독일에 1년 정도 체류하는 바람에 출품한 단편영화 감독들에게 결과를 보고할 수 없어 난처한 상황이었다. 어쩔 수 없이 독립영화 배급을 계속하고 있었다. 1985년 작은 영화워크숍 이후 대학 영화과에서 영화들을 수급해 대학 영화서클 등에 배급하는 일을 담당하던 중이기도 했다.

이은은 "낭희섭이 제작비도 일부 조달하면서 제작자로 이름을 올렸다"며 "예술극장 한마당 외에 대학가에서도 상영했는데, 낭희섭이 배급은 자신이 책임지겠다고 하면서 로드쇼 방식으로 전국을 돌아다니며 상영했다"고 말했다.

낭희섭은 당시 상황에 대해 〈오! 꿈의 나라〉 기획 당시 홍기선부터 대학생 장윤현까지 10명이 50만 원씩 내서 500만 원으로 프로덕션을 끝냈고, 나머지 후반 작업비가 없어 선배들에게 러쉬필름(Rush film)을 보여주며 얼마라도 빌려달라고 했으나 다들 어려워서인지 아무도 빌려주지 않았다"고 회상했다. 이어 "영화 완성을 앞두고 1988

영화, 변혁운동이 되다

년 10월에는 지방 상영을 확보하기 위해 부산에 내려가, 잘 데가 없어 전양준에게 연락해 당시 경성대 교수였던 이용관(부산영화제 이사장) 숙소에서 하루 묵기도 했다"고 말했다.

그때 그나마 돈을 빌려준 사람은 신철(제작자)이었다. 낭희섭은 "홍기선 감독이 가보라고 해서 제작사 황기성 사단에 갔더니 기획실에 있었던 신철이 아무 질문 없이 10만 원 수표를 건네줬고, 나중에 이자 없이 원금만 반납했다"고 말했다.

안동규(제작자)를 통해 일본인 아오키 겐스케를 소개받아서는 300만 원에 일본 판권을 넘겼다. 여기서 등장하는 일본인 아오키 겐스케는 한국말에 능통한 한국영화 전문가였다. 안동규에 따르면 아오키 겐스케는 일본 피아(PIA)국제영화제 쪽과 친분이 있는 데다 통역, 번역, 프로그램 작성 등을 전담해 일본 측과의 교류에 절대적인 역할을 하고 있었다. 주로 이장호 감독의 작품을 일본에 많이 소개했다. 당시 해외 영화제에서 주류 영화가 아닌 8mm/16mm 영화에 관심을 보일 때였는데, 아오키 겐스게가 피아국제영화제와의 협력을 생각해 판권을 구입한 것이었다.

하지만 〈오! 꿈의 나라〉 필름을 일본으로 가져가려다 제지를 당한다. 안동규는 "당시 공항까지 따라가서 출국장에 들어서는 것까지 보고 왔는데, 이후 아오키 겐스케에게 필름을 빼앗겼다는 전화를 받았다"고 말했다. 국가안전기획부(현 국가정보원) 직원이 필름은 놓고 혼자 나가라고 했다는 것이다. 안동규는 이어 "아오키도 국내 행사에 모습을 드러내니 이미 요주의 인물이 돼 주시를 받고 있었던 것이라며, 필름을 빼앗겼지만 이후 다른 방법을 통해 일본으로 보내졌다"고 덧붙였다.

이렇듯 우여곡절이 많았지만 〈오! 꿈의 나라〉는 전국 대학 신입생 오리엔테이션을 중심으로 대동제 등에서 1000회 이상 상영됐고, 대략 20만 정도의 관객이 든 것으로 추산된다. 예술극장 한마당 상영 때는 지방에서 관객이 올라올 정도였다. 낭희섭은 "810만 원 정도의 제작비로 경인 지역에서 3개월 만에 5천만 원 정도의 수입을 올렸다"며, "지역 단체들에게 판권 100만 원으로 상영권을 넘겨주면서 전국 상영으로 확대돼 상영 기회가 늘어났던 것"이라고 말했다. 1회 상영료가 30만 원이었는데, 낭희섭이 담당했던 경인, 강원, 제주 지역에서는 1일 5개 대학에서 동시 상영한 날도 있었다. 상업영화가 아닌 16mm 영화로서는 만만치 않은 흥행력을 과시한 셈이다.

특히 "부산에서는 영화운동 단체 꽃다림에서 활동한 황의완(부산영화협동조합 대표, 전 부산콘텐츠마켓 집행위원장)을 통해 배급했는데, 구정(설날) 연휴 4일간 경성대에서 입장료 500원 대신 자료집으로 3천만 원의 수입이 나와 깜짝 놀라기도 했다"며 "배급 수입을 정리해 돌려본 후 보안 때문에 바로 소각했는데, 1억이 넘었던 것으로 기억한다"고 덧붙였다.

이은은 "당시 예술극장 한마당 대표였던 유인택이 '이런 게 영화구나!' 하고 충격받아 이후 영화에 뛰어들게 된 것으로 알고 있다"고 말했다. 문성근(배우)이 영화를 하게 된 것도 마찬가지로 〈오 꿈의 나라〉 흥행에 놀랐기 때문이었다. 문성근은 1991년 발간된 『한길영화』 창간호에 쓴 글에서 영화로 전환하게 된 계기를 이렇게 밝혔다.

〈오! 꿈의 나라〉는 충격이었다. 지금은 그때가 몇 년도였는지도 기억에 없지만, 신촌 예술극장 한마당에서 개봉되자마자 쫓아가 보

영화, 변혁운동이 되다

고 극장 밖 복도에서 당시 극장장 유인택과 "우리도 영화 해야 하는 게 아니냐?"고 머리를 맞댔다. 민족극 계열 내에서는 작품의 완성도를 많이 따지는 편에 속하는 나였지만 그때는 그 생각이 떠오르지 않았다. 우리는 열 명 이상이 서너 달 연습해서 매일 땀 흘리며 몸으로 작품을 만드는데, 그들은 단 한 명이 영사기를 돌리고 있었고, 안내 전단에는 촬영 기간 4개월, 제작비 1300만 원이라 써놓고 있었다. 친절하게도 괄호를 열고 닫으며, '인건비 제외'라고 해놨지만, 그건 연극도 마찬가지이니 약 올리는 것 같았다. 그때부터 나는 내가 속한 연우무대 선배 단원들을 만나 설득했다.

"우리, 영화도 합시다. 한국영화라는 게 모두 창작극(연우는 창작극만 공연한다) 아니오? 영사기 하나면 전국 순회 공연이 가능해요."

누가 그 사실을 모를까마는 그렇게 떠들었던 걸 보면 내가 어지간히 충격을 받았던 것 같다. 그러면서 얼렁뚱땅 시간은 흘렀고, 연우에 공연이 없던 89년 중반, TV 미니시리즈에 출연하고, 곧 황규덕 감독이 〈꼴찌에서 일등까지 우리반을 찾습니다〉를, 박광수 감독이 〈그들도 우리처럼〉을 제안해 즐겁게 받았다.

하지만 노태우 정부의 탄압은 피할 수 없었다. 상영 3일째인 1월 16일 문화공보부와 서대문구청은 신고의무와 공연윤리위원회 심의를 안 거쳤다는 이유를 들어 제작자를 고발했다. 유인택 역시 사전검열을 거치지 않은 영화를 상영했다는 이유로 고발당한다.

그러나 여기서도 반전이 일어난다. 유인택은 "경찰이 필름 압수 수색영장을 신청했고, 당연히 영장이 떨어질 줄 알았는데 기각이 되면서 신문에 대서특필됐고, 자동으로 홍보가 돼서 흥행으로 이어진 것"이라고 말했다.

비운의 영화 〈황무지〉

비슷한 시기 〈오! 꿈의 나라〉와 같이 제작된 5월 광주 영화가 있었다. 김태영(감독)의 장편 〈황무지〉였다. 다만 이 영화는 제대로 관객을 만나지 못하면서 비운의 5·18 영화가 됐다.

1987년 11월 제작한 〈칸트씨의 발표회〉가 1988년 베를린국제영화제에 소개돼 주목받은 김태영은 베를린에서 돌아오자마자 장편제작에 들어간다. 〈칸트씨의 발표회〉가 80년 5월 광주항쟁을 겪은 젊은이의 상처받은 영혼을 그렸다면 황무지는 당시에 진압군으로 투입된 공수부대원의 인간성 회복의 몸부림을 그리는 것으로 결정했다.

1988년 7월 일본을 방문할 일이 있던 김태영은 원고지 30매에 줄거리를 일본어로 번역해 1개월 정도 머물며 후원자를 물색했으나 실패한다. 대신 8월 중순 제작 강행을 결정하면서 국내 후원자를 물색하는데, 영화에 종사하고 있는 사람과 의견이 조율돼 5천만 원을 투자받기로 한다. 국내 판권을 투자자가 갖고 해외 판권을 김태영이 갖는 조건이었다.

몇 번의 수정을 거쳐 완성 대본이 9월 말에 나왔으나, 투자자는 공수부대원이 망월동에서 양심선언과 분신을 하는 마지막 장면 수정과 16mm가 아닌 35mm 촬영을 요청했고, 김태영은 이를 거부하면서 투자가 어긋난다. 김태영은 "왜 이 영화가 16mm 장편으로 특히 우리 상황에서 만들어져야 하는가를 거듭 밝혔지만, 투자자를 설득시키지는 못했다"고 말했다.

투자자를 찾는 일이 벽에 부닥치자 주연을 맡은 조선묵 배우의 인

영화, 변혁운동이 되다

영화 〈황무지〉 한 장면. 광주 망월동 묘역에서 사죄하는 공수부대원
_김태영 제공

맥을 통해 정진우 감독의 우진필름과 접촉하게 되고 16mm 장편의 필요성을 이야기하면서 투자 유치에 성공한다. 11월 9일 1400만 원 어음을 받은 직후, 11월 11일 크랭크인했고, 12월 8일 모든 촬영이 끝난다. 28일 중 23일 동안 촬영이 강행된 것이었다.

〈황무지〉는 1980년 5월의 탈영병 김의기에 대한 이야기다. 1980년 5월 기독교회관에서 계엄군을 피하다 떨어져 사망한 김의기 열사의 이름을 주인공 이름으로 사용했다. 부대를 탈영해 6개월째 도망 다니던 중 군산의 기지촌 술집에서 일하게 된 김의기는 술집에서 미군을 상대로 하루하루 살아가는 수많은 이들과 주변의 비참한 삶들을 지켜보며 광주에서 학살한 소녀에 대한 죄책감으로 괴로워한다. 결국 성당 신부에게 자신의 죄를 고백하고는 망월동 묘지에서 분신한다. 조선묵, 김영석, 서갑숙, 방은희, 전무송 배우 등이 출연했다.

『한겨레신문』은 1989년 2월 1일자 기사에서 〈황무지〉를 소개하며 2월 중순쯤 신촌 청파소극장에서 개봉할 예정이고, 공연윤리위원회의 검열을 받지 않고 개봉하겠다는 김태영 감독의 입장을 전했다.

하지만 영화는 상영되지 못했다. 김태영은 "문화공보부의 압력이 우진필름 쪽에 가해져서 광주에서 상영할 때 필름을 탈취해 갔다"며 "1억 원의 제작비 중 자택 보증금도 3천만 원 정도가 투자됐지만, 상영이 막히면서 개인적으로 파산과 함께 알거지가 됐다"고 말했다.

『한겨레신문』은 1989년 5월 12일 기사에서 "문화공보부 예술2과 소속 불법 음반 상설합동단속반원 3명이 서울 혜화동 예술마당 금강에서 비디오테이프로 상영되고 있던 〈황무지〉를 압수했다"며 "16mm 필름 상영은 문제가 없지만, 비디오로 대중 상영을 했기 때문에 관련 법률 위반"이라는 것이 압수 사유였다고 전했다. 그러면서 "이 영화의 원판 필름은 광주 드라마스튜디오에서 상영 도중 우진필름에게 뺏긴 상태"라며 "우진에서 제작비 지원을 받을 때 작성한 계약서에 네거티브 필름의 소유권은 우진에 있다는 조항을 근거로 필름을 탈취했다"고 보도했다. "광주 상영이 시작되던 5월 4일 광주시와 문공부로부터 상영 중단 요청, 우진의 상영 방해는 당국의 영화 탄압과 무관하지 않다"는 김태영 감독의 주장도 전했다.

상영은 표면적으로 문화공보부가 막았으나 실제로는 국군 보안사령부가 개입돼 있었다고 한다. 군사독재 시절 민간인을 사찰했던 보안사가 나서 영화 상영까지 막았던 것이었다.

이 영화에 투자한 우진필름 대표 정진우 감독에 따르면 우진필름에서 제작했던 〈대학별곡〉(1985)에 출연했던 조선묵이 찾아와 사회문제에 대한 16mm 영화를 만들려고 하는데 3천만 원이 필요하다며 투자를 요청했다. 2천만 원 정도를 지원한 후, 어떤 영화인지 확인해보니 5월 광주에 대한 이야기였다. 이를 모른 척 지나갔는데, 어느 날 보안사에서 연락이 왔다는 것이다.

정진우 감독은 당시 상황을 이렇게 기억했다. "〈황무지〉를 보지 못

영화, 변혁운동이 되다

했는데 광주에서인가 상영을 했다고 하더라. 보안사에서 오라고 해서 가니 이미 내가 돈을 지원해준 것부터 시작해서 세세하게 다 알고 있었다. 결국 제작비 댄 것은 시인하고 아는 배우가 요청해서 도와준 것일 뿐 그런 영화인 줄 몰랐다고 잡아뗐다. 그나마 다행인 것은 당시 내가 권력 쪽에 있는 사람들을 알고 있었다는 거다. 조사를 끝낸 담당 장교가 '감독님을 봐주라고 하는 사람들이 있어 조사하기가 어렵다. 사령관님이 차 한잔하자고 한다'며 안내했다. 보안사령관을 역임한 고명승이 내 대학 동기와 사범학교 동창이라 알던 사이였다. 고명승이 '왜 이리 철이 없냐? 지금 어떤 세상인지 모르냐'고 했고, 결국 내가 잘 정리하겠다고 말하고, 무마할 수 있었다."

고명승은 1986년 7월 4일~1987년 12월 29일까지 보안사령관을 역임한 인물이었다. 당시에는 보안사령관이 아니었으나, 전임 사령관으로 영향력을 행사한 것으로 보인다.

정진우 감독은 "보안사에 돌아와 필름을 가져오라고 지시하니 네거필름(원판필름) 반만 가져 왔더라"며 "이미 돌고 있는 프린트(상영필름)은 어쩔 수 없고, 네거필름을 절반 갖고 있으면 더 프린트를 뜨지 못하는 것이어서 보안사에 갖다 준 후 그걸로 마무리한 것이다"라고 말했다.

필름은 사라졌으나 영화가 완전히 사라지지는 않았다. 〈황무지〉는 31년 만인 2020년 10월 28일 〈황무지 5월의 고해〉라는 제목으로 개봉했다. 김태영은 "방송국 피디 출신이라 당시 비디오테이프로 만들어 따로 보관해놓았던 게 있었다"고 말했다.

첫 상업영화 〈부활의 노래〉

16mm로 제작된 광주 영화들이 어려움을 겪고 있는 가운데, 1990년에는 이정국(감독)의 〈부활의 노래〉가 제작된다. 상업영화로서는 첫 5·18 영화였다. 이정국은 문화원 세대로 동서영화연구회 초기 회원이었고, 대학 서클의 세미나와 강의를 다니는 등 1980년대 초반의 영화운동에서 영화 학습을 지도하고 있었다. 1984년 만든 16mm 단편영화 〈백일몽〉은 높은 평가를 받으며 대학가 등에서 화제가 되기도 했다.

광주가 피를 흘린 1980년 5월은 이정국이 전남 해남 화원반도의 해안초소에서 전경으로 근무할 때였다. 5월 21일 목포로 부식을 구입하러 나왔다가 광주에서 내려온 시위대를 만났고, 자세한 광주 소식은 이후 옆 초소에 면회를 온 전남대 간호사를 통해 들을 수 있게 됐다. 이정국은 고향이 전남 보성이었으나 광주에서 고등학교를 졸업했다.

그렇다고 처음부터 광주 영화를 만들려고 한 것은 아니었다. 이정국은 전태일 열사 영화를 만들어보고 싶었으나 결국 못 하게 됐고, 그때 한 서점에서 눈에 들어온 책이『광주의 넋 박관현』이었다. 박관현은 전남대 총학생회장으로 1980년 5월 17일 신군부의 비상계엄 확대조치 이후 피신해 있다가 1982년 4월 검거됐고, 9월 5년 형을 선고받고 옥중 단식 끝에 10월 옥사한 학생운동가였다. 책의 저자인 임낙평은 이정국의 고등학교 동창이었다.

이정국은 광주항쟁 마지막까지 도청을 지켰던 윤상원과 전남대 총학생회장 박관현의 정의와 민주주의를 향한 순수한 희생 정신에 감동해 영화 제작을 생각하게 된다. 1989년 신촌 우리마당에서 그의 영화 강의를 듣던 연세대 학생 노창은(한의사)이 200만 원을 선뜻 내놓아 그 돈으로 숙대 앞에 영화사 사무실을 구한다. 중앙대, 한양대, 연세대, 고려대 등에서 이정국에게 영화를 배웠던 학생들이 제작에 참여하게 된다. 이때 함께한 사람들이 중앙대 후배인 주필호(제작자), 외국어대 울림 회장을 지낸 주경중(감독), 영화마당 우리 작은영화워크숍을 1기로 수료한 김형구(촬영감독, 한예종 교수) 등이었다.

제작사였던 새빛영화제작소 초기 대표는 주경중(감독)이 맡았다. 졸업 직후 잡지사 운영 등 사업을 해본 경험이 있던 주경중은 총무로 연출부 일을 찾다가 이정국을 만나게 된다.

주경중은 "영화계 소식통 역할을 했던 낭희섭을 찾아가 연출 주선을 부탁했는데, 거기서 이정국 감독을 만나게 됐다"고 말했다. 그는 당시 두 가지 선택지로 비합법적인 영화 제작(장산곶매)과 합법적인 이정국의 〈부활의 노래〉 참여를 제안받고 고민하게 된다. 대학에서 노동영화 〈울림〉을 제작했던 주경중의 선택은 광주 영화였다.

주경중은 "1980년 박관현 열사의 연설을 들은 적이 있다"며 "4월에 군에 입대했는데, 그 직전에 전남대에 친구를 만나러 갔다가 마침 총학생회장 선거 유세 연설을 들었다. 그때 친구가 학생회장으로 유력하다고 박관현을 소개했다. 10년 후에 그를 대상으로 영화를 제작하게 된 것은 묘한 인연이었다"고 회상했다.

윤상원과 박관현을 주인공 삼아 만들었던 〈부활의 노래〉 시나리오는 도청에서 산화한 윤상원과 옥사한 박관현의 이야기에 일부 픽션을 가미해 이정국이 썼다. 그러나 1990년 7월 완성돼 상영을 준비하는 과정에서 당시 공연윤리위원회(공륜)에 의해 무자비한 가위질을 당한다. 100분 영화에서 25분이 잘려나간 것이다. 공륜은 8월 연세대에서의 시사회를 꼬투리 잡아 심의 없이 상영했다고 고발하는 등 영화에 대한 탄압을 가했다.

이정국은 "야당 의원들을 찾아가 호소한 덕분에 재심의를 받게 됐고, 자체 및 공륜 심의로 5분 정도 잘린 채 심의를 통과하게 됐다"고 말했다. 〈부활의 노래〉는 1991년 3월 1일 서울 중앙극장에서 개봉했고, 당시 야당 대표였던 김대중 전 대통령이 첫 상영 때 방문해 관람 후 금일봉을 전하며 격려했다. 주경중은 "김대중 전 대통령에 대한 특별한 기억은 영화법의 문제점에 대해 정확히 알고 있었던 점"이라며 "검열과 가위질이 사라져야 진정한 예술의 자유가 보장된다는 것을 강조하셨다"고 전했다.

공륜이 시사회를 문제 삼아 고발한 건은 벌금 100만 원이 나왔다. 개봉을 앞두고 추후 있을지 모를 탄압을 대비해 이정국 감독이 혼자 책임지기로 하고 법적인 대표까지 맡고 있었다. 이정국은 이에 반발해 정식 재판을 청구한다. 결국 변호사 없이 혼자 소송을 해 50만 원 판결을 받는다. 이후 1993년 김영삼 대통령의 문민정부가 들어서자, 잘린 필름을 모두 복원해 공륜 심의를 통과했고, 뒤늦게 〈부활의 노래〉로 그해 백상예술대상 신인 감독상을 수상했다.

이정국은 "감옥 갈 각오를 하고 만든 영화였으나, 각자 주머닛돈을 털어 제작에 참여하면서 같이 고생한 스태프 배우들, 그리고 후배들을 제대로 못 챙겨 지금도 항상 미안함을 갖고 있다"고 말했다. 특히 "처음에 김형구(촬영감독)가 촬영을 맡았으나, 촬영감독협회에 가입한 사람이 아니면 극장 개봉이 어려울 수 있다는 이야기를 듣고 10%쯤 촬영됐을 때, 충무로 촬영 조수 출신을 소개받아 바꾸면서 김형구에

영화, 변혁운동이 되다

게 많이 미안했다"고 덧붙였다.

장선우의 〈꽃잎〉

이후 광주 영화를 이은 것은 장선우였다. 1996년 제작된 〈꽃잎〉은 전남도청 앞에서 촬영된 영화로 1980년 5월 당시 전남도청 앞 계엄군의 발포 장면을 묘사했다.

『한겨레신문』 1995년 7월 14일 자 기사에 따르면 장선우는 1995년 7월 12일 세종호텔에서 열린 제작발표회 기자회견에서 "왜 광주냐?"는 질문을 받았다. 장선우는 "광주는 때가 되면 하고 싶던 소재였다. 내가 81년 영화에 발을 딛게 된 것도 광주항쟁 때문이었고, 필름에 역사를 담고 싶다"는 각오를 밝혔다.

금남로에서 계엄군의 총탄에 어머니를 잃은 한 소녀의 이야기를 담은 영화인 〈꽃잎〉은 1995년 10월 1일 금남로에서 엑스트라 4천 명을 포함 1만 명이 참가한 가운데, 도청 앞 발포 장면을 재현했다. 당시 신인 배우였던 이정현과 문성근이 출연했다.

〈꽃잎〉의 촬영을 맡았던 유영길 감독은 1980년 5월 당시 미국 CBS 방송사에서 일하며 광주의 참상을 직접 목격한 당사자였다. 1995년 10월 7일자 『한겨레신문』 인터뷰에서 유영길은 "카메라 배터리를 구하기 위해 장성으로 갔다가 도청 앞 발포 장면을 놓쳐 아쉬움을 간직하고 있었는데, 허구로나마 그날을 다시 찍게 됐다"고 소회를 밝혔다.

〈꽃잎〉은 개봉 전 미국 CNN이 광주 문제를 다룬 프로그램을 방영하며 영화를 소개한 덕분에 방영 직후 해외 배급사들의 배급 문의가 잇따랐다. 그러나 공연윤리위원회는 심의 과정에서 트집을 잡았다. 제작사가 심의를 신청한 영화 광고 사진을 수정하라고 지시한 것이다. 문제의 사진은 1980년 5월 금남로를 재현한 장면의 사진인데, 시위 군중들이 들고 있는 플래카드에 쓰인 '학살자 전두환을 처단하라' 등의 구호를 문제 삼은 것이었다. 심의를 빙자한 검열이었고, 5월 광주 영화에 대한 딴지걸기였다.

기획시대의 〈화려한 휴가〉

2000년대 들어 만들어진 광주 영화는 〈오! 꿈의 나라〉 상영 당시 예술극장 한마당 대표였던 유인택의 몫이었다. 유인택의 기획시대가 제작해 2007년 개봉한 〈화려한 휴가〉는 1980년 5월 18일~5월 27일까지 전체 열흘간의 항쟁을 조명한 영화였다.

유인택에 따르면 당시 영화사 직원이었던 이수남 피디가 "어느 날 영화로 보고 싶은 역사적 사건 5위 안에 5 · 18이 있다며, 이제 5 · 18 영화 만들 때가 되지 않느냐고 제의"하면서 출발했다. 과연 투자가 될까? 의심하면서도 시나리오를 먼저 완성했다.

유인택은 "5 · 18에는 영웅 주인공이 없어서 윤상원 열사를 주인공으로 설정하고 박상연 작가가 1차 시나리오를 집필했다"며 "지식인(야학선생) 부분은 재미없고, 민중 인물들이 재미있어서 이 부분을 중심으로 방향을 전환해 박상연 작가와 나현 작가가 동시 집필한 것"이라고 말했다.

또 "CJ가 좋게 봤지만, 제작 예산이 100억 원이라 여러모로 부담스러워했다"면서 "제작비 50%를 제작사가 책임지는 조건으로 CJ 윗선

영화, 변혁운동이 되다

의 판단을 기다렸으나 투자 결정에 시간이 걸렸다"고 말했다. 결국 "5월이 배경인 장면을 가을에 촬영하게 되면서, 11월에 배우들 입김이 나와 얼음을 머금고 대사 연기를 했다"고 덧붙였다.

당시 충무로 영화계는 모두 영화 제작에 반대했다고 한다. '이 영화는 완성하는 게 기적'이라는 것이었다. 유인택 역시 "영화계 마지막 작품이란 각오로 박수칠 때 떠나겠다"며 마음을 다진 후, 창업 투자사를 설립해 영화 투자자로 변신했다.

2007년 대선 정국에 개봉한 〈화려한 휴가〉는 흥행했고, 민주당 대선 후보들(이해찬, 한명숙 등)이 너도나도 시사회를 찾으며 언론을 장식한다. 유인택은 "당시 한나라당 쪽에서는 나와 영화가 많이 미웠을 것이다"라며 "이명박 정부 들어서서 영화계 좌파 세력 척결 프로젝트로 블랙리스트에 올라 잘 나가던 창투사 펀드매니저에서 내려오게 됐다"고 말했다. 이어 "개봉 직후에는 재향군인회 등 보수단체에서 군인들을 잔인하게 묘사했다는 이유로 명예훼손 혐의로 제작자인 유인택을 고발하기도 해 강남경찰서에 가서 조사를 받았으나 무혐의 처분을 받았다"고 덧붙였다.

스크린을 통한 5월 광주의 재현은 학살 동조 세력의 온갖 탄압과 방행에도 불구하고 한국 영화운동에 있어 멈출 수 없는 숙명과도 같은 것이었다.

장산곶매

장산곶매가 제작해 1989년 1월 개봉한 광주 영화 〈오! 꿈의 나라〉의 흥행은 영화운동의 가능성을 확인할 수 있었던 중요한 계기였다. 당시 제도권을 상징했던 충무로 영화가 아니더라도, 재야의 민중영화가 얼마든지 관객의 호응을 받고 성공할 수 있음을 확인했기 때문이다. 흥행 성공에 따른 수익은 8mm/16mm 단편영화 중심이었던 영화운동의 흐름이 장편영화로 발전하는 데 동력이 됐다.

충무로 상업영화와 달리 운동적 성격이 강했던 것도 장산곶매의 차기작에 탄력을 받게 했다. 〈오! 꿈의 나라〉 촬영을 담당했던 오정옥(촬영감독)은 "장편영화 제작을 위해 모인 집단 창작 개념이었고, 영화 제작 과정에서 연출 등을 별도로 구분했으나 콘티도 같이 짜고 취재도 같이 했을 만큼 실제로는 공동 창작 작업이었다"며 "당시 제작에 참여한 회원들이 월급이나 수당을 받거나 수익을 따로 분배하지 않았다. 진행비만 받고 움직였기 때문에 이후 다른 작품의 제작이 가능했던 것"이라고 말했다.

〈오! 꿈의 나라〉 성공은 기존 대학 영화서클이나 영화단체에 합류하지 못했던 이들이 영화로 방향을 전환하는 계기로 작용했다. 파급효과가 생겨난 것이었다. 1990년대 영화운동의 흐름에 동참한 김경형(감독, 〈동갑내기 과외하기〉)은 "KBS 피디로 있을 때 〈오! 꿈의 나라〉를 보게 되면서 영화로 진로를 바꾸는 계기가 됐다"고 회상했다.

김경형은 경희대 영화서클 그림자놀이를 만든 안동규와 이효인의 대학 후배였다. 군에서 제대 후 경희대 그림자놀이에 가입하려 했으나 복학생은 경찰의 프락치로 의심받기도 했던 때라 가입이 좌절돼 영화서클 활동을 하지는 못했다. 대신 연극서클을 만들고 광주항쟁을 다룬 〈금희의 5월〉 등을 연출하며 영화에 대한 갈증을 달랬다. 대학 때 학보사 기자로 활동했던 김경형은 "당시 이효인(전 한국영상자료원장)이 학보에 영화평을 꾸준히 기고해 이런 선배가 있다는 정도만 알고 있었다"고 말했다.

대학 4학년 때인 1988년 KBS 피디로 취업한 김경형은 "1989년 1월 예술극장 한마당으로 〈오! 꿈의 나라〉를 보러 갔었다"며 "당시 KBS 이름이 새겨진 옷을 입고 갔는데, 관제방송으로 비판을 받던 시기라 주변에서 수군거림이 있었다"고 회상했다.

5·18 광주를 소재로 한 영화에 자극을 받은 김경형은 KBS를 그만두고 연극서클 후배들을 모아 단편영화를 제작한다. 촬영은 경희대 그림자놀이 회장과 대학영화연합 2대 의장을 역임한 김인수가 담당했다. 보유하고 있던 8mm 카메라로 만든 영화는 〈푸른 옷〉이었

다. 제목은 수형인들의 옷을 의미하는데, 학생운동을 하다 구속된 대학생이 감옥에서 비전향 장기수를 만나게 되고 친해지면서 힘을 얻어 재판에 나가는 내용이다.

김경형은 "이후 영화를 해야겠다고 마음먹고 1989년 11월 충무로에 연출부로 들어가면서 영화계에 발을 딛게 된 것이다"라고 말했다. 〈오! 꿈의 나라〉가 영화를 꿈꾸던 청년들에게 영화로 방향을 정할 수 있도록 힘을 준 것이었다.

〈오! 꿈의 나라〉의 성공과 장산곶매의 변화

장산곶매도 변화했다. 〈오! 꿈의 나라〉 제작 이후로 회원이 늘어나게 된다. 초기 회원은 홍기선(감독), 이은(제작자, 명필름 대표), 장동홍(감독), 오정옥(촬영감독), 장윤현(감독), 공수창(감독, 시나리오 작가), 정성진, 이재구(감독)였다. 〈오! 꿈의 나라〉 제작 과정에서 음악을 맡아 참여했던 강헌, 한국영화아카데미 1기 이용배(계원예술대 교수) 등이 들어왔고, 강헌을 통해 서선영, 김재홍 등이 합류한다. 이화여대 누에의 김숙(감독), 그리고 이은과 대학원 시험에서 만나게 된 변영주(감독) 등도 〈오! 꿈의 나라〉 개봉을 앞둔 시점에서 회원으로 활동하고 있었다. 여기에 〈파업전야〉 기획단계에서 대학영화연합에서 활동했던 서울대 얄라셩 신종관과 연대 영화패 민경철, 손은영 등이 새로 가입했다.

변영주의 합류는 이은과의 만남이 계기가 됐다. 이은은 "1988년 11월 즈음 중앙대 대학원 시험을 봤는데, 뒷자리에 앉은 사람이 변영주였다"며 "인사를 나누면서 장산곶매를 소개했고, 관심을 보여

영화, 변혁운동이 되다

합류하게 된 것"이라고 말했다. 이어 "변영주 아버님이 흑석동에서 병원을 운영하셨는데, 그 건물에 장산곶매가 사무실을 얻어 활동하기도 했다"고 덧붙였다.

다만 초대 대표였던 홍기선은 장산곶매를 나와 충무로 진출을 모색한다. 후배들에게 자리를 넘겨주고 물러나야 한다는 생각 때문이었다고 한다. 홍기선과 영화 작업을 함께했던 부인 이정희(시나리오 작가)는 "홍기선은 더 많은 사람에게 보여질 수 있는 영화를 원했고, 작가주의 영화보다는 대중적인 영화를 선호했다"며, "다만 충무로에 가면 생각과 다른 영화를 해야 한다는 것에 고민이 있었다"고 전했다.

서울영화집단을 지키며 충무로 영화를 비판적으로 보던 홍기선의 변화에 대해 이정희는 "이전에 충무로로 가는 사람에게 배신자라고 한 부분은 그때의 상황도 있을 것"이라며, "홍 감독은 변질은 안 하면 되는 것이기에 본인이 변질할 건 걱정하지 않은 듯하다. 홍 감독은 자기가 하고 싶은 것만 하고 나머지는 관심이 없었다"고 말했다.

홍기선은 당시 임권택 감독의 연출부에 지원해 들어갔으나, 끝내 현장에서는 함께하지 못했다. 이정희는 "임권택 감독님도 좋아했던 것으로 알고 있는데, 아마도 파랑새 사건과 〈오! 꿈의 나라〉 상영 과정에서 고발된 것 등이 영향을 미친 것 같다"고 말했다. 이어 "연출부는 훈련이니 충무로에서 훈련해서 결국 영화로 승부해야 한다고 생각한 것"이라고 덧붙였다.

오정옥은 "홍기선은 토론과 회의보다는 창작 집단이 되길 원했다"며 "장산곶매의 방향이 생각했던 대로 가고 있는 상태에서 리얼리즘 영화를 만들어 일반 대중들과 만나기 위해 충무로에 가고 싶어 했던 것"이라고 회상했다.

홍기선의 역할은 이용배가 맡게 된다. 이은은 "홍기선이 충무로 가서도 내 의식 그대로 당파성을 갖고 하겠다면서 장산곶매 활동을 마무리했고, 그 역할을 대신해서 들어온 게 이용배였다"고 말했다.

이용배는 "〈오! 꿈의 나라〉 제작 과정에서 장산곶매가 내 사무실을 사용한 것이 계기가 됐다"고 말했다. 한국영화아카데미 1기였던 이용배가 '1986 아시안게임 공식 기록영화' 조감독 작업을 끝내고 애니메이션 제작사에서 일하다가 뛰쳐나와 차린 것이 봉천동에 차린 것이 '토아영상'이었다. 여전히 한국 애니메이션이 일본 하청에 매몰되어 있는 현실을 한탄하며 1987년 말에 1988년 중반 사이 서울대 미대 졸업생들과 함께 작은 사무실 공간을 마련한 것이었다. 사무실 운영을 위해 결혼식 출장 비디오 촬영 등을 하려고 홈 비디오카메라를 구입했으나, 결혼식 대신 대학생 시위 현장을 누비고 다니던 시절이었다.

이용배는 "당시 대학가는 1988년 5월 명동성당에서 분신한 고 조성만 열사 등으로 인해 반미운동이 벌어지면서 비디오 등으로 운동에 동참하는 분위기가 가열차게 벌어지던 시절이었다"고 설명했다. 비디오 활동은 자연스럽게 대학 영화운동패들과도 어울리는 계기가 됐다. 대학 영화과 연합 모임이 만들어지며 공동 상영회 등을 열었고, 현실 참여적인 작품을 만들려는 열기로 가득 차 올랐다. 〈오! 꿈의 나라〉가 만들어진 곳도 봉천동 토아영상 사무실이었다.

1988년 미국 영화 직배 반대운동이 발생하자 이용배는 영화아카데미 출신으로 자연스럽게 참여했고, 그 과정에서 알게 된 젊은 친구들과 의기투합해 사회과학 서적을 읽고 토론하는 모임을 갖는 등 분주하게 돌아다닌다. 홍기선과도 자주 만나게 되고 직접 촬영한 시위

현장 비디오 등도 돌려보면서 영화운동에 본격적으로 발을 들이게 된 것이었다.

이용배는 "어느 날 홍기선이 찾아와 〈오! 꿈의 나라〉가 탄압 속에서도 대학가 상영을 통해 돈을 좀 마련할 수 있어서 차기작을 준비 중"이라며 몇 가지 제안을 했다고 기억했다. 영화운동패로 '영화제작소 장산곶매'가 결성됐으니 가입하라는 것이 첫 번째 권유했고, 다음으로 모인 돈 중 일부로 16mm 카메라(캐논 스쿠픽 기종)를 구입했으니 책임을 갖고 다큐멘터리를 만들어보라는 것이었으며, 차기작은 노동운동 방향이니 함께 하자는 것이었다.

이용배는 "비디오가 아닌 필름으로 다큐멘터리를 만들어볼 수 있다는 유혹(?)에 먼저 넘어가 장산곶매가 둥지를 틀고 있던 흑석동 사무실에 나가게 됐던 것"이라고 말했다.

공수창(감독)은 "영화운동을 하던 사람들이 많지 않을 때여서 홍기선과 이용배가 친분이 있었다"며 "이용배가 애니메이션 외에 다큐멘터리도 만들었고, 홍기선이 좋은 분이 있어 함께 하고 싶다고 해서 다들 환영했다"고 말했다. "당시 장산곶매 또래들보다 나이가 위여서 다들 형이라고 불렀다"고 덧붙였다. 오정옥은 "이용배가 홍기선 이후 대표를 맡으면서 형으로서의 역할을 했다"고 기억했다.

〈파업전야〉를 만들기까지

〈오! 꿈의 나라〉가 개봉한 1989년 1월 장산곶매는 두 번째 장편영화로 노동영화를 만들자고 결의한다. 강헌(음악평론가. 경기문화재단 대표)은 "술 마시던 자리에서 다음 작품에 대한 이야기가 오갔고, 노동

〈파업전야〉 촬영한 부평 한독금속 ⓒ 장산곶매

영화를 만들기로 방향이 잡혔다"며 "현장을 잘 모르니 우선 조사를 시작했는데, 고난의 행군과 같았다"고 말했다. 한국 영화운동의 대표작으로 꼽히는 〈파업전야〉의 시작이었다.

강헌에 따르면 당시 3개조로 나눠 구로와 부평, 인천을 답사한다. 부평은 한독금속 노조위원장이 인천지역노동조합협의회 의장을 맡고 있어 촬영 우선순위로 고려됐으나 방위산업체로 사측이 촬영을 허락하지 않을 것이기에 불가능했다. 하지만 이후 한독금속은 노동쟁의에 대응해 사측이 직장폐쇄를 하면서 촬영 장소로 사용할 수 있게 됐다. 강헌은 〈파업전야〉 취재 활동을 마친 직후 보충역(방위)으로 군 복무를 시작했다.

〈파업전야〉 연출부로 참여해 당시 진행 상황을 일지로 정리해놓은 이재구(감독)는 "1989년 3월 16일부터 본격적인 기획에 들어갔고, 3월 23일부터 현장 취재를 시작했다"며 "4월 9일 시놉시스(영화의 간단한 줄거리나 개요)를 결정했고, 다음 날인 4월 10일에 강헌이 입대했

영화, 변혁운동이 되다

다"고 말했다.

연출을 맡은 장동홍(감독)은 "영화의 방향을 놓고 '선진 노동자의 활약'과, '뒤늦게 의식을 깨우치고 각성하는 노동자의 모습' 두 가지를 놓고 고민했다"면서 "논의 끝에 후자를 선택했다"고 밝혔다.

시나리오는 공수창(감독)이 맡았다. 한양대 소나기에서 활동하며 당시 대학영화의 명작으로 꼽히는 8mm 영화 〈인재를 위하여〉 시나리오를 썼기에 적격이었다. 공수창은 "준비 단계 때부터 시나리오를 계속 쓰라고 했는데, 촬영이 가까워져서야 늦게 완성했다"며 "프리 프로덕션이 80% 정도 진행됐을 때 시나리오가 나왔다"고 말했다.

공수창은 또한 "초기에는 변영주 감독와 같이 다니기도 했고, 거의 1년 가까이 취재에만 매달렸다"면서 "장산곶매 멤버 중에 단 한 명도 노동운동에 뛰어들었던 사람이 없어, 노동자들의 현실이라든가, 처음에 어떻게 각성을 하게 되고, 어떻게 노동운동에 뛰어들게 됐는지에 대해 취재하고 시나리오 쓰고, 스터디하고, 책도 많이 읽는 과정을 통해 장산곶매가 많이 단단해졌다"고 덧붙였다.

서울대 얄라셩에서 활동하다 장산곶매에 합류한 신종관은 "〈파업전야〉에 들어가면서 창작방법론과 제작방법에 대해 논의했다"며 "충무로의 흐름에 대해서 고민해 볼 수 있던 시간이기도 했다"고 회상했다.

〈파업전야〉는 당시의 '노동해방영화론'을 접목시킨 영화였다. 장산곶매는 1991년 「한국 영화운동이 걸어온 길」이라는 제목의 문건에서 "노동해방영화론은 노동해방문예론을 영화에 적용한 것"이라며, 이렇게 밝혔다.

1980년대 말 노동자계급이 변혁운동의 중심으로 부상하면서 노동자 계급의 당파성 문제가 대두되었다. 문화운동 진영에서도 일련의 논의를 거쳐 노동자의 계급적 당파성을 주장하는 노동해방문예론이 정착되었는데, 노동해방문예론을 영화에 적용한 것이 노동해방영화론이다. 노동해방영화론은 노동해방을 지향하는 영화를 만들 것을 주장했는데, 당파성을 자신의 이념적 계기로 설명했다.

1989년 3월부터 본격적으로 제작 준비에 들어간 〈파업전야〉는 1년 만인 1990년 3월 완성된다. 〈오! 꿈의 나라〉를 제작해본 경험이 도움이 됐다. 장동홍(감독)에 따르면 〈오 꿈의 나라〉가 워크숍이었다면 〈파업전야〉는 제대로 만들보자고 다짐한 영화였다. 〈오! 꿈의 나라〉 제작 과정에서 겪은 시행착오를 바탕으로 〈파업전야〉는 장동홍이 책임 연출을 담당한다. 책임 연출이란 충무로 시스템에서 감독이 전적으로 작품을 책임지는 것과 같은 것이었다. 이은기, 이재구, 장윤현은 연출부를 맡아 장동홍을 도왔다.

장동홍은 "〈오! 꿈의 나라〉 과정에서 공동 연출의 문제점이 드러나 한 사람이 책임 연출을 하게 됐고, 주변에서 내가 하는 게 제일 낫다고 말해 연출을 맡게 된 것이었다"면서 "노동자들에 대한 영화였던 만큼, 인상 깊게 본 베르나르도 베르톨루치 감독의 〈1900〉(1976)이 도움이 됐다"고 설명했다.

장동홍은 "성과 정치를 주제로 한 베르톨루치 감독의 영화는 기층 민중의 분노가 폭발하는 것을 힘 있고 역동적으로 그리고 있어 매료됐었다"며 "극 중 농노들이 마름을 죽이고, 농촌 처녀가 쇠스랑을 들고 짚더미에 올라가는 장면이 인상적이었기에 저런 연출을 해보고 싶은 마음이 있었다"고 말했다.

또 "운동으로서의 영화를 생각하고 있었기 때문에 선진적인 노동자에 중심을 두기보다는 평범한 노동자가 각성을 통해 노조를 결성하는 과정을 그리고 싶었다"고 덧붙였다.

〈파업전야〉 제작진들은 곳곳에 배우로 등장한다. 제작자였던 이은은 노동자로, 이용배는 파업을 무력화시키고 노조를 파괴하는 외부 인사로 출연했다. 연출을 맡은 장동홍 역시 식당에서 밥 먹는 노동자로 화면에 비친다. 〈오! 꿈의 나라〉에서 5월 광주 시민군 역을 맡았던 동서영화연구회 출신 이덕신은 공장 관리직 주임 배역을 맡았다. 이은은 "당시에는 장동홍이 하라고 하면 다 할 수밖에 없었다"고 말했다.

장동홍은 "공장이 중간급 규모인데, 파업하는 노동자가 부족해서 스태프들까지 배역에 투입됐다"며 "대규모 인원이 필요한 장면에서는 이은이 프로듀서로서 중앙대 후배들과 주변 사람들을 동원했다"고 회상했다. "이은의 역할이 없었으면 영화가 완성되기 어려웠을 만큼 절대적이었다"고 강조했다.

당시 여성영상공동체 바리터에서 활동했던 김영(프로듀서)은 "배우가 필요하다고 해서 변영주 감독을 따라갔는데, 여공 역할을 기대하며 기다렸으나 불러주지 않아 참여하지 못했다"며 "취사를 도우려고 했으나 장윤현 감독님의 칼질을 너무 잘해 물만 나르는 역할을 하다 돌아온 적이 있다"고 말했다.

이어 "그날 촬영은 오정옥이 맡았고, 촬영 보조가 이창준(제작자)이었다"면서 "지게차로 카메라가 올라가던 장면과 함께 '강철은 어떻게 단련되는가'를 상징적으로 표현한 불 속에서 빨갛게 빛나던 철 조각들을 공들여 재촬영하던 상징적인 장면이 기억난다"고 회상했다.

장동홍은 제작 과정에서의 어려움에 대해 "제작비가 부족해 강제로 할당이 됐고, 어머니에게 300만 원 정도를 빌려 영화가 수익을 낸 후 갚을 수 있었다"고 옛 기억을 떠올렸다.

당시 제작비를 조달했던 장산곶매 대표 이용배는 "2주간의 촬영 기간 동안 현장 진행비가 없어서 대학 동창이나 주변 사람들에게 십시일반 돈을 받았고, 나중에 적은 돈은 못 갚았지만, 큰돈은 다 갚았다"고 말했다. 이어 "느슨하고 리버럴리스트처럼 지내기는 했지만, 의식 자체는 당위적으로 뭔가 해야 한다는 것도 없진 않아서, '지금 때가 어느 때인데, 술 한 잔 덜 먹으면 되는데 돈을 안 내고 하느냐'며 화를 내기도 했었다"고 덧붙였다.

영화로 사회변혁을 이루기 위해

장산곶매가 어려움을 극복하고 잇따라 장편영화를 만들어낼 수 있었던 것에 대해 공수창은 "개인적인 역량이 탁월한 사람들이 모였기 때문이다"라고 말했다. "〈오! 꿈의 나라〉 음악 작업을 하다 함께하게 된 강헌 등 주축을 이뤘던 사람들의 역할이 컸고, 특히 제작과 프로듀서로 배급까지 맡은 이은의 활약이 큰 기여를 했다"고 강조했다. 장동홍과 이재구 역시도 "〈파업전야〉의 완성에는 이은의 힘이 컸다"고 평가했다.

오정옥은 "〈파업전야〉 촬영 때 이은을 통해 기자재를 빌려 장산곶매가 사용한 것이라며 당시 빌릴 곳은 중앙대밖에는 없었어서 이은이 장비 문제 해결에 역할을 했다"고 말했다. 이어 "이은에게 장비를 대여해준 중앙대 기자재 담당 이상모 조교의 도움도 잊을 수 없다"

영화, 변혁운동이 되다

고 덧붙였다.

〈파업전야〉를 통해 제작자로 처음 나서게 된 이은은 대학 시절 영화운동에 뛰어들었다. 재학하면서 처음 만든 영화가 노동문제를 다룬 〈공장의 불빛〉이었다. 1986년 2학년 2학기에 복학해 만든 영화로 노동현장에 있던 경험을 살려 18분 분량의 16mm 단편영화를 만들었다.

〈공장의 불빛〉은 스스로 양심적으로 회사를 운영하고 있다고 생각하며 자신의 정당성을 주장하는 자본가와 빼앗긴 자신들의 권리를 회복하고 이 땅의 주인이 되길 원하는 노동자의 목소리를 담은 영화였다. 1988년 베를린국제영화제에 초청돼 상영됐다.

이은은 중앙대 연극영화과 재학 시절에는 학과 동아리인 '광야'를 결성해 학내 영화운동의 중심역할을 담당했다. 〈오! 꿈의 나라〉를 위해 대학 영화서클 중심의 청년 영화인들이 장산곶매에 모이기 시작하면서 역할과 비중도 커졌다.

이은은 영화운동에 뛰어든 것에 대해 "영화과는 특별하다고 생각했다"며 "당시는 대학생 중 영화를 만들 수 있는 사람이 극소수였으니, 학생운동보다는 영화운동을 하고 영화를 하면서 사회변혁을 이루고 실천하겠다는 마음을 먹었던 것"이라고 말했다.

〈파업전야〉 기획에 들어간 1989년에는 이용배와 함께 1987년 7, 8, 9월 노동자대투쟁과 전국노동조합협의회 결성까지의 과정을 담은 16mm 다큐멘터리 영화 〈87에서 89로 전진하는 노동자〉를 제작했다. 42분 분량의 단편 다큐멘터리로서, 〈오! 꿈의 나라〉 다음으로 만들어진 장산곶매 두 번째 영화였다. 일반 대중보다는 당시 노동운동 진영을 중심으로 은밀하게 상영됐다.

신종관은 "〈87에서 89로 전진하는 노동자〉가 만들어지고 나서 부산 상영을 진행한 적이 있다"며 "부산역에서 눈이 가려진 채로 어느 성당으로 안내돼 상영했는데, 거기에는 감시를 뚫고 모인 노동운동가들이 있었다"고 말했다.

당시 충무로 한국영화를 대표했던 원로 정진우 감독은 이은과의 첫 대면을 이렇게 기억했다.

"1980년 중반 대학 동창인 하경근(전 중앙대 총장)이 '학생들이 총장실 점거 농성을 하고 있다'며 도와달라고 연락이 와서 당시 중앙대를 찾아갔다. 농성하던 학생들 중 한 명이 다가와 정진우 감독님이시냐며 인사했다. 이은이었다. 인상은 부드럽게 생겼던데, 보기와는 다르게 강성이었고, 당시 시위를 주도하고 있었다."

영화를 보는 것이 투쟁

〈파업전야〉는 제작 과정보다는 상영 과정이 더 극적이었다. 상영 투쟁으로 불릴 만큼 영화를 보는 것 자체가 격렬한 투쟁이 됐다. 1990년 3월 영화를 완성한 장산곶매는 개봉일을 4월 6일로 정한다. 장소는 예술극장 한마당. 〈오! 꿈의 나라〉가 처음 공개된 소극장이었다.

1989년 〈오! 꿈의 나라〉를 상영하다 고발당한 장산곶매 초대 대표 홍기선(감독)과 예술극장 한마당 대표 유인택(제작자. 예술의전당 대표)은 각각 벌금 100만 원과 30만 원을 선고받았다. 이후 유인택은 안동규(제작자. 영화세상 대표)의 주선으로 영화사 모가드코리아에 들어갔고, 극장 대표는 김명곤(배우, 전 문화체육부 장관)이 맡고 있었다. 장소도 신촌에서 혜화동으로 옮겨와 있었다.

전두환의 뒤를 이은 노태우 정권은 노동운동을 그린 영화를 그냥 두고 보지 않았다. 〈오! 꿈의 나라〉를 통해 민중영화가 대중들에게 호응을 받는 모습을 보면서, 〈파업전야〉 때는 필름을 빼앗으며 거칠게 탄압했다. 영화운동을 중심으로 한 민중운동 진영과 군사독재의 정면 대결이었다.

『한겨레신문』 보도에 따르면 첫 상영을 앞둔 1990년 4월 4일 서울지검 공안2부는 영화가 노동쟁의를 부추길 소지가 짙다고 판단하고, 영화가 상영될 경우 장산곶매 대표 이용배와 상영극장을 영화법과 공연법 위반 혐의로 형사처벌하겠다는 방침을 정한다. 검찰은 대본을 입수해 검토한 결과 국가보안법으로 처벌키는 어려우나 영화의 제작 상영 과정이 영화법상의 제작업소 등록 조항과 사전심의 조항, 공연법의 상영 전 신고조항 등에 위배된다고 판단해, 상영극장의 관할구청과 문화부가 고발하는 형식으로 형사처벌하겠다는 기조를 밝힌다. 당시 서울지검 공안2부장이었던 최병국은 영화 〈변호인〉의 소재가 된 1981년 부산 부림사건을 지휘한 부산지검 공안 책임자였고, 2000년 한나라당(현 미래통합당) 국회의원이 된다.

상영 첫날인 1990년 4월 6일. 종로구청은 〈파업전야〉 제작자인 장산곶매 이용배 대표와 예술극장 한마당 김명곤 대표를 공연법 위반 혐의로 동대문경찰서에 고발한다. 광주에서는 〈파업전야〉를 상영 중인 YWCA 영사실에 사복경찰이 들이닥쳐 필름을 압수했고, 수원에서도 상영을 시도하던 수원문화운동연합 회원 등을 연행한 데 이어 아주대 인문사회관 소극장에서 필름과 홍보 전단, 포스터 등을 압수했다.

다음 날인 4월 7일 동대문경찰서는 예술극장 한마당과 중구 오장동 장산곶매 사무실에 대해 공연법과 영화법 위반 혐의로 압수수색을 실시했다. 영화법 적용 대상이 아닌 16mm 영화에 대한 탄압은 정권의 무리수였다.

4월 13일 광주 전남대 상영에서는 격렬한 투쟁이 전개된다. 헬기까지 동원해 상영을 막은 경찰은 전남대 대강당과 학생회관을 수색했으나 필름과 영사기를 압수하지 못했고, 돌과 화염병을 던지며 격렬하게 항의하는 전남대생 1천여 명과 공방전을 벌였다. 이 과정에서 직격탄을 맞은 대학생이 앞니와 턱뼈가 부러지는 중상을 입게 된다.

4월 14일 연세대 상영에서는 2,500명의 관객이 대강당을 가득 채운 가운데 상영이 진행됐다. 필름을 탈취하려는 시도를 막기 위해 관객들에게 신분증을 보여달라고 요구했으나 관객들은 불평하지 않고 응할 만큼 영화에 대한 호응은 뜨거웠다.

검찰은 〈파업전야〉의 열기에 4월 17일 제작진에 대한 검거령을 내렸고, 민중운동진영과 노동계는 4월 24일 파업전야탄압분쇄공동투쟁위원회를 결성하고 상영 주체를 전국노동조합협의회(전노협)으로 바꿔 노동절에 맞춰 전국적인 상영에 돌입하면서 충돌은 격화된다.

이용배는 당시 검거령을 피해 한국영화아카데미 동기인 장현수(감독)의 쌍문동 집 등 여러 곳에서 은신했고, 주로 애니메이션 제작사에서 아르바이트로 용돈을 벌며 도피를 이어갔다. 철야와 야근 등이 빈번한 곳이어서 경찰의 눈도 피할 수 있었다. 그러던 중 영화운동집단들이 연합으로 MT를 계획해 거기에 참석하려고 불광동 버스터미널에 갔다가 검거된다. 이용배는 "터미널에 있던 사복경찰이 나를 이상하게 봐서 신원조회를 당해 터미널에서 잡히게 됐다"고 말했다.

영화, 변혁운동이 되다

〈파업전야〉 관람을 위해 줄 서 있는 학생들 ⓒ 장산곶매

　노태우 정권의 탄압에도 불구하고 상영 투쟁은 멈추지 않는다. 신종관은 "당시 사무실로 사용하던 골방을 경찰이 막아놨다"며 "민족예술인총연합회(민예총) 사무실로 이동해 거주하면서 〈파업전야〉 상영을 이어나간 것"이라고 말했다.

　앞서 〈오! 꿈의 나라〉 배급 경험은 경찰의 탄압을 이겨내는 데 도움이 됐다. 이은은 "주말마다 전국 동시상영을 진행했다"며 "한쪽에서 상영하면 막히기가 쉬워 여러 곳에서 동시다발로 상영해 탄압을 분산시켰던 것"이라고 말했다.

　당시 전국노동조합협의회(전노협)가 출범한 시점이라 영화의 파급력은 컸다. 울산과 거제 등의 대공장 노동조합이 파업 투쟁에 들어가면서 영화를 상영했다. 당시 현대중공업이 파업 투쟁 중이었는데, 4월 27일 구내 체육관에서 상영된 〈파업전야〉는 2천 명 노동자들이 시종 열기 속에서 관람하고 영화에 나오는 노래를 따라 부르며 적극적으로 호응하기도 했다. 파업 현장에서는 수천에서 수만 명이 영화를 봤기 때문에 정확한 집계는 불가능했지만, 최소 20~30만에서 최대 80만 이상이 본 것으로 추산되고 있다.

공수창은 "〈파업전야〉의 파급력은, 배급의 힘인 거 같다"면서, "배급이 아주 혁명적이었고, 당시 노동운동, 민주화운동의 파워가 결합해 현재의 멀티플렉스에 버금가는 시스템을 임시로나마 구축했다. 지금 생각해봐도 아주 혁명적이고 근사한 시스템이었다"고 평가했다.

1980년대 대학에서 만든 단편영화들과 〈오! 꿈의 나라〉 배급을 담당했던 낭희섭(독립영화협의회 대표)은 "1985년 이후 각 대학에 만들어지기 시작한 영화동아리 등이 〈오! 꿈의 나라〉 배급에 역할을 했고, 〈파업전야〉는 전노협 〈닫힌 교문을 열며〉는 전교조의 주도로 상영과 배급이 전개됐다"며 "각 대학 영화서클은 학내에서 상영 홍보와 영사 등 기술적으로 일정한 역할을 담당했다"고 말했다. 아울러 "〈오! 꿈의 나라〉 이후 〈파업전야〉 등 장편영화가 잇따라 나오면서 대학 내 단편영화 시장이 퇴조했다"고 덧붙였다.

〈파업전야〉의 가장 큰 의의는 1980년대 서울대 영화서클 얄라셩으로 시작된 한국 영화운동을 총정리하는 귀중한 성과였다는 점이다. 1980년 5월 광주항쟁을 거치며 운동적 지향성을 강화한 영화운동의 역량이 〈파업전야〉를 통해 결집했기 때문이다. 〈오! 꿈의 나라〉보다 더 많은 화제를 불러일으켰고, 한국 영화운동의 대표적 작품을 넘어 2019년 한국영화 100년의 대표작 중 하나로도 평가받았다.

장산곶매는 1991년 「한국 영화운동이 걸어온 길」에서 파업전야의 의미를 이렇게 정리했다.

〈파업전야〉는 전후 한국영화 사상 최초로 노동운동의 현장을 변혁

영화, 변혁운동이 되다

운동의 선상에서 정면으로 다룬 역사적 의의를 갖고 있다. 또한 전국의 문화운동 단체들과 연대하여 전국적인 상영 활동을 전개한 것도 영화운동의 보급 상영 체계에 대한 하나의 모델을 제시한 것이었다.

촬영부터 방해받은 〈닫힌 교문을 열며〉

〈파업전야〉의 흥행 성공으로 1990년대 초반 영화운동의 역량은 한층 강화된다. 군사정권의 탄압 속에서도 꿋꿋이 상영하고 흥행을 일궈낸 〈파업전야〉는 독재권력에 맞서 싸운 한국 영화운동의 위대한 승리였다. 장산곶매는 〈파업전야〉의 성과를 바탕으로 다음 작품 준비에 들어갔다.

2019년 발간된 서울독립영화제의 구술사 프로젝트 『다시 만난 독립영화』에 나와 있는 강헌의 증언에 따르면 차기작에 대해서는 다양한 의견이 제시되며 내부에서 많은 논의가 이어졌다. 장산곶매가 각 대학 영화과와 영화동아리가 연합한 형태라 시선이 다양했다. 그 사이 회원도 더 늘어났다. 〈닫힌 교문을 열며〉는 세 번째 선택지였다.

현대중공업 등 대기업 공장을 배경으로 한 영화를 만들어보자는 구상도 있었으나 파업을 안 하면서 접게 됐고, 공수창, 이은, 장동홍 등이 준비하던 35mm 전태일 장편영화는 제작할 만한 능력이 부족했다. 최종적으로 제작에 들어간 것이 전교조 해직 교사를 소재로 한 영화 〈닫힌 교문을 열며〉였다.

1990년 8월 시나리오팀 구성 후 1991년 1월 기본 취재를 시작했고, 3월 시놉시스와 시나리오 초고가 완성된다. 가제는 〈아! 선생님〉이었다. 8월 〈닫힌 교문을 열며〉로 제목을 확정한 후 9월 장산곶매

총회에서 제작을 결정하고 연출부와 기획팀을 구성한 후 11월 2일부터 본격 촬영에 들어가 12월 20일까지 22회차 촬영을 완료한다. 연출은 이재구가 책임졌다.

강헌은 『다시 만난 독립영화』에서 "노태우 정권은 〈파업전야〉에서 자기들이 당했다고 생각해 〈닫힌 교문을 열며〉에서는 전방위적 압력을 넣었다"며 "촬영 장소로 섭외했던 학교들이 촬영 당일 취소를 통보해 오는 등 어려움이 많았다"고 술회했다.

이재구(감독)는 "관계 당국이 촬영 장소 섭외를 방해하고 현상소와 녹음실 등에서의 후반 작업을 막았다"면서 "배우 녹음은 서강대 방송실에서 했고, 효과 녹음은 고 김벌레 선생이 운영하던 38스튜디오에서, 후반 작업은 일본에 가서 했다"고 말했다.

장산곶매는 1992년 2월 17일 기자회견을 열어 "문화부가 현상소 녹음실 등의 업체 관계자들에게 장산곶매 영화에 대한 작업 거부를 지시해 영화 〈닫힌 교문을 열며〉의 제작을 중단시켰다"고 항의하고, 영화법상으로 근거가 없는 이러한 월권 행위를 중단할 것을 요구하는 공개질의서를 이수정 문화부 장관에게 보낸다.

문화부는 〈닫힌 교문을 열며〉가 편집과 음악 작업을 끝내고 녹음과 상영 프린트 현상만을 남겨놓은 상태에서 세방현상소와 한양녹음실 등에 계약 취소를 종용했다. 작업을 강행할 경우 모처에서 연락이 갈 것이라는 위협성 발언으로 작업을 포기시켰다.

『한겨레신문』 1992년 2월 18일자에 따르면, 문화부는 "장산곶매는 〈오! 꿈의 나라〉와 〈파업전야〉를 제작신고와 공연윤리심사위원회 심의를 거치지 않고 제작·상영해 영화법 위반으로 법적 제재를 당해 온 단체"라며 "이들이 또다시 입게 될 피해를 막기 위해 관련 업체의

영화, 변혁운동이 되다

협조를 구했다"고 해명했다.

이에 대해 장산곶매는 "위법 행위의 사전 예방이었다면 문화부는 문제적 작품을 쓸 우려가 있는 시인과 소설가들에게 원고지와 펜을 팔지 못하게 문방구를 봉쇄할 셈인가?"라고 반박한다. 당시 영화법은 35mm 상업영화를 대상으로 하고 있을 뿐 8mm와 16mm 영화에 적용하는 것이 무리였으나, 정부가 법 공방 차원을 벗어나 관련 업체에 대한 회유와 탄압이라는 음성적이고 비열한 수단을 동원한 것이었다.

장산곶매는 2월 25일 후반 작업이 안 된 상태로 예술극장 한마당에서 언론을 대상으로 시사회를 열었고, 3월 6일~7일에는 한양대학교 대강당에서 일반 관객을 대상으로 하는 상영회를 강행했다. 정권이 방해하는 영화로 알려지면서 상영회는 주목을 받았다. 한양대에서 이틀 동안 이어진 상영에 당시 집단 해직된 전교조 교사들과 학생들이 대거 관람에 나섰다. 서울시교육청의 장학사들과 관계자들이 중고등학생들의 출입을 막기 위해 정문 부근에 깔렸으나, 해직 교사들과 함께 입장하는 학생들을 막아낼 수는 없었다.

이날 상영이 주목받은 것은 녹음이 안 된 상태에서 출연 배우들이 영화의 대사를 상영장에서 직접 마이크를 들고 동시 더빙했기 때문이었다. 마치 무성영화 시대처럼 스크린 아래에 모여 앉아 있던 배우들과 성우들은 화면에 맞춰 실시간으로 직접 대사를 말했고, 어색함 없이 관객들이 영화에 몰입하게 만들면서 크게 화제가 됐다. 효과음이나 배경음악도 현장에서 즉흥적으로 이뤄졌을 만큼, 한국영화 역사에서 두 번 다시 보기 힘든 이른바 '상영관 동시 더빙'이 선보인 순간이었다. 어떠한 탄압과 제약이 와도 뚫어내겠다는 영화운동의 의

지가 드러난 시간이기도 했다.

그런데, 한양대 상영은 일종의 위장 전술이었다. 당시 장산곶매는 일본의 도에이 영화사로 필름을 보내 현상과 녹음을 진행 중이었다. 문제는 필름을 갖고 들어오는 것이었다. 당시 필름은 해외에서 포르노 영화를 갖고 오는 사람들 때문에 마약과 함께 세관에 걸리는 품목이었다.

1992년 4월 25일 전국 상영을 결정해놓고 홍보 포스터 등 작업을 마무리한 상태에서 장산곶매 대표 강헌은 상영 이틀을 남겨놓고 이은, 오기민 등 다섯 명을 도쿄로 보내 각각 다른 비행기로 김포와 김해 등으로 들어오게 한다. "할 수 없다. 다 잡혀가자"라는 생각이었다. 이들 외에 장산곶매 회원이 아니었던 한 명을 비밀리에 더 보내 카세트테이프보다는 크고 비디오테이프보다는 작은 유매틱(U-matic) 필름으로 들여온다. 다섯 명이 모두 잡힐 경우를 대비한 계획이었다.

그러나, 다섯 명 중 잡힌 사람이 한 명도 없어 도리어 강헌을 당혹스럽게 한다. 강헌은 "당시 정부 측에서 다 알면서 일부러 안 막은 것 같다"며, 〈파업전야〉 때처럼 헬기가 뜨고 해야 홍보가 되는데, 한 명도 잡히지 않으면서 다섯 명을 희생시키려던 홍보 전략에 차질이 빚어지게 됐다"고 회상했다.

〈닫힌 교문을 열며〉는 배우 정진영의 데뷔작이기도 했다. 〈파업전야〉 상영 과정에서 고발당한 예술극장 한마당 대표 김명곤 등이 출연해 이전 작품들보다 배우들의 연기가 돋보였다. 연출을 맡은 이재구(감독)는 "현실을 날것 그대로 만드는 것이 참여했던 이들의 꿈이었다며 모두 의무감과 책임감으로 같이한 것이었다"고 회상했다.

제작 과정에서부터 어려움을 겪은 〈닫힌 교문을 열며〉는 상영의 어려움도 장산곶매가 이전에 만든 작품들과 크게 다르지 않았다. 다만 두 영화의 배급을 통해 경험을 쌓은 장산곶매는 전교조와 함께 은밀한 방법으로 배급을 진행했다. 일부 공개적인 상영을 예고한 지역에서는 학교와 교육청이 나서 홍보물을 빼앗거나 학생들에게 관람하지 말 것을 지시하며 마찰을 빚기도 했다. 그럼에도 상영은 약 2년간 이어졌다.

제작진에 대한 고소 고발도 되풀이됐다. 장산곶매 3대 대표 강헌은 〈닫힌 교문을 열며〉 제작과 상영으로 인해 영화법 위반으로 불구속 기소됐다. 홍기선, 이용배에 이어 강헌까지 장산곶매 대표를 맡았던 이들이 모두 기소된 것이었다. 하지만 이 세 번째 고발은 검열로 창작과 표현의 자유를 제한하려던 권력의 자충수가 된다.

검열 무너뜨린 장산곶매

〈닫힌 교문을 열며〉까지 성공시킨 장산곶매는 농촌영화 〈땅의 사람들〉을 제작하려 했으나 제작에 들어가지는 못한다. 활동 방식에 대한 이견이 생기면서 구성원들이 각자 개인적으로 영화 활동을 하게 된 것이 이유였다.

이재구는 "〈닫힌 교문을 열며〉 이후 전태일 영화, 민예총 문예아카데미 장산곶매 영화학교 운영, 〈땅의 사람들〉 등 세 가지 사업 구상이 있었으나 무산됐다"며 "농민영화 〈땅의 사람들〉은 초고까지 진행됐다가 미완으로 남게 됐다"고 말했다.

장산곶매는 활동 과정에서 내부 구성원들 간의 정파 투쟁이 발생하기도 했다. 당시 NL(민족해방)과 PD(민중민주)의 노선 갈등이 장산곳매 내부에서도 있었기 때문이었다.

강헌은 "〈파업전야〉 성공 이후 정파 투쟁이 생겼는데, NL 계열과 노동자문화예술운동연합(노문연), 남한사회주의노동자동맹(사노맹) 등에서 보낸 사람들이 있었다"면서 "내가 색출해서 다 잘랐으나 〈닫힌 교문을 열며〉를 제작하기까지 내부가 굉장히 복잡한 상황이었다"고 회상했다.

신종관은 "장산곶매는 정회원과 준회원으로 구분됐는데, 〈파업전야〉 이후 회원이 많이 늘어나 정회원이 13명이었고, 준회원이 수십 명이었다"며 "그런데, 상층부 핵심들이 따로 의결기구를 만들면서 거기에 대한 반발과 창작방법론에 대한 차이로 인해 일부가 탈퇴했고, 대학영화연합 출신들도 〈닫힌 교문을 열며〉 제작 이전에 한때 탈퇴했다가 나중에 다시 장산곶매로 결합하게 됐다"고 말했다. 이어 "강압적으로 몇몇의 뜻을 따르라고 하는 것에 대한 반감도 작용했다"며 "다소 민주적 방식이 아니라고 생각했던 부분도 있었다"고 평가했다.

이재구는 "〈파업전야〉 이후 많은 사람이 가입 의사를 밝혀왔으나 거의 다 운동권이었다. 우리는 당장 영화를 만들 수 있는 인재가 필요한데 그런 사람이 많지 않아 아쉬웠다"고 말했다. 또한 창작방법론에 대한 이견 부분은 "더 강한 투쟁으로 가야 한다는 대학영화연합 출신들과 영화를 중심으로 생각하자는 기존 회원들의 견해 차이였다"고 설명했다.

오정옥(촬영감독)은 "16mm 영화를 만들 인적 자원이 많지 않았다. 그나마 조금의 경험이라도 있는 사람들이 필요했다"고 회상했다.

〈닫힌 교문을 열며〉 이후 장산곶매의 활동이 점차 약해진 것에 대해 이은은 "활동을 이어나갈 방법에 대한 각자 생각들이 달랐다"고

영화, 변혁운동이 되다

말했다. 당시에는 "월급도 활동비도 받지 않던 구조에서 가정을 꾸린 사람도 늘어나며 대책이 필요한 시점이었다"는 것이다.

이은은 "장산곶매가 지속적으로 유지되기 위해서는 소수 중심으로라도 집중적으로 새로운 영화를 만들고 다른 이들은 이를 지지하는 방식으로 활동하자고 제의했으나, 강헌의 생각은 '영화의 결과는 결국 회원들 모두의 책임으로 돌아오는 것이기에, 회원들 모두가 함께 결정하고 책임지자'는 것이었다"고 말했다. "결국, 표결 끝에 강헌의 의견이 다수가 되면서 생계 활동이 필요한 사람들은 자연스럽게 멀어지게 된 것이다"라고 덧붙였다.

장산곶매는 공식적으로 해체된 것이 아닌 서서히 활동이 중단됐지만 한국 영화운동에서 매우 중대한 성과를 이뤄낸다. 오랜 시간 이어져오던 영화 사전검열을 폐지시킨 것이었다. 〈닫힌 교문을 열며〉로 인해 영화법 위반으로 기소된 강헌이 1993년 10월 검열 문제에 대한 헌법소원을 제기한 것은 중요한 계기가 됐다. 앞서 〈오! 꿈의 나라〉로 인해 기소된 홍기선도 영화법에 대한 위헌법률심판제청을 제기했었으나 법원에서 기각된 상태였다. 강헌은 "법원이 어차피 기각할 것이니 하지 말자고 했지만, 당시 변호를 맡은 김형태 변호사가 절대 포기하면 안 된다고 했다"며 "한 사람의 진정한 마음이 세상의 규칙을 바꿀 수 있다는 것을 알게 됐다"고 회상했다. 기각이 예상됐던 위헌법률심판제청은 예상을 깨고 법원이 받아들이면서 반전을 이룬다. 당시 서울형사지법 김건일 판사는 '영화도 넓은 의미의 표현 자유 영역'이라며 헌법재판소에 헌법소원을 내면서 2년 만에 재판이 중단됐다.

그로부터 3년이 흐른 1996년 10월 4일 헌법재판소는 공연윤리위원회(공륜)의 심의는 사전검열제도로 위헌이라는 결정을 내린다. 일제강점기 조선총독부에서 시작된 검열의 역사가 영화운동의 끊임없는 저항에 마침내 무릎을 꿇게 된 것이었다.

1987년 6월 항쟁의 영향으로 그해 9월부터 시나리오 사전심의가 폐지된 데 이어 근 10년 만에 공륜의 검열까지 없어지면서 창작의 자유는 한층 강화됐다. 장산곶매가 앞장섰던 표현의 자유 투쟁이 얻어낸 소중한 결과물이었다.

장산곶매에서 활동했던 회원들은 1990년대 후반부터 2000년대까지 한국영화에서 두드러지는 활약을 보인다. 사회성 짙은 영화를 흥행작으로 만들어내며 2000년대 이후 한국영화의 중심으로 자리매김했다.

〈오! 꿈의 나라〉를 만들었던 1988년부터 〈닫힌 교문을 열며〉를 만들었던 1992년까지 장산곶매 회원으로 활동했던 사람들은 다음과 같다.

고 홍기선(감독, 〈일급기밀〉 〈이태원 살인사건〉), 이용배(계원예술대 교수), 강헌(경기문화재단 대표이사), 이은(제작자, 〈JSA 공동경비구역〉 〈아이 캔 스피크〉). 공수창(감독, 〈알 포인트〉 〈GP 506〉), 장윤현(감독, 〈접속〉), 장동홍(감독, 〈이웃집 남자〉), 이재구(감독), 정성진, 오기민(제작자, 마술피리 대표), 오정옥(촬영감독), 김재홍(교수), 장문일(감독, 〈바람피기 좋은 날〉), 강경환(시나리오 작가, 〈차형사〉), 고길수(제작자, 〈차형사〉), 김숙(감독), 김유진(감독), 김은채(시나리오 작가), 김정호(교수), 박현선(시나리오 작가), 서우식(프로듀서), 서정일(교수), 손은영, 신종관, 오창환(전 동북아평화연대 이사), 이연수, 이장길, 이창준(제작자), 이천형(작가), 임성찬(감독, 〈가벼운 짐〉), 정진완(감독), 조미라(시나리오 작가), 최호(감독, 〈빅 매치〉 〈사생결단〉) 등.

민족영화연구소와 노동자뉴스제작단

　장산곶매가 〈오! 꿈의 나라〉를 만들기 시작한 1988년은 영화운동 단체들이 여러 형태로 분화하던 시기이기도 했다. 1980년대 초반 영화운동에 뛰어들었던 청년들이 1985년을 기점으로 하나둘 충무로에서 활동하기 시작했고, 영화마당 우리의 작은영화워크숍을 선택해 수료하는 사람들도 늘었다.

　1985년 이후 활발해진 대학 영화서클의 영향으로 여러 갈래의 단체나 모임들이 생겨났다. 기존 서울영화집단에서 서울영상집단으로 이어지며 영화운동의 중심에서 활동했던 이들이 여러 이유로 방향을 달리 잡은 것은 영화운동의 분화에 중요한 작용을 했다. 활동에 대한 이견과 노선 차이로 인해 사상 투쟁 등이 여러 형태로 전개되던 시기였다.

서울영상집단의 분화

1986년 파랑새 사건은 서울영상집단의 구성원들 간 결별의 단초를 제공했다. 이효인(영화평론가, 전 한국영상자료원장)은 저서『한국 뉴웨이브 영화와 작은 역사』에서 "서울영상집단이 1987년 중반에 해산했다"면서 그 이유를 이렇게 기록하고 있다.

> 1986년에 재결합한 그들을 대상으로 〈파랑새〉 사건을 계기로 신뢰를 잃었다고 면전에서 말해버렸다. 홍기선(감독)과 이정하(전 영화평론가)도 그 점에 동의했는지 아니면 내 사정을 고려해서 동의해줬는지 알 수 없다. 상대편들은 운동노선의 차이에 의한 분리라고 해명/주장했다고 하는데, 여하튼 그들이 서울영상집단이라는 명칭을 쓰길 원했기 때문에 명칭 사용에 동의를 해줬다.

서울영상집단이라는 이름은 이후에도 계속 이어졌으나, 서울영화집단에서 시작됐던 기존 활동과는 다른 별개의 활동이 됐다. 파랑새 사건으로 연행됐으나 구속을 면해 상대적으로 자유로웠던 변재란(영화평론가, 순천향대 교수)은 "홍기선과 이효인, 두 사람이 풀려난 이후 서울영상집단이 한자리에 모였을 때, 나와 홍기선, 이효인, 이정하는 서울영상집단을 그만두기로 결정했다"며 이효인이 '신뢰를 잃었다'고 말한 이유를 이렇게 설명했다.

"1986년 당시 서울영화집단이 서울영상집단으로 확대되는 과정에서 새로 합류한 혜화동팀(배인정, 김대호, 주명진 등)이 홍기선과 이효인의 구속 기간 중 면회는 물론 활동에 적극적인 모습을 보이지 않았다. 그리고 보안이 필요한 중요한 문건 관리에 철두철미하지 않아 경

영화, 변혁운동이 되다

찰 연행 과정에서 압수됐고, 이로 인해 두 사람이 고초를 당한 점 등이 지적되면서 신뢰가 약해졌기 때문이었다."

변재란은 "1987년 박종철 열사가 고문 살해당하면서 이정하가 박종철 추모 다큐멘터리 〈우리는 너를 빼앗길 수 없다〉를 제작할 때 나와 남인영(영화평론가, 동서대학교 교수)은 민주화실천가족운동협의회(민가협) 가족들 인터뷰를 담당했었으나, 다른 혜화동팀은 특별한 활동이 없었다"고 말했다. 이어 "서울영상집단 이름을 넘겨주는 대신, 만일 탈퇴하는 우리가 추후 별도로 다시 활동하게 될 경우 '서울영화집단' 이름을 쓰겠다고 했다"고 덧붙였다.

이효인은 『한국 뉴웨이브 영화와 작은 역사』에서 면회 온 사람들에 대해 "수감 당시 변재란과 이정하 등이 몇 번 면회를 왔다"며 "일일이 인사를 잘했는지 기억나지 않지만, 이정하와 변재란의 옥바라지가 고마웠다"고 회상했다. 변재란은 "장선우 감독과 함께 홍기선과 이효인의 면회를 간 적도 있었다"고 말했다.

하지만 홍기선, 이효인, 이정하, 변재란 4인의 탈퇴 후 서울영상집단 대표를 맡았던 배인정(노동자뉴스제작단 대표)은 "그들은 다른 지향점을 갖고 있었기 때문에 나간 것이고 다른 단체(민족영화연구소)를 만들어서 활동했다"며 "그 이전부터 서울영상집단의 상황은 썩 좋지 못했었다"고 평가했다. 활동에 대한 견해 차이로 분리됐다는 것이었다.

배인정은 "서울영상집단이 최초로 독립영화를 지향하는 영화운동가 단체였으나 결성 초기 주요 회원들은 영화 제작 현장이나 충무로로 갔다"면서 "자본으로부터의 독립이라는 독립영화 제작을 모색하며 만들었으나, 다른 나라의 영화운동을 소개하고 우리나라에서의 독립영화에 관한 이론적 고민들을 정리한 책 『새로운 영화를 위하여』

(학민사, 1983.11)을 발간한 일에서 멈춰버렸다"고 평가했다. "물론 몇 편의 독립영화 제작도 시도하긴 했으나, 시도에 그쳤을 뿐이었다"고 덧붙였다.

서울영상집단을 탈퇴한 홍기선(감독)은 1988년 장산곶매 대표를 맡아 〈오! 꿈의 나라〉를 제작했고, 이효인은 1987년 이후 충무로의 제작 현장으로 가서 연출부로 활동한다. 그러다가 1988년 UIP 직배 반대 투쟁이 일어났을 때 이정하와 함께 민족영화연구소(민영연)를 만들게 된다. 변재란은 "당시 이효인과 이정하는 영화 비평 쪽과 이론적인 활동을 하고 싶어 했던 것으로 안다"고 말했다.

서울영상집단도 별도의 분화 과정을 거쳤다. 1987년 배인정이 대표를 맡은 이후 남은 회원들은 민중문화운동연합(민문연) 산하로 들어갔다가 1989년 노동운동과의 연계를 모색하며 탈퇴 후 노동자뉴스제작단(노뉴단)이라는 이름으로 활동한다. 이후 1990년 남인영(영화평론가, 동서대 교수)과 홍형숙(감독) 등 일부 회원이 분리선언을 하면서 서울영상집단 이름을 사용하게 된다.

1987년 서울영상집단을 함께 탈퇴한 홍기선과 이효인은 이후 조금씩 거리가 생기게 된다. 제도권인 충무로에서 활동하는 것에 대한 두 사람의 생각 차이가 있었기 때문으로 보인다.

이효인은 저서 『한국 뉴웨이브 영화와 작은 역사』에서 "출옥 후 이정하와 함께 유학에서 돌아온 지인을 자주 만났다"며 "누가 먼저 보자고 했는지는 모르지만, 그는 자주 '홍기선의 그동안 노고를 인정하는 무엇인가를 해서 그를 풀어줘야 한다'는 요지의 말을 하곤 했다"고 밝혔다.

또한 "처음에 들을 땐 그 말을 호의로 받아들였는데, 후에는 그 말

영화, 변혁운동이 되다

이 홍기선의 과거를 제한적으로 인정하면서 미래의 영역에서는 배제하고자 하는 의도가 들어있었던 것으로 짐작되었다"면서 "물론 그도 의식적으로 그런 것 같지는 않고, 다들 자신의 영역 구축이 필요했기에 그랬을 것"이라고 덧붙였다.

이효인은 "그것과는 별개로 이정하와는 더욱더 운동적, 인간적 차원에서 가까워지면서 홍기선과는 거리를 두기 시작했다. 그때 나는 작은(독립)영화만으로는 한계가 분명하다고 생각해 충무로로 나가야겠다는 생각이었다"고 말했다.

이어 "내가 그런 생각을 한다는 것을 다른 사람으로부터 전해 들은 홍기선 형은, 그답지 않게 섭섭하다고 말했다"면서 "어떻게 그런 중요한 일을 자신과 의논도 없이 결정할 수 있느냐는 것이었으나, 물론 그 점은 미안하고 잘못했지만, 그때 나에게는 그와 그런 의논을 하기 싫었던 사정이 있었다"고 밝혔다.

충무로에 들어온 이효인은 연출부와 지미필름 기획실 등에서 활동한다. 이정하도 충무로 연출부와 영화 무크지 발간 등의 일을 하며 영화계 민주화 및 UIP 직배 등 주요 현안과 여러 일에 실무적으로 참여한다.

이들은 충무로 영화계의 경험과 세력 조성을 유지하면서 사회, 노동, 학생 운동의 활발한 전개에 발맞추고자 새로운 조직을 만든다. 그것이 민족영화연구소(민영연)의 출발이었다. 영상을 통한 운동적 기여를 조직의 목적으로 하고 있었다.

이효인은 "1986년 파랑새 사건을 통해 영화를 통한 투쟁이 가능하다는 것과 독립영화 내부의 운동 성형의 차이가 드러난 맥락의 연장선상에 놓인 것이 민족영화연구소의 출발이었다"고 밝혔다.

충무로 활동을 시작한 이효인과 이정하는 1987년 영화도서로는 최초로 판매금지 처분을 받은 『레디고』(이정하 편집, 1986)를 펴냈고 이듬해인 1988년에는 전양준(부산영화제 집행위원장)과 함께 레디고 2집인 『새로운 한국영화를 위하여』를 출간한다. 이효인은 "작은(독립)영화 등 비제도권에만 국한되지 않는 활동을 지향했던 것"이라고 밝혔다.

『레디고』는 '80년대 영화의 현 단계와 전망'이란 주제로 한 유현목 감독 · 이영일 평론가 · 이장호 감독 · 장길수 감독의 대담, 양윤모 평론가가 쓴 「70년대 상황과 한국영화의 갈등」, 이해영이 쓴 「영화운동의 방향에 대하여」 등의 내용으로 구성됐다.

『새로운 영화를 위하여』에는 한국영화의 현황과 분석을 특집으로 김용태의 「배창호 연출 스타일 연구」, 이정하의 「개방 시대의 한국영화 전망」, 배병호의 「한국 영화산업 연구」, 강한섭의 서평 「새로운 영화를 위한 새로운 인식」 등이 수록돼 있다.

민족영화연구소

민족영화연구소는 1988년 8월부터 활동을 시작해 9월 9일 북아현동 사무실에서 창립식을 열었으며, 1990년까지 2년 정도 활동했다. 영상 제작과 보급 외에도 충무로의 영화법 개정 및 직배 저지 운동에 참여하면서 영화계 전체와의 연대에 적극적이었다. 당시 미국 영화사의 직배라는 충무로 한국영화의 현안에 영화운동이 본격적으로 뛰어들어 함께 대응한 것이었다.

초기 회원은 이효인, 이정하, 이수정, 김재호, 구성주, 이상인 등이었다. 이수정(감독)은 "당시 창립식에 김규동 시인이 격려사를 했고,

1988년 9월 9일 민족영화연구소 창립대회에서 격려사를 하고 있는 김규동 시인 _이수정 제공

홍기선(감독), 박광수(감독), 공수창(감독) 등이 참석했다"고 기억했다.

민영연은『민족영화』라는 계간지를 통해 운동 방향에 대한 이론적 토대도 구축했다. 한국영화에서 비중 있는 역할을 한 인물들이 민영연을 통해 많이 등장하는데, 대표적으로 스크린쿼터 사수 투쟁이 활발했던 1999~2006년 사이 한국영화의 정책과 이론가로 부상한 김혜준(전 영진위 사무국장)을 꼽을 수 있다. 김응수(감독), 김준종(전 부천국제판타스틱영화제 사무국장) 등도 민영연을 통해 영화운동에 뛰어든 경우였다.

김혜준은 이효인과 재회한 것이 인연이 돼 민영연에 합류했다. 1988년 재야운동 단체인 서울민중연합에서 개설한 민족문화교실(4기 ; 9.1~10.24)과 민족학교(7기 ; 9.16~11.8)를 다니던 중에 민족문화교실의 영화 쪽 강사로 이효인이 출강한 것이다.

김혜준에 따르면 고등학교 동창생이 이효인의 대학 운동권 1년 후

배여서, 이전에 부천역 근처 친구의 생계형 만화방과 중국음식점 집들이에서 우연히 인사를 나눴던 적이 있었다. 김혜준은 1980년 전남대학교 재학 시절 광주에서 5·18민중항쟁을 직접 겪었기에 재야단체 활동에 관심을 두고 있었다. 이후 민족문화교실에서 강사와 수강생으로 다시 만난 것이 평범한 직장인으로 살던 김혜준에게 삶의 전환점이 된 것이다.

김혜준은 "당시 미국 영주를 위한 비자를 1988년 6월에 이미 받은 상태였고, 미국에 계신 어머님과 형제들 곁에서 살 것이냐, 아니면 다른 삶을 살 것이냐를 고민하던 시기였다"며 "이효인과의 재회가 결국 한국에 남기로 결심 한 계기가 됐다"고 밝혔다.

당시 영화계는 직배 문제가 불거지며 1988년 8월 24일에 '영화법 개정을 위한 청년영화인협의회'가 만들어졌고, 9월 28일엔 '직배 저지와 영화진흥법 쟁취를 위한 영화인투쟁위원회'가 결성된 투쟁의 시기였다. 한국영화가 취약했던 시기라 당시 직배 시장을 허용하는 것은 국내 영화사들에게는 생존권 위협으로 작용하면서 반발이 커진 것이다.

한국 영화계는 박정희 군사독재가 등장한 1960년대 이후 외국영화 수입을 위해 의무적으로 영화를 만들고 있었다. 외국영화라는 것이 대부분 미국 할리우드 영화였지만 연간 3~4편 이상 제작해야 외국영화 1편을 수입할 수 있었다. 당시는 외국영화라면 흥행이 보장된 것이나 다름없던 시기였다.

국내 영화사를 거치지 않고 미국 할리우드 영화사의 직접 배급을 허용하겠다는 정부의 방침에 영화계는 거세게 반발했다. 충무로 영화계와 함께 1985년 이후 늘어난 대학 영화서클도 나서 반대 투쟁을

영화, 변혁운동이 되다

벌이고 있었다. 재야에서 활동하던 영화운동 세력과 제도권인 충무로의 연대 투쟁이었다.

김혜준은 "나중에 안 사실이지만, 민족영화연구소를 막 출범시킨 이효인, 이정하 두 사람은 이 투쟁의 한가운데서 핵심 기획자 역할을 맡고 있었다"고 말했다.

이효인에 따르면 민족영화연구소는 창립 시기부터 충무로 영화계를 배척의 대상으로 삼지 않았다. 통일 전선의 대상으로 삼는 강령을 갖고 있었다. 또 일련의 활동을 통해 독자적인 역량을 확보하지 못하면 제도권 내의 활동은 시도조차 불가능하다는 것을 자각하고 있었다. 이후 이들은 미국 영화 직배 저지 투쟁에서 일부 충무로 영화인들과의 연대가 가능하다는 것을 느끼면서 충무로를 제도권으로, 영화운동권을 비제도권으로 명명한다. 충무로 상업영화와 독립영화 모두를 선입견 없이 연대의 대상으로 삼겠다는 의미였다. 또한, 충무로 밖의 영화운동을 비제도권으로 명명함으로써 충무로 제작 현장에 속하지 않은 학계, 비평계, 독립영화계 구성원들과 정치적 혹은 영화적 경향을 구분하지 않고 연대하겠다는 의지를 간접적으로 표명했다.

이효인은 "이 시기의 영화운동을 제대로 이해하기 위해서는 1987년 민주화 대투쟁 이후부터 3당 합당(1991.1.22)과 소련의 붕괴(1991.12.26) 시기까지가 마치 혁명전야 같았다는 점을 상기할 필요가 있다"며 "1987년 이후 약 4~5년 동안 '작은영화'로 아우를 수 있는 청년영화 진영은 영화운동 진영의 논리에 부분적으로 찬성하면서 함께했다"고 밝혔다.

이정하는 1990년 『민족영화 2』에 실린 '현 단계 영화운동의 전망'에 대한 대담에서 1980년대의 영화운동에 대해 "변혁적인 영화운동의 범주를 스스로 비합법으로 제한해 운신의 폭이 좁았다"고 지적하면서, "한국 영화운동의 과제가 식민지 매판영화의 척결과 영화법 개폐 등 많은 것이 있음에도 불구하고 제도권 영화인 전체를 적으로 규정하는 배타성을 갖고 있었기에 상대적으로 다소 타협적인 운동 방식"이었다고 비판했다.

1980년대 후반과 1990년대 초반은 그 이전 영화운동에 뛰어든 청년 영화인들의 충무로 활동이 늘어나던 시기였다. 충무로로 가는 게 변절이나 투항이라는 주장도 있었으나, 민영연은 영화운동이 충무로도 아우를 수 있어야 한다는 점을 강조하며 충무로와의 연대를 주창한 것이었다. 변재란은 "영화운동이 충무로에서 활동을 시작한 것은 새로운 전선을 구축했던 것"이라며 "그만큼 활동이 폭이 넓어진 것으로 볼 수 있다"고 평가했다.

민영연에서 활동했던 김준종(프로듀서. 부천국제판타스틱영화제 사무국장)은 "1989년 2월 군대서 제대한 후 참석한 세미나를 통해서 민족영화연구소를 만났다"며 "당시 이효인과 이정하를 중심으로 운영되고 있었고, 김혜준의 경우는 문화운동으로 영화에 접근했던 것"이라고 말했다. 또 "민족영화연구소는 이론을 중심으로 했고, 한겨레영화제작소는 영화 제작에 중심을 뒀다"면서 "당시 봉천동에 사무실이 있었는데, 밤새 비디오를 복사했다"고 회고했다.

1989년 당시는 1987년 노동자 대투쟁 이후로 곳곳에서 민주노조가 생겨나며 교육용으로 볼 수 있는 비디오가 많이 요구됐던 시기였다. 재야단체나 시민단체, 대학 총학생회 등에서 이를 필요로 했다. 관심이 뜨거운 현안과 관련해서는 수백 개 정도를 복사해서 판매했고, 대여도 꾸준히 이뤄지면서 활동비를 충당할 수 있었다.

영화, 변혁운동이 되다

민족영화연구소,
한겨레영화제작소
회원들
_이수정 제공

　김혜준은 민족영화연구소 활동을 한 이유에 대해 "대중과의 소통
측면에서, 공연보다 영화가 훨씬 효과적인 매체라고 판단했기 때문"
이라며 "당시 민영연은『노동하는 시민을 위한 세계사』를 만들고 있
었는데, 목욕탕 건물 지하 작업실에서 더빙 작업을 하고 있던 연구소
구성원들이 저를 바라보는 표정이 상당히 특별했다"고 회상했다.

한겨레영화제작소

　민영연은 1989년 5월 영화 제작을 중심에 둔 '한겨레영화제작소'
를 따로 설치해 운영한다. 이에 대해 이효인은 "장산곶매의 영화
〈오! 꿈의 나라〉 제작을 의식한 것이었지만 본질적인 문제는 정치적
탄압에 대한 방책이었다"고 밝혔다.
　민영연은 정보기관의 사찰로 짐작되는 징후가 빈번해지면서 위기
를 감지하고 이었다. 제작 관련 장비를 북아현동의 공간이 아닌 봉천
동 공간으로 옮길 정도였는데, 훗날 회원 중 한 명인 배인오(본명 백흥
용)는 1993년 '안기부 프락치 양심선언'을 하게 된다.

<하늘아래 방한칸> 촬영 현장. 박상희, 이효인, 김준종, 이정하, 김혜준 _이수정 제공

이효인은 "배인오가 언제부터 프락치 활동을 했는지는 불명확하지만, 이 사건에서 짐작할 수 있듯 당시 민영연 회원들의 누군가가 프락치일 수 있다는 불안이 과민 반응만은 아니었다"고 술회했다.

영화운동가로 위장해 활동하던 배인오는 1994년 독일 베를린에서 국가안전기획부(현 국가정보원) 프락치로 활동했다고 양심선언을 한다. 이후 국내로 오지 않고 1998년 평양으로 들어가면서 파장이 일었다. 영화운동에 대한 정보기관의 감시와 사찰이 있었음을 드러내주는 대목이다.

한겨레영화제작소는 이정하가 대표를 맡았고, 연세대 영화패 초기 회원인 이수정(감독)이 제작국장으로 활동하면서 16mm 필름 작품 <하늘아래 방한칸>을 연출했다. 30분 단편 극영화였던 <하늘아래 방한칸>은 당시 1988 서울올림픽 이후 전세값 폭등으로 한 해 20명 정도 자살한 사회적 배경을 토대로 한 영화였다.

당시 미아리 달동네(지금은 아파트촌)에서 촬영했고, 전세가 인상으로 내몰릴 위기에 처한 공사판 일용노동자 가장이 자살하는 내용을 담고 있다. 민영연 회원이었던 이유미가 각본을 썼고, 김준종이 조연

영화, 변혁운동이 되다

출, 김재호 촬영, 대학영화연합 2대 회장이었던 김인수가 촬영부로 참여했다. 촬영 카메라는 김혜준이 미국에서 사 온 것이었다. 제작비 500만 원은 민영연의 비디오 판매 수익으로 마련했다.

이수정은 "초기에 민영연 청년영화학교 출신 이창원(제작자), 김응수(감독)도 함께 활동했고, 김준종도 이 시기에 들어왔다"고 말했다. 이어 "1989년 현대중공업 파업투쟁을 촬영하러 울산에 내려가기도 했다"면서, "봉천동으로 사무실을 이전한 것은 당국의 영화운동 탄압을 피하기 위해서였고, 연구와 제작을 분리하고 집중하기 위해서이기도 했다"고 설명했다. "정보기관 프락치로 밝혀진 배인오과는 1990년 민중당 창당을 같이 촬영했다"고 기억했다.

이수정은 대학 졸업 후 1987년 한국영화아카데미(4기)에 입학해 다음 해인 1988년 임권택 감독 연출부로 들어갔다. 그러나 "연출부 내 위계 폭력을 계기로 충무로를 떠났고 민영연 창립부터 함께했던 것"이라고 말했다.

이상인과 이창원은 1989년 다큐멘터리 영화 〈깡순이, 슈어 프로덕츠 노동자〉를 제작했다. 1974년 미국인에 의해 설립된 다국적 기업인 슈어 프로덕츠가 1988년 일방적인 폐업신고를 하자 노동자들이 맞서 투쟁하는 과정을 담은 영화였다. 이상인과 이창원은 노동자들과 2개월간 숙식을 같이하면서 농성 노동자 중 막내 노동자를 주인공으로 내세워, 노동자들의 싸움과 내면의 정서를 카메라에 담았다.

한겨레영화제작소 시절 속보 영상 제작도 주요 활동 중 하나였다. 그중 대표적인 것이 〈광주의 아들, 이철규를 살려내라〉였다. 1989년 5월 10일, 5·18 9주기를 앞두고 경찰의 수배를 받던 조선대생 이철규가 광주의 저수지에 변사체로 떠오르게 된다. 노태우 정권 시절 발생한 의문사 사건으로 온갖 의혹이 제기되면서 파장이 컸다. 한겨레영화제작소는 의문의 죽음에 대한 비디오테이프를 만들어 전국에 배포하는 역할을 맡았다.

김혜준은 "한겨레영화제작소 동료였던 민병진(감독)과 광주 현지 취재를 갔었다"면서 "제작 경험이 거의 없어서, 촬영 보조 역할을 하는 정도였는데, 속보 형식으로 만들어졌고, 명동성당 들머리 등에서 야외 상영을 했다"고 말했다.

이수정은 "당시 언론에 거의 보도가 안 되는 상황에서 긴급하게 세상에 알려야 했던 사안이라 주검 사진 등을 가지고 밤에 쥐가 나오는 봉천동 사무실에서 혼자서 덜덜 떨면서 밤샘 편집을 했다"고 말했다. 이어 "민병진과 함께 밤에 대학에 담 넘어 들어가 방송반 후배 성우를 동원해서 녹음한 후, 비밀 프로덕션에서 비디오테이프 300개 정도를 복사해서 전국 배포했다"고 회상했다.

청년영화학교도 민영연의 중요한 사업이었다. 이수정은 "야심차게 시작한 청년영화학교에 관심들이 많았고, 작고한 박광정 배우도 학생으로 왔었다"며 "연세대 영화패에서 활동했던 후배 김한민(감독, 〈명량〉)도 청년영화학교에서 제작한 단편 극영화 실습 작품에 연출인가 출연자로 참여했다"고 기억했다.

김혜준은 "청년영화학교는 1989년 여름방학 때 민족영화연구소와 한겨레영화제작소가 함께 준비한 행사로 신촌 우리마당(대표 김기종) 공간에서 열렸다"며 "전교조가 1989년 5월 28일 출범하고, 7월 3일 정부 당국에서 가입 교사들을 해직시키겠다고 방침을 정한 시기여서 한겨레영화제작소에서는 연대 활동 차원으로 〈꽃들에게 희망을〉이라는 작품을 만들었던 것이다"라고 말했다. 이어 "배인오(본명 백홍용)

영화, 변혁운동이 되다

와 연세대 재학 시절의 김한민(감독, 〈명량〉) 등을 만난 것도 청년영화학교였다"고 덧붙였다.

한겨레영화제작소의 마지막 작업은 전태일기념사업회의 의뢰로 제작한 〈어머니〉였다. 전태일 열사의 어머니 이소선 여사 회갑과 전태일기념사업회 20주년을 기념한 영상으로 이수정이 연출과 촬영, 편집을 홀로 담당했다.

이후 이수정은 1994년부터 방송 다큐멘터리 연출을 하다가 1997년 한국영화아카데미 동기인 이정향(감독)의 데뷔작인 〈미술관 옆 동물원〉 프로듀서를 맡았다. 몇몇 저예산 독립영화의 프로듀서를 하며 극영화 연출을 준비했고, 2011년 한진중공업 김진숙 지도위원의 크레인 농성을 다룬 다큐멘터리 영화 〈깔깔깔 희망버스〉를 연출했다.

민영연은 1988년 이후 2년 정도 활동하다 1990년 해소의 길로 들어선다. 이효인은 "총 회원이 30여 명에 이르렀고 비대해진 조직을 초기의 운동 논리와 조직 운영 원리에 따라 유지하기는 힘든 상태에서 세계사적 전환과 국내 상황의 변화를 맞으면서 '해소'하기로 결정을 내렸다"고 밝혔다. 또한 "1989년 12월 27~28일 1박 2일 열린 임시 총회에서 '결정서 채택'이라는 형식으로, 각자의 의지와 판단에 따라 기존의 영화운동 논리를 유지하며 활동한다는 맥락에서 '해산'이 아닌 '해소'라는 단어를 선택했다"며 "1기 창립회원들은 10명이었는데, 1990년 중반에 접어들어 이들은 운동적 입장을 유지하면서 각 개인의 진로를 결정했다"고 설명했다. 이어 "아쉽게도 그 결정서는 토론을 통하여 당일 작성되어서 현재 남아 있지 않고, 사실 '임시총회'라고 명명했지만 '비상총회'였다고 생각한다"고 덧붙였다.

민영연에서 활동했던 대표적 인사들은 이효인, 이정하, 이수정, 김

재호(촬영감독), 구성주(〈그는 나에게 지타를 아느냐고 물었다〉 감독, 작고),
이상인(한양대 교수, 〈어머니, 당신의 아들〉 감독), 민병진(〈우리 이웃의 범죄〉
감독), 김소양, 이유미, 김혜준(전 영진위 사무국장), 김준종(프로듀서, 부
천국제판타스틱영화제 사무국장), 김응수(〈시간은 오래 지속된다〉 감독), 이창
원(제작자) 등이다.

독립영화협의회 출범

민영연은 해소되기 전 영화마당 우리 등과 함께 한국독립영화협의
회를 출범시킨다. 1990년 1월 31일 결성된 독립영화협의회는 영화
운동 단체들의 첫 연대 조직이었다. 민족영화연구소(대표 이효인), 아
리랑(대표 윤석일), 영화공동체(공동대표 낭희섭, 최용배), 영화마당 우리
(대표 김영진), 우리마당 영화패(대표 민병진), 한겨레영화제작소(대표 이
정하) 등 비제도권 6개 단체가 영화운동의 집단적 의미를 갖고 독립
영화를 지향하는 단체를 결성한 것이었다. 중앙의장은 한겨레영화제
작소 이정하가 맡았다.

한국독립영화협의회는 1980년 이후 영화운동의 첫 연대 기구라는
것과 함께 독립영화라는 이름을 공식적으로 사용한 단체라는 점에서
의의를 갖는다. 소형영화, 작은영화, 열린영화 등의 명칭이 혼재돼
사용되던 시기에 독립영화를 단체 이름으로 쓰면서 이후 독립영화로
통일된다.

독립영화라는 명칭이 굳어진 것은 1988년에 들어서였다. 미국 영
화 직배 저지 투쟁과 영화진흥법 쟁취 투쟁을 주도했던 영화인 투쟁
본부가 1989년 5월 22일 발행한『우리영화』2호는「활발해진 독립영

화계」라는 제목으로 독립영화 동정을 다음과 같이 전하고 있다.

> 흔히 소형영화 작은영화라 불리워졌던 비제도권 영화(비상업영화)
> 계는 작년부터 스스로를 독립영화라 칭하면서 예년에 비해 활발한
> 활동을 펴고 있다. 이러한 활동은 주로 대학 영화서클, 영화학과 출
> 신들인 20대 중반과 30대 초반의 젊은 영화인들에 의해 주도되고 있
> 다.

1990년 한국독립영화협의회의 결성선언문을 보면 당시 이들의 지향했던 영화운동의 방향이 담겨 있다. '독립영화=민족·민중영화'라는 점이 강조되고 충무로와의 연대에도 주안점을 두고 있는 것이 특징이다.

한국독립영화협의회는 출범을 알리며 "한국영화는 진실한 민족·민중영화가 돼야 하고 독립영화인들은 민중들의 계급적 정서와 과학적 세계관을 풍부한 영화예술로 구현하고자 한다"는 것을 강조했다. 다음으로 "한국 영화운동은 영화가 민중이 직접 손으로 만질 수 있는 직접적인 예술이 되기 위해 대중적 보급의 길을 개척하는 임무도 부여받고 있다"며 "독립영화인들은 상업적 배급망 외의 새로운 대중적 보급망을 꾸리는 데 혼신의 노력을 기울이고자 한다"고 다짐했다.

이어 "한국 영화운동의 주역은 제도권 내의 양심적, 진보적 영화인들과 비제도권 독립영화인들이라고 정의하면서 우리 독립영화인들은 제도권 내의 영화 동지들에게 진심으로 악수를 청하고 같이 손잡고 싸워나가는 데 앞장서고자 한다"고 밝혔다.

끝으로 "한국영화는 민족적인 영화예술이 되어야 한다"며 "독립영화인들은 조직적인 창작과 보급, 그리고 연구를 병행하여 참으로 우

리 것인 영화미학과 창작방법론을 세워나가고자 한다"는 지향점을
제시했다.

그러나 한국독립영화협의회는 민영연 해소 이후 영화단체 연합 성
격에서 개인들의 참여로 바뀌게 된다. 낭희섭(독립영화협의회 대표)은
"1년 사이 영화운동을 지향하는 단체들의 참여 부족과 서울영상집
단과 장산곶매 등이 연대한 노동자영화대표자회의 분화, 사회주의
권 붕괴, 민족영화연구소 해소 등으로 단체가 아닌 개인들의 참여로
바뀌게 된 것"이라며 "이름도 한국을 뺀 독립영화협의회로 변경하고
제작분과, 연구교육분과, 보급사업 분과 등으로 재편됐다고 말했다.

분과 체제 활동으로 바뀌면서 1991년 김동원(감독, 푸른영상 대표)이
2대 대표를 맡았고, 독립영화 배급을 모색하기 위해 영화공동체를
만들었던 낭희섭이 이를 계속 지탱해 나갔으며 2020년 이후까지 독
립영화워크숍 활동을 중심으로 긴 시간 유지됐다.

노동자뉴스제작단의 시작

배인정이 대표를 맡았던 서울영상집단은 1987년 민중문화운동연

영화, 변혁운동이 되다

합 산하로 들어갔다가 1년 만에 탈퇴한 후, 다시 서울영상집단이라는 이름으로 활동하면서 방향을 전환한다. 장산곶매를 나온 대학영화연합 출신 '들풀'과 함께 한시적 조직을 꾸리게 되는데, 이것이 노동자뉴스제작단(노뉴단)의 시작이었다.

중앙대 연극영화과에 재학하며 학생운동을 했던 배인정은 1982년 서울영화집단에서 활동을 시작했다. 당시 같은 학과 김의석(감독, 전 영진위원장)을 통해 진보적 영화 활동을 하는 곳이 있다는 이야기를 듣고 가입하게 된 것이었다.

이후 남인영(동서대 교수) 등과 함께 별도로 활동하다가 1986년 서울영화집단이 서울영상집단으로 재편되는 과정에서 다시 합류했고, 파랑새 사건 이후 홍기선, 이효인, 변재란, 이정하가 분리 선언을 하면서 서울영상집단 대표를 맡게 됐다.

배인정은 "1987년 이후 서울영상집단의 상황은 썩 좋지 못했다. 서울영상집단은 최초로 독립영화를 지향하는, 7년 된 영화운동가 단체였으나 주요 회원들은 영화 제작 현장이나 충무로로 갔다. 영화를 만드는 데는 너무 많은 돈·기술·사람이 필요했는데 사실 돈·기술·사람은 다 핑계였을 것이고, 우리는 뭘 해야 할지 몰랐다"고 회상했다. 또 "뭘 해야 하는지를 알았던 사람들은 뛰쳐나가서 민족영화연구소를 만들어 활동했고, 남아 있는 사람들에게 지리멸렬한 시간이 지나가고 있었기에, 해체는 시간문제였을 때였다"고 덧붙였다.

배인정은 서울영화집단 초기부터 활동해온 홍기선(감독)에 대해서는 "조직을 키우는 데는 큰 관심이 없었고, 자기 작품을 만드는 데 더 관심이 있었다"고 기억했다.

새로운 활로가 모색된 것은 1988년 11월 전국노동자대회 이후였다. 배인정은 사회변혁노동자당 기관지 『변혁정치』에 연재한 '노뉴단 이야기'에서 당시를 이렇게 회상했다.

> 꽤 추웠던 1988년 12월 말쯤에 서울영상집단의 대표로 있던 나와 서울대 영화서클 얄라셩 출신 최원석 한경훈 등 몇몇이 종로의 한 술집에서 만났다. 얄라셩 몇몇 회원들이 당시 현대중공업 투쟁을 2~3개월간 촬영했고, 아직 투쟁은 마무리되지 않았지만 작품을 만들고 싶었기 때문이었다. 그렇게 해서 '들풀'이라는 팀으로 현대중공업 128일 투쟁에 관한 〈흩어지면 죽는다〉를 만들었다.

들풀의 멤버는 장산곶매에서 활동했던 신종관, 민경철 등이었다. 신종관은 "들풀은 대학영화연합 OB팀이었다"며 "장산곶매에서 나온 이후 홍대입구 쪽에 사무실을 얻었고, 현대중공업 파업투쟁 비디오를 제작해 배급하고 노동자뉴스제작팀에 합류해 4호까지 만들다가 다시 장산곶매에 합류하게 됐다"고 말했다.

배인정은 들풀에 대해 "당시에 필름으로 만든 영화에 익숙한 영화운동가들과는 생각이 조금 달랐다"고 평가했다. "이들은 자고 일어나면 터져 나오는 노동자 투쟁을 빨리 촬영하고 빨리 편집해서 빨리 노동자에게 보여주는 것만 생각했다"며 "독립영화도 아닌 것이 예술영화도 아닌 것이, 굳이 말하자면 방송에서 하는 뉴스 같은 것이었다. 실제로 뉴스를 만들고 싶어 했고, 그 일을 서울영상집단에 함께 하자고 했다"고 밝혔다.

얄라셩 출신들은 이후 여러 명이 합류하며 두드러진 활약을 보인다. 서울영상집단과 들풀에 더해 얄라셩 출신 이상빈이 활동하던 '새힘'이 노동자뉴스제작단에 연대했다. 1987년 12월 대선 부정선거 논

영화, 변혁운동이 되다

란으로 발생했던 구로구청 농성에 합류해 이를 촬영한 후 이를 다큐멘터리로 제작했던 이상빈은 "1988년 새힘이라는 이름으로 활동을 하면서 합류하게 된 것이었다"며 "세 개의 프로덕션이 합쳐서 임시로 공동 작업을 했고, 1988년 말에 노동자뉴스가 도입되면서 할 일이 많아졌다. 기자재도 달라 한 팀에서 할 수 있는 것은 아니었다"고 말했다.

이상빈은 또한 "노동자뉴스 3호 제작까지 참여했고, 1989년 연작으로 구상한 〈통일로 가는 길〉을 시작으로 1991년까지 3~4편의 다큐멘터리 제작에 참여했다"고 덧붙였다.

1989년 여름 노뉴단 설립 7개월이 지날 무렵에는 얄라셩 출신 김명준(현 미디액트 소장)이 합류한다. 81학번인 김명준은 대학 재학 시절 얄라셩의 운동적 성향을 강화한 주역 중 한 명이었다. 학내에 상주하던 경찰이 철수한 1984년 대학 4학년 때 얄라셩에서 8mm 노동영화 〈얼어붙은 땀방울〉 등을 제작해 노동운동 등과의 사회적 연대를 추구하기도 했다. 노동자뉴스제작단에 합류한 이후 1992년 대표를 맡아 2006년까지 활동을 주도했다.

김명준은 "1985년 대학 졸업 직후 군에 입대하기 전 서울영상집단에서 잠시 활동한 적이 있었다"며 " 배인정 대표도 아는 사이였고 얄라셩 후배들도 여럿 활동하고 있을 때여서 1988년 제대 후 노동자뉴스제작단에 합류하게 된 것이었다"고 말했다.

비디오카메라의 등장

당시 노동자뉴스 제작단이 힘을 얻게 된 것은 비디오카메라 덕분이었다. 김명준은 2000년 격월간지 『삶이 보이는 창』과의 인터뷰에서 "1987년 이후 대중운동이 활성화되면서 교육에 대한 수요가 일어나고, 상영 공간의 확보가 이루어졌으며. 또 나름대로 준비해오던 주체들이 있었다"면서 "제작이 용이하고 기동성과 저렴함을 갖춘 비디오 매체의 발전과 비디오 대여라는 새로운 문화적 현상들이 노뉴단 활동의 받침이 됐다"고 말했다.

배인정은 "뭔가 새로운 변화의 징조가 잡히기 시작했던 게 1988년 11월 전국노동자대회였던 것은 1987년 노동자대투쟁 이후 전국의 노동자들이 처음으로 한자리에 모여서도 아니고, 10만의 노동자들이 같은 목소리로 요구하고 혈서를 쓰고 행진하는 것에 감동해서도 아니었고, 이날 대회를 촬영하는 데 사용한 비디오카메라 때문이었다"고 강조했다.

필름이 아닌 16mm 테이프를 넣어서 사물을 기록하는 비디오카메라는, 1988년 당시 나온 지 얼마 안 된 새로운 매체였다. 서울영상집단이 처음으로 필름이 아닌 비디오카메라를 활용해 전국노동자대회를 촬영한 것이다.

한겨레영화제작소 대표 이정하는 이화여대 영화서클 누에가 1989년 제작한 다큐멘터리 〈영화운동의 함성〉에서 "당시 비디오 보급률이 15%에 이른 것은 8mm 영사기가 그만큼 보급된 것과 다름없는 것"이라고 의미를 부여했다.

배인정에 따르면 이날 대회를 촬영한 서울영상집단의 한 회원은 촬영하고 싶은 것을 한 테이프에 두 시간이나 담아낼 수 있었다. 모자란 부분은 다시 테이프를 갈아서 한 시간을 더 담아냈다. 그리고 그날 밤에 비디오데크가 있는 곳에서 낮에 촬영한 영상을 곧바로 볼

영화, 변혁운동이 되다

수 있다는 사실에 큰 충격과 흥분에 휩싸였다. 필름으로는 생각지도 못할 일이었기 때문이다.

필름으로 촬영할 경우 초 단위 분 단위로 계산해야 하므로 세 시간 동안 자유롭게 찍을 수도 없었고, 촬영하고 나서 인화하는 시간이 며칠 필요하기에 낮에 찍은 것을 당일 저녁에 볼 수 없었다.

배인정은 "이 비디오 매체로 영화를 처음 만들기 시작한 사람들이 바로 들풀이었고, 그들이 현대중공업 파업을 담아내 만든 다큐 〈흩어지면 죽는다〉였다. 비디오테이프로 만든 최초의 다큐멘터리이고 노동 영상이었다"고 말했다.

비디오 매체로 작업의 전 과정을 이미 경험했던 들풀은 서울영상집단에게 노동자투쟁을 다룬 뉴스 작업을 제안했고, 3개월 뒤에 비디오로 만든 〈노동자뉴스 제1호〉가 나오게 된다. 노동 현장의 반응은 거의 폭발적이었다.

배인정은 "〈노동자뉴스 제1호〉는 오랫동안 뭘 해야 할지 답답한 시간을 보낸 서울영상집단 회원들에게, 앞으로 뭘 해야 할지를 상당히 극적으로 알려준 셈이었으며 적어도 내게는 필름에게 굿바이~라고 말하는 계기가 됐다"고 덧붙였다.

노동자뉴스제작단은 4호를 끝으로 들풀 등과 함께한 한시적 활동을 마무리한다. 하지만 배인정이 노동자뉴스제작단으로 방향을 잡으면서 서울영상집단은 다시 분리된다. 배인정은 "한시적인 1년의 활동이 끝난 후 계속 이 작업을 하고 싶어 했으나, 다른 사람들의 생각은 달랐다"며 "관점의 차이를 보인 남인영, 홍형숙. 김양래, 주명진, 신종수 등이 나갔고, 이들이 서울영상집단 이름을 쓰고 싶다고 해서 넘겨준 것"이라고 설명했다.

이후 노동자뉴스제작단에는 서울지역대학영화패연석회의에서 활동하던 태준식(다큐멘터리 감독), 허은광(영화평론가, DMZ국제다큐멘터리영화제 사무국장), 박정미(감독) 등이 합류했다. 배인정과 허은광은 1999년 현대중공업 노조 투쟁사를 다룬 〈두 개의 파업〉을 공동 연출했다.

배인정은 "당시 노뉴단 활동에 관심 있는 사람들이 찾아오고는 했다"며 "태준식도 그렇게 합류했고, 〈두 개의 파업〉은 허은광이 편집을 담당했으나 공동 연출로 이름을 올리게 됐던 것"이라고 말했다.

1995년부터 2002년까지 활동했던 태준식(감독)은 "1990년대 초반 영화하는 학생들한테 노뉴단은 꽤 유의미한 활동 공간으로 알려져 있었다"면서 "서울영상집단 연구팀에 있던 이대봉 선배가 추천을 해 준 것도 있고, 허은광이 먼저 노뉴단에 들어가 있다가 군대에 간 사이 그 자리를 채우게 된 것"이라고 말했다.

1990년 말 서울영상집단과 노동자뉴스제작단 등은 장산곶매 〈파업전야〉 상영 투쟁을 마무리하며 향후 영화운동 전망을 모색하기 위해 노동자영화대표자회의라는 연대 기구를 결성했다. 독립영화협의회에 이은 영화운동 단체들의 협의체였는데, 독립영화운동 단체가 분화된 것이었다. 여기에는 노동자문예운동연합 영화분과, 바리터를 포함해 5개 단체가 참여했다. 하지만 이 역시도 오래가지 못하고 해체된다. 대표자회의 위상과 활동 방향에 대한 논의를 거치는 과정에서 성과를 얻지 못했기 때문이다.

1980년 이후 10년을 경과한 영화운동은 1990년을 지나면서 폭이 더 넓어졌고, 노동운동과 연대를 통해 필름을 넘어 다양한 형태로 분화해 나간다.

04

영화운동의 확장

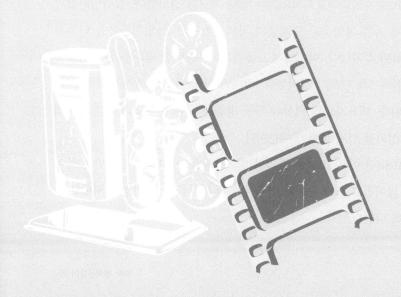

부산씨네클럽과 씨네마테크 1/24

서울에서 영화운동이 전개되고 있던 1984년, 부산에서도 영화에 깊은 관심을 보이던 대학생들이 모여 새로운 영화에 대한 활동을 모색하게 된다. 1980년 얄라셩으로 시작된 영화운동이 새로운 영화에 방점을 둔 '영화'운동에서, 사회적 변혁운동으로서의 영화에 방점을 둔 영화'운동'으로 변화하던 시기였다. 이즈음 부산의 영화운동도 출발했다.

사실 부산은 시기적으로 서울보다 대학 영화서클이 먼저 생겨난 곳이었다. 서울대 얄라셩이 1979년 공대를 출발점으로 1980년 정식 영화서클이 됐다면 부산의 대학 영화서클은 수십 년의 역사를 자랑하고 있을 만큼 서울보다 훨씬 앞서 있었다.

부산 영화사를 연구한 홍영철의 저서 『부산영화 100년』(한국영화자료연구원, 2001)에 따르면 1956년 3월 영문학자로 영화평론가였던 영어영문학과 장갑상 교수에 의해 부산대학교 영화연구회가 만들어졌다. 동아대학교 영화연구회도 1961년 3월 24일 생겨났다. 부산영화평론가협회가 생겨난 것은 1958년도였다.

하지만 오랜 역사에도 불구하고 부산의 대학 영화서클들은 주로 영화감상회를 진행하고 감상평을 나누는 형식으로만 이어지고 있었다. 변화가 일어난 것은 1984년 부산 프랑스문화원에 부산씨네클럽이 생기면서부터였다. 독일문화원과 프랑스문화원을 통해 새로운 영화에 대한 갈증을 해소하던 서울의 문화원 세대들처럼, 부산에서도 부산씨네클럽이 젊은 대학생들에게 활력소 역할을 하게 된 것이었다. 부산씨네클럽은 부산 영화운동의 출발점이었고, 그 중심에 있던 대표적 인물이 김지석(부산국제영화제 부집행위원장, 작고)과 오석근(감독, 전 영진위원장)이었다.

부산 영화운동의 출발점이 된 부산씨네클럽

부산씨네클럽의 출발은 김지석의 부산대 영화연구회 후배였던 82학번 이진수(건축가)에 의해서였다. 당시 프랑스문화원은 경성대 맞은편에 자리해 있었다. 1981년 고등학교 졸업 직후부터 프랑스 영화를 보러 다녔던 이진수에 따르면 부산 프랑스문화원에는 기존에 씨네클럽이 있었다. 그러나 회원이 돼도 영화 감상 외에는 활동이 거의 없다시피 했고, 시간이 지나면서 유명무실해지며 아예 없어지게 된다. 부산씨네클럽이란 이름으로 다시 생겨난 것은 이진수가 배짱 좋게 당시 프랑스문화원장을 찾아간 게 발단이 됐다.

"지금 생각해보면 무모한 행동이었는데, 1984년 1월 5일 프랑스문화원을 찾아가 원장 면담을 요청했다. 문화원에서 프랑스 영화를 보면서 불어를 배웠을 정도였고 프랑스문화원을 잘 알고 있었기 때문에 모임을 하나 만들어달라고 부탁할 목적으로 무턱대고 찾아간 것이다. 하지만 프랑스문화원 측은 사전 약속이 안 돼 있어 원장 면담이 어렵다면서 다음 날로 면담 일정을 정해줬다. 프랑스문화원장을 마주한 것은 이튿날인 1월 6일이었다. 클럽을 하나 만들고 싶으니 강의실을 제공해주고 도와달라고 요청했다. 그러자 다니엘 카리용 원장이 1주일 시간을 줄 테니 운영계획서와 회원모집 공고를 만들어오라고 했다. 1주일 뒤인 1월 13일 김지석과 함께 다시 찾아가 원장을 만났고 요청한 자료를 제시했던 것이다."

이진수는 "1984년 7월 6일에 입대하라는 입영 영장을 받은 상태였다. 군입대를 앞두고 있어 만일 모임이 만들어져도 활동하기 어려웠기에 영화서클 선배인 김지석과 상의한 후 같이 간 것이었다"라고 말했다. 이어 "운영계획서와 회원 모집 광고는 부산대 영화연구회 것을 그대로 베껴 갔다"고 회상했다.

일이 잘 풀릴 수 있었던 것은 전적으로 다니엘 카리용 원장 덕분이었다.

"창립총회 때 계장님을 통해서 들었는데, 난 원장님과 이야기가 잘 됐다고 생각했으나 총괄과장을 비롯한 한국인 직원들은 다들 반대했다고 한다. 시국이 불안했던 때이고, 문화원에 이익이 없는 일에 엮이고 싶지 않았던 것이었다. 그런데 다니엘 카리용 원장이 '젊은 학생들이 공부를 하고 싶다는데 내가 안 도와주면 누가 도와주겠냐? 지원해주라'고 강력하게 밀고 나가면서 직원들이 따를 수밖에 없었다고 한다. 당시 프랑스문화원장이 아니었으면 부산씨네클럽이 생겨나지 못했을 것이다."

이진수는 "그전에 프랑스문화원 씨네클럽이 있었기에 부산을 앞에 붙여서 부산씨네클럽이라고 한 것"이라면서 "부산씨네클럽 활동에 도움을 많이 줬던 계장님은 사실 처음에는 반대했던 분이었다"고 뒷이야기를 전했다. 이어 "김지석 형이 타계하기 전에 만나서 옛이야기를 나눈 적이 있다"면서, "친절했던 계장님만 기억할 뿐 원장님이 도운 것은 잘 기억 못 해서 다니엘 까리용 원장에 대해 강조한 적이 있다"고 덧붙였다.

부산씨네클럽은 1월 회원 모집 공고가 붙었으나 회원들이 모이는 데는 시간이 걸리면서, 3개월 정도가 지난 4월 6일 창립총회를 열고 첫발을 내디딘다. 초대 회장은 김지석이었고, 이진수는 부회장을 맡았다. 이진수는 "관심을 가진 사람이 많지 않았기 때문이었다"며 "동아대 영화예술연구회에서 활동했던 오석근은 원래 아는 사이였고, 내가 군입대 후에 강기표(건축가, 전 부산영화제 이사) 등이 추가로 가입한 것으로 알고 있다"고 기억했다.

이진수는 "당시 창립총회 사진을 오석근이 찍었는데, 역사적으로 남겨야 할 사진이니 잘 보관해달라고 요청했으나 다 잃어버린 것 같아 아쉽다"면서 "1986년 10월에 제대했더니 경성대 교수였던 이용관(부산영화제 이사장)이 지도교수를 맡고 있었다"고 회상했다. 이어 "제대 직후 곧바로 부산씨네클럽 회장을 맡았다"면서 "날짜를 다 기억하고 있는 것은 공교롭게도 프랑스문화원장 면담과 창립, 군입대가 모두 6일로 같은 날이기 때문이다"라고 덧붙였다.

이진수의 군입대 후 부산씨네클럽을 주도적으로 이끈 사람은 김지

영화, 변혁운동이 되다

석과 오석근이었다. 초기에 활동했던 강기표에 따르면 1984년 부산 씨네클럽이 만들어질 당시 부산대와 동아대, 동의대, 수산대(현 부경대) 등 4개 대학 영화동아리가 함께 영화를 보고 합평회를 하는 모임이 진행되고 있었다.

동의대 영화서클 빛그림에서 활동했던 강기표는 "당시 부산대 영화서클이 35기, 동아대가 25기, 동의대가 2기였고 영화감상에 중심을 둔 아마추어 모임으로, 1983년 연극영화과가 생긴 경성대가 2기 정도였다"고 기억했다. 이어 "김지석과 오석근은 영화 감상을 넘어 더 깊게 들어가보고 싶어 했기에, 부산씨네클럽이 필요한 역할을 한 것이다"라고 말했다.

김지석과 오석근은 1970년대 중반 고등학생 시절 또래들 사이에서 유명한 영화광으로 소문나 있었다. 부산 배정고와 동인고에 각각 재학했던 이들의 영화 내공은 알음알음 알려지면서, 또래들 사이에서는 누가 더 많이 아는지 궁금해하는 분위기였다고 한다. 결국 1977년 한 친구의 주선으로 만나게 되면서 이른바 누가 영화에 대한 지식이 더 많은지 대결을 벌이게 됐다.

오석근은 "당시 처음 만난 김지석의 첫 질문이 '1895가 뭔지 아냐?'였다"며 "영화 제목과 영화배우들 이름은 줄줄 외우고 있었는데, 1895를 물어봐 순간 당황해서 답을 못 했다"고 말했다. 영화가 탄생한 시기를 물은 김지석의 날카로운 선공에 오석근이 밀린 것이다.

이들이 다시 만난 것은 3년 뒤 대학에서였다. 오석근은 "우리가 입학한 1979년에는 부마항쟁으로 긴 시간 휴교가 이어졌다. 1980년 내가 동아대 영화예술연구회 회장을 맡고 있었는데, 5월 광주항쟁 직전 전국에 비상계엄이 발령되고 대학이 휴교가 이어지던 때 부산대 영화연구회를 갔더니 김지석이 회장을 맡고 있었다"고 말했다.

고등학교 때 이후 대학생이 되어 다시 재회하게 된 것이었다. 이후로 두 사람의 친분이 두터워진다. 오석근은 1981년 군에 입대했는데, 당시 국내 굴지의 기업에 입사를 준비하고 있던 김지석은 전방에 있던 오석근을 면회하고 오느라 입사 시험에 지각하면서 떨어지고 만다.

오석근이 제대하고 복학했을 때 김지석은 동아대 대학원으로 진학해 있었다. 이때 프랑스문화원으로 영화를 보러 다니다가 1984년 부산씨네클럽에 출발에 참여하게 된 것이다.

김지석과 오석근이 중심이 됐던 부산씨네클럽은 부산에서 영화의 꿈을 키우고 있던 대학생들에게 활기를 불어넣었다. 이들은 각 대학을 돌며 영화서클을 만들라고 권유해, 경성대에 '횃불'이 만들어지고 부산여대에도 영화서클이 생겨나는 성과를 냈다. 연기를 하겠다고 부산씨네클럽을 찾은 학생도 있었다. 부산국제영화제 사무국장을 역임한 양헌규였다.

서울의 대학 영화서클이 1984년 작은영화제('작은영화를 지키고 싶습니다 8mm/16mm 발표회') 이후 1985년에 급증했다면 부산의 대학 영화서클도 비슷한 시기에 하나둘 늘어나기 시작했다. 당시 부산에 유일하게 연극영화과가 있던 곳은 경성대였고, 전수일(감독, 경성대 교수)이 연극영화과 1기생이었다.

부산씨네클럽은 매주 두 번씩 모임을 가지며 영화에 대한 폭을 넓혀 나갔다. 강기표는 "한번은 영화, 또 한번은 문화에 대해 공부했고, 번역서가 없어 원서 두 권으로 공부를 했다"며 "김지석의 주도로 시험도 봤다"도 말했다. 방추성(전 부산 영화의전당 대표)은 "김지석이 위

영화, 변혁운동이 되다

낙 열정적이었기 때문에 모임에서 공부한 내용을 가지고 시험을 본 것이고, 불만이 제기되지는 않았다"고 덧붙였다.

1983년부터 프랑스문화원을 드나들다 1985년 씨네클럽에 들어온 방추성은 검정고시를 준비하던 부산씨네클럽 막내기도 했다. 방추성은 "당시 중학교를 그만둔 후 놀면서 영화를 보러 다녔다"며 "서울 프랑스문화원의 박건섭(전 부천영화제 부집행위원장, 작고)처럼 부산 프랑스문화원 계장이 영사기를 돌렸는데, 착한 분이었다"고 회상했다. "당시 관람료가 300원이었는데, 돈이 없으니 한 편을 보고 난 이후 두 번째부터 보는 영화는 돈을 받지 않았다"고 말했다.

감상을 넘어 제작까지, 그리고 이용관 교수

부산씨네클럽은 이론을 바탕으로 한 세미나 외에 제작에도 관심을 기울였다. 강기표는 "김지석이 학구파였다면 오석근은 현장파였다"며 "씨네클럽이 영화 제작을 시도한 것은 오석근이 적극성을 보였기 때문"이라고 평가했다.

오석근은 "당시 부산 경상전문대(현 경상대)에 CF 감독이었던 지청언(본명 지영호) 교수가 있었다"면서 "배우 최민수의 데뷔작 〈신의 아들〉을 연출한 분으로 방송연예과 교수로 16mm를 강의했는데, 그게 부러워서 학생들을 만나서 촬영 기법을 배웠고 8mm 카메라도 직접 구입했다"고 말했다.

이어 "씨네클럽은 당시 인상비평 정도의 실력만 있었는데, 경상대와 만나 영화 제작의 맛을 알게 된 것이었다"며 "이후 경상대와 교류하면서 대학동아리연합회 활동을 같이했다"고 덧붙였다.

부산씨네클럽 회원들 _허현숙 제공

1984년 부산씨네클럽은 모두 네 편의 단편영화를 만들어 10월 27일~28일 첫 상영회를 개최한다. 오석근의 〈어느 자살에 관한 보고서〉가 16mm 영화였고, 김신규의 〈자동판매기에서 나온 사랑〉, 허현숙의 〈반지〉, 서정원의 〈한글처럼〉 등이 8mm 영화였다.

〈반지〉를 연출한 허현숙은 "김지석은 영화 제작에 관심이 없었고, 오석근이 제작에 관심이 많았다"고 말했다. 허현숙은 고등학교 때부터 영화를 좋아했기에 대학 입학 후 부산대 영화연구회에서 활동했고, 김지석의 권유로 부산씨네클럽을 함께 시작했다.

방추성은 "김신규의 〈자동판매기에서 나온 사랑〉에는 김복근(부산영화제 부집행위원장)이 올누드로 출연한다"며 "김복근은 대학 재학 시절에도 배우 하기 위해 연극영화과에 온 것이라 말하기도 했다"고 회상했다.

이후 또 다른 영화 제작을 시도했으나 무산되면서 1984년 10월 상영회가 유일한 작품 발표회가 됐다. 방추성은 "이경규 배우(개그맨)의

영화, 변혁운동이 되다

동창이었던 옥광식(《복수혈전》 제작 참여)이 에로 영화에 관심이 있어 부산여대 공예학과 학생을 창녀 역할로 출연시켜 영화를 찍었는데, 여학생 부모님이 그 사실을 알고 노발대발해서 필름을 빼앗은 후 불 태워서 없애버렸다"고 말했다.

부산씨네클럽이 서울의 영화운동과 연결될 수 있던 계기가 마련된 것은 1985년이었다. 오석근은 "프랑스문화원에서 영화를 보고 있는 데 상영이 끝나고 누군가 앞에 나와서 여러분들과 함께 교류하고 싶 다고 인사를 했다"며 "경성대 연극영화과에 부임한 이용관(부산영화제 이사장) 교수였다"고 회상했다. 부산씨네클럽과 이용관의 첫 만남이 었다. 이용관은 "당시 부산씨네클럽이 모이고 있다는 이야기를 들어 서 일부러 만나러 갔던 것"이라고 말했다.

부산국제영화제를 통해 부산을 영화도시로 성장시킨 이용관은 당 시 경성대학교 연극영화과에 유일한 영화전공 교수였다. 1983년 연 극영화과가 생긴 경성대는 연극전공 교수는 많았으나 영화전공은 없 었는데, 1984년 이용관이 첫 영화전공 교수로 온 것이었다. 1985년 에는 김지석의 요청으로 부산씨네클럽 지도교수를 맡게 된다. 강기 표는 "1985년 군에서 휴가 나왔을 때 경성대 졸업작품전에 가서 이 용관과 처음 인사했다"고 기억했다.

오석근에 따르면 당시 부산에는 영화와 관련한 몇 개의 집단이 활 동하고 있었다. 부산 경상대 지청언 감독 중심의 방송연예과 16mm 촬영집단, 이용관을 중심으로 한 경성대, 프랑스문화원 부산씨네클 럽, 그리고 30~40대 회원들이 좋은 장비를 바탕으로 취미 활동을 하 고 있던 부산 8mm 동호회(김응윤, 강지훈) 등이었다.

부산씨네클럽은 초기 김사겸 감독의 영향을 받고 있었다. 김사겸 감독은 1960년대 유현목 감독의 연출부로 들어와 조감독을 거쳤고, 1971년 〈그대 가슴에 다시 한번〉으로 데뷔해 동년배인 임권택 감독, 후배 감독인 하길종과 가까운 사이였다. 1975년 하길종, 홍파, 이장호, 김호선 감독과 변인식 평론가가 중심이 돼 만든『영상시대』동인들과도 친했으며. 김호선 감독과는 유현목 감독의 조감독을 거쳤기에 가까운 사이였다. 김호선 감독의 〈영자의 전성시대〉가 흥행하자 김사겸 감독은 〈창수의 전성시대〉(1975)를 연출하기도 했다.

오석근은 "부산씨네클럽은 김사겸 감독을 통해 한국 영화계를 알게 됐고, 하길종 감독의 뉴아메리칸시네마에 대한 이야기를 들을 수 있었다"며 "하길종 감독의 저서『영상, 인간 구원의 메시지』는 뉴아메리칸시네마 중심의 새로운 영화의 흐름을 정리한 책이라 감명 깊었다"고 말했다.

또한 "유현목 감독에 대한 이야기도 들을 수 있었고, 김호선 감독이 부산으로 촬영을 오면 직접 만나 대화할 수 있었다"며 "이렇듯 김사겸 감독을 따르는 상황이었기에 이용관 교수가 부산씨네클럽에 영화 강의를 해주겠다고 손을 내밀었을 때, 다소 시큰둥한 반응을 보였다"고 회상했다.

하지만 오석근은 "이후 확인한 이용관 교수의 높은 수준은 다른 사람들과 비교할 수 없을 정도였다"며 "당시 이용관 교수는 대화 상대로 학생들 수준이 약해 답답함이 있었고, 이 때문에 서울에 있는 후배들을 강사로 초빙했었다"고 말했다. 당시 강사로 내려왔던 젊은 영화학자들은 신강호(대진대 교수), 이충직(중앙대 교수, 전 전주영화제 집행위원장). 전양준(전 부산영화제 집행위원장) 등이었다. 오석근은 "김지석이 이들과 만나면서 영화에 대한 눈이 떠진 것"이라고 설명했다.

영화, 변혁운동이 되다

당시 부산으로 강의를 왔던 신강호(영화평론가, 대진대 교수)는 "이용관이 김지석을 인사시켜주면서 서울처럼 부산에서 프랑스 문화원을 다닌다고 소개했다"고 기억했다. 방추성은 "1986년 경성대 연극영화과에 입학했는데, 전양준, 이충직, 신강호, 조재홍(감독, 전 서강대 총학생회장)이 강의했다"고 말했다.

한국영화아카데미 재학 당시 이수정(감독)의 뷰파인더 확인을 도와주고 있는 오석근(감독) _이수정 제공

이용관의 등장은 오석근과 김지석의 진로에도 영향을 끼치게 된다. 1986년 대학을 졸업한 오석근과 단기병(방위)으로 군 복무를 마친 김지석은 이용관과 진로를 논의한 끝에 각각 한국영화아카데미와 대학원 진학으로 방향을 정하게 된 것이다.

오석근은 "당시 김사겸 감독의 추천서를 받긴 했으나 시험을 잘 치르면서 한국영화아카데미(4기)에 합격해 북아현동 옥탑방에서 자취를 시작했다"며 "중앙대 대학원에 진학한 김지석은 부산에서 서울로 통학했는데, 수업이 끝나면 자취방에서 자고 내려갔다"고 말했다.

부산으로 온 『영화언어』, 부산영화제의 태동

이후 부산의 영화운동이 탄력을 받게 되는 것은 1990년 전양준(부산영화제 집행위원장)이 발행인으로 있던 계간지 『영화언어』가 부산으로 내려오면서였다. 전양준은 영국 유학을 다녀온 이후 1989년부터 『영화언어』를 발행하고 있었으나 운영에 어려움이 생기자 이용관에게 도움을 요청했고, 이용관이 발간 비용을 책임지기로 한 것이다.

김지석은 저서 『영화의 바다 속으로』(본북스, 2015)에서 "당시 『영화언어』 출간 비용의 대부분은 경성대에 재직 중이었던 이용관이 충당했다며 대학교수라는 고정직을 가지고 있는 유일한 사람이었기 때문"이라고 밝혔다. 결과적으로 『영화언어』는 부산영화제 출범에 탄력을 받는 계기로 작용했다.

당시 김지석은 영화 스터디를 계속할 수 있는 공간을 유지할 목적으로 1989년 남천동에서 프라모델 완구점을 운영하고 있던 때였다. 김지석의 대만인 친구가 프라모델 제품을 공급해줄 테니 판매한 만큼만 돈을 달라고 해서 시작한 것이었다. 점포를 얻는 보증금은 이용관이 지원했고 방추성이 운영을 도왔다.

경성대 연극영화과에 재학 중이던 방추성은 "함성원(편집기사)이 낮 시간대 가게를 지켰고, 학교 갔다 와서 내가 완구점을 맡았다"고 회상했다. 프라모델 가게 뒤에 있는 골방에서 심도 있는 영화비평 토론이 전개되기도 했는데, 영화에 상당히 수준 높은 토론이 이어져 가볍게 영화 감상을 나누려고 생각했던 처음 온 참석자들은 주눅이 들 정도였다고 한다.

『영화언어』가 부산행을 택하면서 프라모델 가게는 『영화언어』 편집 공간으로도 활용된다. 김지석은 1989년 『영화언어』 겨울호부터 편집진에 이름을 올렸고, 1991년부터는 편집인으로 총괄 책임을 맡게 된다. 전양준은 "김지석이 1991년 봄호(7호)부터 편집인을 맡아

영화, 변혁운동이 되다

『영화언어』편집과 발행을 책임졌다"고 말했다.

방추성은 "이언경(영화공간1895 대표, 작고)과 이하영(프로듀서, 전 시네마서비스 배급이사)이 『영화언어』에 참여해 부산을 오갔다"면서, "김지석이 팩스를 사달라고 했는데 이용관이 이를 안 사주려다가 결국 사준 일도 있었다"고 에피소드를 전했다. 이언경은 부산 출신이었다.

이하영은 "당시 이언경과 함께 시네마테크를 표방했던 '영화공간 1895'를 만들어 스터디도 하고 영화도 보는 비영리 공간을 운영하고 있을 때였는데, 강사로 초빙했던 이용관이 어느 날 『영화언어』라는 계간지를 출판할 곳을 찾고 있다고 '영화공간 1895'에서 출판을 해주면 어떻겠냐는 제안을 했다"고 말했다.

그래서 "일단은 사비를 털어 '출판사 1895'를 만든 후 『영화언어』를 발행하게 됐다"면서 "이후 원고와 편집 방향을 상의하러 부산 출장이 많아졌고, 김지석을 알게 된 이후에는 김지석이 어머님과 함께 살고 있던 광안리 안쪽 조그마한 아파트가 부산 출장 때 숙소가 되기도 했다"고 덧붙였다.

이하영은 "부산에서 한 발짝도 벗어나길 싫어하는, 어찌 보면 무척 게으른 그들이 부산에서 영화제를 해보고 싶다고 해서 엉뚱한 소리로 치부했다"면서 "서울이면 모르지만 아무런 연고도 없는 부산에서 영화제를 하겠다고 꿈꾸는 게, 한마디로 개그 수준으로 받아들여졌다"고 회상했다.

방추성은 "김지석이 그때부터 영화제를 준비하고 있었다"며 "외국에는 젊은 학생이 혼자서 국제영화제를 하는 사례도 있다는 이야기를 듣기도 했고, 늘 노란 서류봉투에 영화제 관련 자료를 넣고 다녔다"고 기억했다.

오석근은 한국영화아카데미 4기로 졸업한 후 이명세 감독의 조감독을 거쳐 〈네 멋대로 해라〉(1992)로 데뷔했고, 〈101번째 프로포즈〉(1993)를 연출했다. 이후 이명세 감독의 〈지독한 사랑〉(1996) 제작에도 참여한다. 이명세 감독이 〈남자는 괴로워〉(1995) 흥행에 실패한 뒤 부산 오석근의 집에 머물며 시나리오를 완성해 부산 촬영이 결정되면서 오석근이 현장 지휘를 맡게 된 것이다. 부산씨네클럽에서 함께 활동했던 김복근도 〈지독한 사랑〉 제작에 합류했다.

오석근은 "그때 촬영 기간 중 김지석의 꼬임에 넘어가면서 이후 부산국제영화제 준비에 참여하게 된 것이었다"고 말했다. 오석근은 부산영화제 초대 사무국장을 맡았다.

김지석과 함께 부산 영화운동을 이끌었던 오석근은 1999년 6월 24일 부산역 광장에서 열린 '스크린쿼터 사수 부산 영화인 궐기대회' 때는 김사겸, 곽경택 감독과 함께 삭발에 참여해 당시 한국 영화계의 주요 현안이던 스크린쿼터 사수에 대한 결연한 의지를 보이기도 했다.

예술영화의 대중화, 씨네마테크 1/24

부산씨네클럽의 활동은 1990년대 넘어오며 시네마테크 운동으로 이어지게 된다. 부산씨네클럽에서 활동하던 경성대 김희진, 부산대 영화연구회 이주호, 부산외국어대 고영수 등 세 명이 주축이 돼서 1993년 남천동에 '씨네마테크 1/24'의 문을 연 것이다. 1/24이라는 이름은 '영화를 구성하는 1초에 24프레임 중 하나'를 의미하는 것으로, 그 하나의 프레임을 영화미학의 출발로 본다는 의미로 지었다.

강기표(건축가)는 "1987년 군에서 제대하고 왔더니 부산씨네클럽이

영화, 변혁운동이 되다

더 이상 모이지 않고 있었다"고 했으나, 씨네마테크 1/24 공동대표 역할을 맡았던 김희진(감독)은 "고3 때인 1987년부터 부산씨네클럽을 오가기 시작해 군 입대 전인 1989년까지도 부산씨네클럽 활동이 이어졌다"고 말했다. 이어 "1987년 이후 부산씨네클럽은 초기 8mm 영화 제작을 했던 것과는 달리 유일하게 남아 있던 김지석이 비평지 『영화언어』 발간과 정보지 『영화저널』 배급을 담당했고, 이용관을 중심으로 진행된 프랑스문화원의 영화 합평회가 진행되던 시기였다"고 설명했다.

씨네마테크 1/24은 '부산씨네클럽 안에서만 활동하지 말고 일반 시민들과 함께할 시간을 만들어보자'는 취지로 마련됐다. 김희진은 "예술영화의 대중화를 위해 일반인들이 쉽게 접할 수 있도록 한국어 자막을 넣고 상영회를 시도했다"고 말했다.

비용은 당시 대학생이던 세 사람이 휴학한 사실을 숨긴 채 집에서 대학 등록금을 받아 온 것으로 준비했다. 김희진에 따르면 제대한 후 1992년 연말에 장소를 계약했고 1993년 1월 18일에 남천동에서 개관했다. 첫 상영작은 오슨 웰스 감독의 〈시민 케인〉(1941)이었다. 씨네마테크 1/24은 회원제로 운영됐는데, 비디오 2천 편 정도를 보유하고 있었다. 이주호가 제일 먼저 대표가 되었고 1994년까지 약 2년 동안 고영수, 김희진 순으로 대표를 맡았다. 표면적으로는 한 사람이 대표였으나 실제로는 3인 공동 운영 체제였다.

씨네마테크 1/24은 비디오를 통해 해외의 예술영화를 상영하고 영화 강좌를 개설하는 식으로 운영된 부산 지역 최초의 민간 시네마테크였다. 1991년 이언경(작고), 이하영(프로듀서)이 중심이 된 서울의 영화공간 1895가 민간 시네마테크의 길을 열었다면 부산에서도 같은

부산독립영화협회
창립대회에서
사회를 보고 있는
김희진(감독)
_김희진 제공

성격의 공간이 만들어진 것이었다.

1994년 8월에 운영위원으로 활동에 참여했고, 김희진에 이어 대표를 맡은 양정화(프로듀서, 영화사 해밀 대표)는 "대표로서 상영 영화 기획, 시간표 작성, 재정, 회의 참석, 회원 관리 등을 맡았다"며 "보고 싶은 영화를 보여주는 것이 주된 활동이다 보니, 당시 필요한 비디오는 해외에서 구입하거나, 아니면 저작권 개념이 없던 때라 복사를 했고, 내용은 자체적으로 번역해 자막을 입혔다"고 말했다.

또한 "영화 비평 강좌를 개설했는데, 강사는 이용관, 이효인, 오석근, 김지석, 전수일 등이었고, 전수일(감독)은 씨네마테크 1/24 운영에 사비를 지원해주기도 했다"고 기억했다. 이어 "단편영화 제작 시도도 있기는 했으나, 주로 전수일 감독의 제작사 동녘필름에 스태프로 참여해 제작 경험을 쌓았다"고 덧붙였다.

김희진은 "씨네마테크 1/24를 함께 시작한 고영수가 복학할 때 이용관이 등록금을 빌려주기도 했다"면서 "민규동 감독이 부산에서 카투사로 군 복무를 할 때 시네마테크 1/24에서 비디오를 빌리기도 했

영화, 변혁운동이 되다

고, 강소원(영화평론가, 부산영화제 프로그래머), 박상훈(촬영감독), 이승진(영화의전당 시네마테크 팀장) 등이 중심을 이뤘다"고 말했다. 운영은 지역 여러 대학 출신들이 골고루 섞여 담당했다. 직장인이나 일반인 회원들도 있었다.

이용관은 "씨네마테크 1/24에는 특강을 몇 번 한 것으로 기억하고, 강의 외에도 자주 가서 어울렸다"며 "당시 돕는 차원에서 등록금을 빌려줬던 것"이라고 말했다.

양정화 다음으로는 김성남이 대표를 맡아 1997년 5월 출범한 전국시네마테크연합 준비 작업에 긴밀히 참여했다. 출범 이후에는 연구분과를 씨네마테크 1/24이 맡아 자료 확보 및 자료 목록 정리 등을 담당했다. 김성남에 이어 우정태(감독, 전 부산독립영화협회 사무국장)가 대표를 맡았을 때는 청소년 비디오 워크숍을 진행했다. 여기에 하늬영상 조성봉(감독, 〈레드헌트〉 연출)이 합류하게 된다. 당시 조성봉의 작업실 장비가 좋은 데다, 편집이 가능해 이용하는 사람들이 많았다고 한다.

조성봉은 1997년 제주 4·3항쟁을 소재로 한 다큐멘터리 영화 〈레드헌트〉를 제작해 국가보안법 위반 혐의로 연행돼 구속될 뻔한 위기를 겪기도 했었다. 1980년대 이후 영화운동에서 국가보안법 적용을 받은 첫 사례가 되면서, 이후 부산을 대표하는 진보적 다큐멘터리 감독으로 각인됐다.

우정태는 부산독립영화협회가 펴낸 『부산독립영화작가론－독립영화 계보그리기, 첫줄』(2004)에서 "씨네마테크 1/24은 크고 작은 대내외영화제를 통해 서구 예술영화의 대중적 보급을 활동의 중심에 두고, 학교와 연계한 영화강좌와 디지털로 만들어진 단편들을 상영하는 언더그라운드 캠코더 영화제 등을 병행했다"고 밝혔다.

가장 오랜 기간 활동한 강소원은 "학부 때는 영화를 전공한 게 아니어서 대학원에 진학에 영화를 공부하던 때였다. 영화를 보러 가거나 비평 강좌를 맡기도 했고, 영화를 소개하는 팸플릿 자료와 영문으로 된 책 번역 작업도 했다"고 회상했다. 이어 "비디오로 작은영화제도 진행했고, 당시 부산에서 연극영화과가 경성대밖에 없다 보니 경성대 영화과 학생들이 주를 이뤘다"고 말했다.

씨네마테크 1/24은 1996년까지 남천동에 있다가 이후 부산대 근처로 옮겨갔고, 2003년까지 운영된다. 강소원은 "어떤 책임을 맡아서 한 것은 아니다 보니 2000년 이후까지 긴 시간 활동을 했었다"며 "활동이 마무리될 무렵 비디오테이프를 정리하는 작업을 맡았고, 공간을 빌려 테이프를 보관했는데, DVD가 나오던 시점이라서 비디오테이프를 찾아볼 필요성이 점차 줄어들었다"고 회상했다.

이에 대해 김희진은 "해체 이후 부산독립영화협회 공간 등에서 보관하던 비디오테이프는 '또따또가센터' 활동을 시작하며 부산 원도심에 만든 '영화공간 보기드문'으로 옮겨 보관하고 있다"고 말했다.

양정화는 "씨네마테크 1/24이 1996년 부산영화제가 시작됐을 때 함께 동참했다"며 "영화 보기 운동을 통한 예술영화 관객 저변 확대 경험과 네트워크가 있었던 게 장점으로 생각돼 1회 부산영화제 자원봉사팀을 씨네마테크 1/24이 맡았다"고 밝혔다.

씨네마테크 1/24은 이후 부산독립영화협회 결성에 바탕이 됐다. 김희진은 "문화학교 서울이 한국독립영화협회 결성에 바탕이 됐듯 씨네마테크 1/24도 1999년 부산독립영화협회가 만들어지는 데 역할을 했다"면서 조성봉, 이성철 감독이 초대 공동대표가 됐고, "내가

영화, 변혁운동이 되다

사무국장을 맡았다"고 말했다.

하지만 강소원은 "씨네마테크 1/24이 부독협으로 이어졌다기보다는 이후 부독협과 부산영화평론가협회 등으로 부산의 영화문화를 전반적으로 확장시키는 역할을 했다"면서 "부독협은 동녘필름에서 활동하던 박지원, 김희진, 김휘, 김백준, 박성남, 전인룡 감독 등이 독립영화협회 설립에 대한 필요성을 제기해 만들어진 것이었다"고 밝혔다.

다만 부산씨네클럽과 씨네마테크 1/24로 이어진 활동들은 운동으로서의 영화가 아닌 새로운 영화에 초점을 맞췄다는 것이 특징이었다.

오석근은 "부산씨네클럽은 순수하게 영화에 집중했다"고 했고, 양정화는 "나는 학생운동을 했으나, 씨네마테크 1/24에 민중운동적 성향은 없었다"고 말했다. 방추성은 "사실 이용관 김지석 등은 보수적인 분들인데, 다만 심성이 바르고 정의로운 분들이다" 보니 "항상 불의에 당당하게 맞서 나갔기 때문에 진보적으로 보인 면이 있다"고 평가했다.

부산대 영화패 살리라와 영상패 꽃다림

부산 영화운동이 출발과 같았던 부산씨네클럽과 이후로 이어진 씨네마테크 1/24이 새로운 영화와 예술영화를 지향했다면, 이들과는 다르게 사회변혁 운동으로서 영화를 선택한 집단도 존재했다. 시대적 상황을 영화에 녹여내며 영화운동에서 '운동으로서의 영화'에 방점을 찍고 활동한 단체는 '영상패 꽃다림'이었다.

『부산일보』는 1990년 12월 18일자 부산 문화 결산 기사에서 "부산 유일의 영화운동 단체인 영상패 꽃다림은 재정적인 어려움 속에 구체적인 결실을 맺진 못했으나, 자체 이론 공부에 힘쓰는 한편 장편극영화 제작을 준비하는 달라진 모습을 보여줘 내년을 기대케 했다"고 평가했다. 이는 영상패 꽃다림이 1989년 말부터 시나리오반을 구성하고 자체 세미나를 통한 전문성 확보와 함께 영화적 기초가 탄탄해

영화, 변혁운동이 되다

지면 극영화 제작에도 나선다고 했던 것을 되짚은 것이었다.

운동에 방점을 찍고 영화를 통해 사회적 변혁을 추구했던 부산 영화 '운동'의 특징적인 부분은 타 장르와의 연대였다. 미술을 필두로 한 문화운동이 영화와 결합한 것이었다. 중심인물은 부산대학교 83학번 황의완(전 부산콘텐츠마켓 집행위원장)과 안태영(한국홀덤 이사)이었다. 이들은 함께 부산대 문화패 연합에서 활동한 사이였다.

부산씨네클럽과 씨네마테크 1/24이 부산대와 동아대, 경성대 등을 포괄하고 있었다면, 영상패 꽃다림은 당시 부산대 학생운동의 역량이 중심이 돼 확대된 것이었다. 핵심인물들이 대부분 부산대 학생운동권이었기 때문이다.

영상패 꽃다림의 바탕이 된 것은 부산대학교 영화운동 서클 '영화패 살리라'였다. 부산대학교 학내 문화운동이 토대 역할을 한 것이었다. 영화패 살리라는 부산대학교에 있었던 풍물, 국악, 마당극, 연극 장르의 문화패가 연대하여 생겨난 학생운동 서클의 하나였다. 숨소리문학회(문학), 미술공동체(미술) 등과 사전 협의를 거쳐 같은 시기 만들어졌다.

1985년 9월 학생운동을 하고 있던 안태영을 중심으로 이영택과 졸업생이었던 허현숙 등이 참여했다. 부산대학교에는 영화연구회가 있었으나, 영화를 통한 사회변혁 운동에 동참하기 위해 영화패 살리라가 새로 생겨난 것이다.

미완으로 끝난 살리라의 영화

1985년은 야당의 승리로 끝난 2·12 총선의 여파로 전두환 군사독재 체제에 균열이 가기 시작하면서 학생운동이 거세졌던 때였다. 이 무렵 부산대학교 '마당놀이패 풀이'에서 활동하던 안태영은 부산대 활동 책임조직의 권유로 총학생회 활동도 병행하고 있었다.

안태영은 "그때는 부산대학교에선 문화운동의 전성기라고 불릴 만큼 문화운동이 융성하던 시기였다"면서 "양산박 패거리라고 불리던 민요연구회 한소리패, 노래운동 소리터, 전통예술연구회, 마당놀이패 풀이가 운동의 흐름을 주도하고 있었다"고 말했다.

그해 5월 부산대학교 넉넉한터에서 열렸던 문화운동패 연합공연 〈벌거벗은 임금님〉은 5천 명이 관람 후 대규모 시위로 이어지는 성과를 거두기도 했다. 이러한 문화활동의 풍토 속에서 1985년 초가을 부산대 선배로 부산씨네클럽 회원이었던 박수경을 만나서 문화운동에 대한 대화를 나누던 중 영화에 대한 이야기가 이어졌고, 기간제 교사로 있던 졸업생 허현숙을 소개받게 된 것이다.

안태영은 "부산대 후문 쪽 포장마차에서 허현숙을 처음 만났는데, 대중에게 친숙한 매체인 영화로 사회를 변혁할 수 있는 운동을 해보자고 했고, 이야기는 쉽게 됐던 것으로 기억한다"고 회상했다. 1985년 9월 서클을 만든 후 10월 회의를 통해 '영화패 살리라'로 이름을 정했고 대표는 상대적으로 시간 여유가 많았던 안태영이 맡게 된다.

이에 대해 허현숙은 "부산씨네클럽에서 활동하고 있던 박수경이 운동적 일에는 겁이 나서 내게 연결시켰다"면서 "1985년 대학을 졸업한 후였으나 '영화패 살리라'가 단편영화를 제작을 준비할 때 기획단계부터 촬영 과정까지 참여했고, 가장 중요한 동료였다"고 회상했다.

영화패 살리라는 초반 영화감상회 등을 진행하다가 논의를 거쳐 직접 영화를 제작해보기로 결정하고, 당시 운동권에 반향이 컸던 유시민의 「항소이유서」를 각색한 대본으로 제작에 돌입한다. 1984년 이른바 '서울대 학원 프락치 사건'에 연루돼 1년 6월의 징역형을 선고받았던 유시민은 변호를 맡은 이돈명 변호사의 권유로 1985년 5월 직접 항소이유서를 작성해 재판부에 제출했고, 언론을 통해 내용이 세간에 알려지면서 화제가 됐다.

하지만 제작만 결정했을 뿐 카메라도 필름도 없었기에 쉽게 진행되기는 어려운 상황이었다. 그나마 허현숙이 1984년 부산씨네클럽에서 8mm 단편영화 〈반지〉를 만든 경험이 있을 뿐이었다. 이때 도움을 준 사람이 오석근(전 영진위원장)이었다. 안태영은 "부산씨네클럽 회원이기도 했던 허현숙과 박수경의 소개로 오석근을 만나면서 8mm 카메라를 빌릴 수 있었다"고 기억했다. 필름 구입비는 허현숙이 사비를 털어 마련했고 문화운동을 하던 안태영의 후배들을 동원해 촬영에 돌입하게 된다. 시나리오는 공동으로 작업했고, 연출 안태영, 촬영 허현숙이었다.

그런데 영화에 들어갈 시위 장면을 촬영하던 도중 허현숙이 경찰에 연행되는 위기가 발생한다. 허현숙은 부산대 시위 현장에서 잡히던 상황을 이렇게 설명했다.

"카메라 한 대로 안태영은 시위대 안에서 반대편 경찰이 최루탄을 쏘는 모습을 핸드헬드로 담았고, 나는 밖에서 카메라를 달라고 해 받은 후 롱샷이나 전체 장면으로 시위 현장을 촬영하고 있었다. 당시에는 8mm 카메라로 부산대 시위 현장을 찍는 것이 한 번도 없었던 일이어서, 바로 체포조인 백골단에 잡혀서 연행된 것이다. 경찰은 내가 졸업생이다 보니 북한에 보내려 한 것이라며 외부인이 개입한 아주 큰 사건이라고 협박했다. 경찰에서 크게 그림을 그릴 수 있는 상황이었다."

당시 공안 조작 사건이 비일비재했던 현실에서 자칫 경찰이 사건을 확대할 경우 8mm 카메라를 빌려준 오석근은 물론 부산씨네클럽도 휘말렸을지도 모를 일이었다. 그렇지만 다행히 부산대 교수의 적극적인 도움으로 위기를 모면하고 풀려날 수 있게 된다.

"내가 잡혀갔다는 소식을 친구 박수경에게 전해들은 지구과학과 학과장님이 곧바로 경찰서로 찾아오셨다. 학과장님이 경찰에 '재학 때 운동하던 학생이 아니고, 학과 차석으로 졸업하고 충실하게 학교생활한 학생이다. 내가 모든 책임 다 질 테니 데리고 나가게 해달라'고 해서 바로 나올 수 있게 된 것이었다."

연행됐을 때 허현숙은 "예술영화를 추구하는 사람으로 후배들 촬영을 도와주려고 왔지 시위와는 전혀 관계없다"고 강조하면서, 알리바이를 입증하기 위해 김지석에게 전화로 도움을 요청하기도 했다. 부산씨네클럽에서 활동하면서 찍은 단편영화 〈반지〉와 자료들이 부산 프랑스문화원 캐비닛에 있을 테니 찾아달라고 부탁한 것이다. 그러나 군사독재의 폭압적 통치가 기승을 부리던 시기였기에 김지석은 다소 겁을 먹은 듯 "너를 위해 배려를 할 수는 없고, 부산씨네클럽을 안다고 하지 말라"고 했고, 이 때문에 "김지석의 반응에 서운했던 기억이 있다"고 말했다. 부산국제영화제가 시작된 이후에는 아시아 표현의 자유를 위한 투쟁에 가장 앞장섰던 김지석이 1980년대 부산씨네클럽에서 활동했을 당시에는 정치사회적 문제의식이 크지 않았음을 엿보게 하는 부분이다.

풀려난 허현숙은 다시 안태영과 만나 영화 제작을 이어간다. 감옥 장면을 촬영했는데, 장소는 안태영의 자취방이었다. 안태영은 "조명

영화, 변혁운동이 되다

으로는 자취방의 스탠드 세 개에 100와트 전구를 끼워서 사용했고, 자취방의 벽지를 뜯어내서 감옥 세트로 쓰는 열악함 속에서 촬영하다 주인 아주머니에게 호되게 혼나기도 했다"고 회상했다.

어렵게 촬영은 마무리됐으나 후반 작업을 마무리하지 못한 상태에서 이번엔 안태영이 잡혀갔다. 1986년 3월 부산대학교 삼민투(민족통일민주쟁취민중해방투쟁위원회)가 주도한 시위에 참여했다가 경찰에 연행된 후 곧바로 강제 징집당한 것이다. 안태영은 "영화패 살리라의 활동은 거기서 멈췄다"며 "입대 당일 국군보안사령부에 끌려갔고 이틀간 학내 문화 활동과 영화패 살리라에 대한 조사를 받으며 심한 고문을 받았다"고 회상했다. 그나마 "훈련소에서 민요연구회 한소리패 회원이었고 3월 시위를 주도한 부산대 삼민투 위원장 민경수를 만나 서로에게 큰 위안이 됐다"고 덧붙였다. 주동자였던 민경수도 3월 시위로 연행된 후 곧바로 전두환 군사독재에 의해 강제 징집된 것이다.

그림패에서 분화되어 영상패로 결성된 꽃다림

영화패 살리라는 공중분해됐지만 1986년 당시 4학년인 황의완(전 부산콘텐츠마켓 집행위원장)이 이끌고 있던, 같은 시기 만들어진 부산대학교 운동 서클 '미술공동체'는 건재했다. 미술운동을 지향했던 황의완은 1986년 3월 시위 때도 연행됐다가 풀려났으나 학생운동에 적극적으로 나서면서 결국 2학기에 제적된다. 그리고 1987년 전두환이 기존 헌법대로 대통령 선거를 치르겠다는 4·13 호헌 조치 이후 개헌의 필요성을 정리한 성명을 발표하면서 경찰의 수배를 받게 됐다.

그가 경찰에 검거된 것은 6월 항쟁이 불길이 치솟기 시작했던 6월

영상패 꽃다림 회원들.
왼쪽부터 이수빈,
왕성국, 김은희(후원자),
심정숙, 안태영, 민경수
_심정숙 제공

10일 직후였다. 부산대 관할 경찰서가 아닌 대공분실로 추정되는 곳으로 끌려갔는데, 노태우의 6·29 선언 직후에 풀려날 때까지 20일 정도 갇혀 있어야 했다. 황의완은 "당시 갇혀 있던 게 지금껏 상당한 트라우마로 작용한다"며 "선배들의 권유로 성명을 정리하고 발표했음에도 정작 풀려났을 때는 고생했다는 말 한마디 들어보지 못했고 다들 뒤로 빠져 서운함이 많았다"고 말했다.

노태우의 6·29 선언으로 다시 복학할 수 있었던 황의완은 부산 최초의 사회 미술운동 동인 그룹이었던 '그림패 낙동강'에 합류했다.

배인석(화가, 전 민예총 사무총장)의 글 「부산민족민중미술운동사」에 따르면 그림패 낙동강은 부산에서 조직적인 사회 미술운동 활동의 필요성과 지역운동에 기반을 둔 민족자주문화의 건설에 공감한 부산 미술가들이 결성한 것으로, 1987년 봄 5개월 정도의 논의를 거쳐 1987년 9월 26일 남포동 백색화랑에서 창립 전시회를 갖는다.

회원은 구자상, 곽영화, 김상화(부산어린이청소년영화제 집행위원장), 권산, 황의완, 김황수, 정재명, 이상적, 김을중, 허창수 등이었다. 이들은 창립 전시회 이전에 부산민주시민협의회가 개최한 통일문화제에 부산 지역 최초의 조직적 창작물인 〈한국민중100년사〉 전시회를 개최했고, 1987년 8월에는 대우조선 고 이석규 열사의 장례식에 곽영화 회원을 파견해 장례용 걸개그림과 영정을 제작하게 하는 등의 선행 미술활동을 수행하기도 했다.

황의완은 "창립 전시회를 진행하는 과정에서 최정현 감독의 애니메이션 〈반쪽이〉를 보게 됐고, 그게 더 매력 있다고 생각해 영화와 애니메이션으로 방향을 잡았다"며 "애니메이션을 배우기 위해 최정현의 신혼집을 찾아가기도 했다"고 회상했다. 최정현 감독은 서울영상집단에서 활동했던 변재란(영화평론가, 순천향대 교수)의 남편이다.

꽃다림은 이때 만들어지게 된다. 애니메이션과 영화 쪽에 관심이 있던 황의완의 주도로 그림패 낙동강의 소모임 형태로 생겨난 것이었다. 이듬해인 1988년 8월에는 그림패 낙동강에서 '생활미술공방 꽃다림'이 분리됐다.

독립한 꽃다림이 영상 쪽으로 힘을 받게 된 것은, 1988년 전국대학생대표자협의회(전대협)가 주도한 남북학생회담 추진이었다. 당시 서울대 총학생회장 후보로 나선 김중기(배우)의 제안으로 추진됐던 남북학생회담은 1980년대 후반에서 1990년대까지 이어진 통일운동의 시발점이었다. 황의완은 남북학생회담 통일선봉대에 참여해 전남대, 한남대 등을 따라다니며 이들의 활동을 촬영하게 되는데, 영상을 편집하는 과정에서 안태영과 민경수 등이 복학해 합류했다.

안태영은 "1988년 6월 민경수와 같은 날 제대를 했고, 8월 부산 수산대(현 부경대)에서 열렸던 민족해방제로 기억되는 집회에서 황의완을 만났다"면서 "당시 황의완이 꽃다림을 운영하고 있었는데 업무량이 많아 일손이 필요하다고 요청해 마침 휴학 중이었기 때문에 민경수와 합류하게 된 것"이라고 말했다. "이후 곧바로 부산대 한소리패 출신 강주완(노무현재단)과 마당놀이패 풀이 출신 심정숙(전 부산시 교육감 비서실장)이 합류했다"고 덧붙였다.

심정숙은 "그때 대학 4학년이었는데, 1988년 8월 부산 수산대에서 열린 행사에 갔다가 군복무를 마치고 온 문화패 선배인 안태영, 민경수를 만났고 함께 문화운동을 계속했던 것이다"며, "황의완 선배도 만나게 되면서 자연스럽게 영상패 꽃다림 활동을 같이 하게 됐다"고 말했다.

이들이 합류해 완성한 작품이 통일선봉대의 활동을 담은 31분 다큐멘터리 〈가자 통일을 향해〉였다. 안태영은 "대학가 순회 상영의 반응이 뜨거웠다"며 "이에 고무된 회원들이 고 양영진 열사 다큐 〈진달래꽃 넋으로 살아〉 제작을 준비하는 과정에서, 투표를 거쳐 '생활미술공방 꽃다림'에서 '영상패 꽃다림'으로 활동을 시작하게 된 것이라고 말했다.

1988년 12월 19일 생활문화운동 단체에서 영화운동 단체로 전환한 영상패 꽃다림 대표는 안태영이 맡았다. 총무는 심정숙이었다. 영상패 꽃다림은 당시 부산 유일의 영화운동 단체였는데, 부산지역에서 최초로 만들어진 독립영화단체기도 했다.

영상패 꽃다림은 1989년 10월 부산민족예술대동굿 행사로 마련된 '시월영화제'를 통해 고 양영진 열사의 죽음을 다룬 8mm 영화 〈진달래꽃 넋으로 살아〉(44분)와 장산곶매 및 경희대 영화서클 그림자놀이에서 제작한 영화 등 일곱 편을 상영했다.

양영진은 1986년 부산대 국어국문학과에 입학해 부산대 문학동아

영화, 변혁운동이 되다

리 연합체를 결성했고, 군부독재에 반발해 1988년 대학생 군사훈련의 일환인 전방 입소를 거부하는 투쟁을 벌였던 운동권 학생이었다. 이로 인해 보복성 입영통지서를 받아 집에서 부대로 출퇴근하는 단기사병으로 입대했으나, 10월 10일 조국 통일, 반미 자주, 군 자주화를 염원한 유서를 남긴 채 교내에서 스스로 목숨을 끊었다. 광주 망월동 민족민주열사묘역에 안치됐고, 2001년 민주화운동관련자명예회복 및 보상심의위원회로부터 민주화운동 관련 희생자로 인정받았다. 황의완은 "1988년 부산대에서 열린 양영진 열사 장례식 때 문익환 목사님이 오셨다"며 "〈진달래꽃 넋으로 살아〉는 앞부분이 다큐멘터리고 뒷부분은 극영화로 제작했다"고 말했다.

영상패 꽃다림의 주요 활동은 영화 제작과 배급, 문예 활동 기록, 영화 강좌 등이었다. 전교조 결성 시기 시위에 참여했다 백골단의 폭력에 크게 다친 부산교대 학생에 대한 다큐멘터리 〈이경현 양〉 등 두 편을 8mm 필름으로 제작했다. 이 필름들은 10여 편의 비디오 작품과 함께 대학가와 시위 현장에서 주로 상영됐다.

최진호(감독, 〈집행자〉 연출)는 "영상패 꽃다림에서 활동하면서 부산 교사들의 전교조 결성 과정을 담은 다큐멘터리 〈전교조 결성투쟁기〉(1989), 한진중공업 박창수 노조위원장 장례투쟁을 담은 〈죽음을 넘어 노동해방으로〉(1991) 등의 작품을 제작했다"고 말했다.

영화계 현안에도 나섰다. 1989년 UIP 직배 반대 투쟁에 적극적으로 참여해 부산 서면과 광복동 일대에서 시위를 벌이기도 했다. 1989년 3월 10일 『부산일보』에 따르면 영상패 꽃다림과 부산민족문화운동협의회 등 회원 100여 명은 10일 10시 서면 동보극장과 광복동 푸른극장 앞에서 미국 UIP 직배 영화 상영 취소를 요구하며 농성을 벌였다. 이때의 시위에 대해 최진호(감독)는 "부산민족문화운동협의회에서 동원해 간 것이었는데, 농성하다 다 잡혀서 부산진경찰서 유치장으로 갔고 그날 밤인가, 다음 날 아침에 풀려났다. 그때 같이 잡혀간 극단 자갈치의 선배가 조서 쓰는 과정에서 형사가 '근데 UIP가 뭐냐'고 물었으나 모른다고 해서 내가 알려주기도 했다"고 회상했다.

부산과 서울의 교류를 맡은 허현숙

영상패 꽃다림이 존재감을 과시하게 된 것은 1989년 2월 장산곶매의 〈오! 꿈의 나라〉 덕분이었다. 민주열사 관련 다큐멘터리 세 편 정도의 제작을 마칠 즈음, 〈오! 꿈의 나라〉가 개봉하면서 부산 경남지역 배급을 맡게 된 것이다. 당시 제작과 배급을 맡았던 낭희섭은 "황의완이 서울에 올라와 러시 필름을 보고 판권료 100만 원을 냈다"고 말했다.

〈오! 꿈의 나라〉는 경성대 총학생회의 도움을 받아 1989년 2월 4일부터 12일까지 부산대 효원회관과 경성대 학생극장(콘서트홀)에서 상영했다. 황의완은 "서울은 대학교 밖에서 상영했으나 부산은 대학교내 상영이 특징이었다"며 "직접 포스터를 만들어 서면과 남포동을 다니며 붙였는데, 저녁 9시 뉴스에 〈오! 꿈의 나라〉 탄압에 대한 소식이 나오면서 앉아서 홍보가 크게 됐다"고 회상했다.

〈오! 꿈의 나라〉를 보기 위해 관객들이 몰려들면서 좌석이 부족해 입석으로 관람할 정도였다. 경찰의 방해에 대비해 대학생들과 사수대까지 조직했으나 다행히 경찰의 침탈은 없었다. 당시 부산에서 구정(설날) 전후 4일간 3천만 원의 수익을 냈을 만큼 흥행은 대성공이었

영화, 변혁운동이 되다

다. 장산곶매는 부산의 흥행 소식에 상당히 놀랐다고 한다.

〈오! 꿈의 나라〉 상영 수익 덕분에 남포동 부산데파트에 있던 꽃다림 사무실은 연산동에 신도극장 인근으로 옮겨온다. 40평의 넓은 공간이었고 카메라와 편집기도 구매할 수 있었다. 당시는 16mm 필름에서 비디오 촬영으로 전환한 시점이었다. 이후 장산곶매가 제작한 〈파업전야〉와 〈닫힌 교문을 열며〉도 부산 배급은 영상패 꽃다림이 담당하게 된다.

영상패 꽃다림이 장산곶매 등 서울 영화운동 단체들과의 연결될 수 있었던 데는 허현숙의 역할이 있었다. 부산의 영화운동에서 허현숙의 역할은 주목할 만한 부분이 많다. 새로운 영화를 추구하던 씨네클럽뿐만 아니라 운동으로서의 영화를 지향했던 영화패 살리라와 영화패 꽃다림에 모두 관여했기 때문이다. 부산의 영화운동에서 부산씨네클럽, 씨네마테크 1/24, 영상패 꽃다림을 모두 아우른 것은 이용관(부산영화제 이사장)이었으나, 부산대 영화연구회, 부산씨네클럽, 영화패 살리라, 영상패 꽃다림을 넘나든 허현숙의 역할도 특별했다.

황의완에 따르면 허현숙을 통해 1988년 홍기선, 이효인 등을 만나 인사하게 됐고, 이들을 영상패 꽃다림의 운동 선배로 예우하면서 3세계 영화와 우카마우 집단 등 영화운동 자료들을 얻는 등 도움을 받았다. 허현숙은 "영상패 꽃다림 공간에서 황의완을 처음 만났다"며, "서울 장산곶매와 영화마당 우리, 바리터 등의 모임과 활동에 대해 생생하게 전하며 연결했던 기억이 난다"고 말했다.

부산대 81학번인 허현숙은 재학 시절 학생운동을 하지는 않았으나, 1980년대 금서로 지정돼 출판이 금지됐던 김지하의 『오적』을 누군가가 필사한 책으로 읽으며 당시 대학생들처럼 사회문제에 대한 의식을 갖게 된다. 부산대 영화연구회와 부산씨네클럽에서 활동했던 이진수(건축가)는 "김지석 형과 나는 사회문제에 관심이 약했는데, 허현숙은 우리와는 다르게 문제의식이 있었다"고 말했다.

고등학생 때부터 영화광이었던 허현숙은 대학에 입학해서는 선배인 김지석과 함께 부산대 영화연구회 활동을 가장 열심히 했던 학생 중 한 명이었다. 부산씨네클럽에서 8mm 단편 〈반지〉를 연출했고, 대학을 졸업한 1985년 부산과 마산의 고등학교에서 기간제 교사로 있다가 1986년 오석근의 요청으로 스크립터 일을 배우기 위해 충무로로 향한다. 오석근은 "부산 경상전문대 지청언 감독이 부산에서 극영화를 제작한다고 해서 영화 현장을 배울 목적으로 조감독으로 들어갔고 그 작품이 1986년도 제작된 〈천사, 늪에 잠들다〉였다"며 "이 때 허현숙이 스크립터를 맡았고, 서울에서 후반 작업할 때 같이 했었던 것 같다"고 기억했다.

1986년 서울에 올라온 허현숙은 부산씨네클럽을 통해서 알게 된, 부산 출신 동국대 연극영화과 학생 최사규(감독)로부터 영화마당 우리에 대해 듣고 가입하게 된다. 허현숙은 "영화마당 우리에서는 김영진(명지대 교수, 전 영진위원장), 문명희, 김윤태(감독) 등과 친하게 지냈고 이언경(작고)은 부산 출신이라 가까웠으며, 같은 공간에서 자주 보던 홍기선(감독)과도 알고 지냈다"고 말했다. 또한 "영화 관련 일을 하는 여성들이 페미니즘에 대해 공부도 하고 여성주의 영화도 만들어보자는 취지로 모인다고 해서 갔다가 문명희 선배와 함께 바리터 결성에도 참여하게 됐다"고 말했다.

영화마당 우리, 바리터 활동과 더불어 당시 자주 어울려 지내던 장산곶매 회원들과도 가까워지면서 서울과 부산의 영화운동가들이 연결된 것이다. 허현숙은 "장산곶매의 오정옥(촬영감독), 정성진 등과 친했고, 1986년 9월 1일 자로 서울에 발령이 나서 교사로 임용돼 전국교사협의회 활동을 하다 이후 전교조가 결성되면서 적극적으로 가담하게 됐다"고 회상했다. 전교조 참여로 해직됐으나 전교조 내부의 결정에 따라 6개월 지나 복직하게 됐다.

이때의 전교조 활동은 이후 1992년 장산곶매의 〈닫힌 교문을 열며〉 제작 때 도움을 주는 계기가 된다. 허현숙은 "급격한 변화 속에 학교 현실에 대해 시나리오 단계에서 사전 취재를 도와줬다"며 "촬영 과정에서도 영화의 마지막 장면에서 비가 쏟아붓는 가운데 해직교사와의 이별에 몸부림치는 학생들이 필요하다는 이재구(감독)의 요청을 받고 친하게 지내던 인근 고등학생들을 모아서 보조출연자로 나서게 했다"고 말했다.

이어 "영화 포스터에서 교사 왼편에 선 여학생은 배우였고 오른쪽 키 큰 남학생은 보조 출연자로 실제 해직 교사들을 지키고자 했던 열혈 학생으로 기억한다"면서 "겨울에 비를 맞는 마지막 장면을 찍고 오들오들 떨며 들어오는 아이들을 수건으로 닦아주러 뛰어들던 시간이 생각난다"고 덧붙였다.

허현숙은 부산씨네클럽과 꽃다림을 넘나든 것에 대해 "처음에는 대학 4학년 내내 예술영화를 추구했지만, 변혁운동 차원으로서의 영화에 공감하면서 동참하게 된 것이었다"며 "부산씨네클럽은 순수예술영화에만 심취하고 열정에 넘쳤던 시절이었으나, 영상패 꽃다림과 안태영 등과의 인연은 강렬한 운동가와 혁명가의 아우라에 예술적 끼를 느낄 수 있던 시기였다"고 비교했다. "장산곶매 정성진과 영화마당 우리 이언경, 김윤태를 부산 꽃다림 사무실에 안내했었는데, 매우 좋아했던 기억이 난다"고 추억했다.

부산민족문화운동협의회와 최낙용의 활동

영상패 꽃다림은 1989년 3월 문화 장르별 협의체로 결성된 부산민족문화운동협의회(초대 의장 부산대 채희완 교수, 현 부산민예총)에 참여해 영상을 담당한다. 당시 참가 단체는 놀이패 일터, 극단 새벽, 극단 자갈치, 부산미술운동연구소, 풍물패 만판, 노래야 나오너라 등이었고, 참관 단체로 남산놀이마당, 부산민요연구회, 민족춤패 춤누리 등이 있었다.

1990년에는 동학 100주년 기념행사 및 각종 마당극과 한마당 등의 문예 활동을 비디오로 기록했고, 다른 부문의 문화 운동과 연계한 창작 활동에도 참여했다. 1991~1992년에는 대학생과 시민을 대상으로 한 강좌를 개설해 16mm 필름을 중심으로 한 영화제작의 이론과 실습을 교육했다. 이를 위해 1992년 상영 공간을 갖추고 영화 감상, 영화강좌 프로그램을 운영했다. 지도는 경성대학교 영화학과 학과장 이용관(부산영화제 이사장)이 맡았다. 황의완은 "이용관이 '영화 보기와 영화 읽기'라는 강좌를 오래 이어갔다. 〈전함 포텐킨〉〈졸업〉〈버드〉 등을 비디오로 보여주며 설명했는데 내용도 알찼고 상당히 수준 높은 강의였다"고 말했다.

1985년 부산씨네클럽의 지도교수를 담당했던 이용관이 씨네마테크 1/24에 이어 영상패 꽃다림 활동까지 도운 것이었다. 이용관은 "학교 강의에 여유가 있어 특강을 많이 해준 것으로 기억한다"고 말했다. 황의완은 "연산동 사무실에 이용관이 자주 찾아왔는데, 부산에

영화, 변혁운동이 되다

서 국제영화제를 해야 한다는 이야기를 종종 했었다"고 회상했다.

영상패 꽃다림에서 3기에 걸쳐 진행된 영화학교는 독립영화를 위한 인력을 양산하고 독립영화 운동의 전개 방향을 넓히는 데 기여했다. 30여 명의 수강생들이 2회에 걸친 워크숍을 통해 10여 편의 작품을 완성했는데, 김재준(전 부산영화영상산업협회 사무국장), 안형국(영상장비) 등이 참여했다.

영화운동 단체로서 부산지역 내 민주 단체 지원과 연대 활동에도 적극적이었다. 부산민족문화운동협의회는 1990년 12월~1991년 2월 사이에 '임투 문화학교'를 운영했다. 1991년 상반기 임금협상 투쟁을 준비하는 당시 부산 양산 지역 노동조합 문화부장과 문화패 등 노조 문화활동가들을 위한 프로그램이었다. 다양한 장르의 강좌가 개설됐는데, 꽃다림은 영상반을 운영했다. 이때 연극을 지도했던 강사가 최낙용(프로듀서, 〈노무현입니다〉 제작자)이었다.

최낙용 역시 부산의 영화운동을 이야기할 때 빠질 수 없는 인물이다. 부산민족문화운동협의회는 1989년 공식 결성되면서 부산 문화운동을 대표했지만 이미 1987년부터 비합법단체로 활동하고 있었다. 최낙용은 1987년 전후로 부산민족문화운동협의회를 오가며 문화운동을 전개하고 있었고, 영상패 꽃다림 활동에 관여했기에 꽃다림 회원으로 인식되기도 했다. 그는 "1988년 영상패 꽃다림이 생겨났을 때부터 왕래하고 지냈으며 어떤 일은 직간접적으로 참여하기도 했지만, 회원이었다고 할 자격은 없는 것 같다"며 "꽃다림이 왕성하게 활동하던 시기에 연극 쪽 활동에 매진하고 있었다"고 말했다.

연극을 중심으로 활동하던 최낙용은 1990년 초 서울에서 열린 영화마당 우리의 워크숍에 참여하면서 영화 쪽으로 한 발 더 내딛게 된

영화마당우리 워크숍 당시 촬영 현장. 오른쪽에서 아이를 안고 있는 사람이 최낙용(제작자).
맨 앞 정윤철(감독)_최낙용 제공

다. 당시 워크숍은 계간지『영화언어』와 시네마테크 '영화공간 1895'
에서 활동했던 이언경이 주관했고 김형구(촬영감독)가 강사였다.

최낙용은 "8mm 단편이 대세이던 시절에 16mm 단편을 제작했고,
같은 조에 당시 대학 신입생 정윤철(감독), 바리터에서 활동했던 강미
자(편집감독), 중국에서 활동하고 있는 최광석(제작자) 등이 있었다"며
"삼선교 쪽 폐허 같던 재개발 지역에서 촬영한 기억이 생생하다"고
덧붙였다.

최낙용은 1992년 대선 당시 백기완 후보의 부산 선거대책본부 소
속으로 부산 영남 유세 기획 책임을 맡았고 부산 유세 사회를 보기도
했다. 이후 1993년 김영빈 감독 〈테러리스트〉의 짧은 객원 연출부에
이어 1994년 김성수 감독 〈런어웨이〉 연출부로 충무로 활동을 시작
한다.

영화, 변혁운동이 되다

충무로 활동 시작한 꽃다림 회원들

황의완도 1989년과 1992년 두 차례에 걸쳐 충무로에서 연출부 활동을 하게 된다. 당시는 영화운동이 비제도권 활동을 중심으로 하고 있으면서도 충무로라는 제도권으로 새로운 전선을 형성하고 있을 때였다. 이 무렵 꽃다림의 초기 회원들은 영화 공부 등을 목적으로 상업영화계와 방송계로 진출하기 시작했다.

황의완은 "충무로에 간 것은 영화에 대한 고민 때문이었다"며 "우리가 만든 영화는 보는 사람들은 좋아하는데, 구호만 있고 예술성이 없다는 생각이 들어 정지영 감독 〈남부군〉과 〈하얀전쟁〉 연출부에 들어갔던 것"이라고 말했다. "이때 인연으로 영화학교 때 이충직(교수, 전 전주영화제 집행위원장)이 카메라와 앵글에 대한 강의를 해주기도 했다"고 덧붙였다.

영상패 꽃다림은 1992년 전후 기존 회원들이 하나둘 다른 진로를 찾기 시작하면서 재편 과정을 거쳤고 1995년까지 유지된다.

최진호(감독, 〈집행자〉)는 "1992년에 영상패 꽃다림에서 나온 후 노동자문예창작단의 창립회원으로 참여했고, 거기에서 꽃다림 활동을 같이 했던 양진일을 만났다"면서 "함께 노동자문예창작단의 영상분과 활동을 하며 현대자동차, 현대중공업, 현대정공 등 울산, 마창 중심의 노동현장을 촬영하고 이를 바탕으로 공연에 결합해 전국 순회를 다녔다"고 말했다. 이어 1993년 여름에 노동자문예창작단을 탈퇴하고 충무로 영화계로 들어간 것"이라고 덧붙였다. 노동자문예창작단은 당시 〈가자 노동해방〉〈철의 노동자〉 등 노래를 발표하며 민중운동 진영에서 큰 관심을 받았다.

안태영은 "1989년 시작부터 1992년 6월까지 꽃다림 대표를 맡은 후 SBS 피디로 입사하게 됐다"며 "총무 심정숙과 민경수를 비롯해 2기 회원으로 들어온 이수빈, 최진호, 구현모, 황윤식, 왕성국 등이 꽃다림을 7년간 유지할 수 있었던 원동력이 됐다"고 말했다. "부산 지역의 거의 모든 시위와 행사를 촬영했고, 운영비 조달을 위하여 주말마다 결혼식 비디오를 촬영했어야 했는데 그들의 헌신 없이는 불가능한 일이었다"고 강조했다.

심정숙은 1990년에 영화 공부를 하기 위해서 서울로 향한다. 1990년 12월 출판사 한길사가 설립한 한길예술연구원에서 영화감독 양성코스인 '영화예술반'(일명 한길영화아카데미)에 입학한 것이었다. 강사는 민족영화연구소 이효인(경희대 교수, 전 영상자료원장), 강한섭(서울예대 교수), 주진숙(교수, 전 영상자료원장) 이장호(감독), 유현목(감독), 임권택(감독), 장선우(감독), 안성기(배우) 등이었고, 영화개론, 영화사, 촬영론, 기술론 등을 가르쳤다.

심정숙은 "한길예술연구원 수료 후 1991년 SBS 피디로 있던 안태영의 추천으로 스크립터로 입사했다"며 "서울에서도 계속 안태영, 민경수, 이수빈 등과 함께 골방에서 시나리오를 쓰며 영화 제작을 시도했으나 제작비를 마련하지 못해 포기했다"고 말했다.

이어 "이후 안태영, 이수빈 등과 다시 부산으로 내려와 1994년 공연기획사 '한빛기획'을 설립해 뮤지컬 〈지저스 크라이스트 수퍼스타〉 부산 공연을 기획하고 번 수익금으로 베타카메라(당시 4천만 원)를 구입하는 등 계속 영화 제작을 모색했다"면서 "그러나 1997년 IMF 사태로 인한 불황으로 한빛기획을 접고 각자의 길로 가게 된 것이다"라고 덧붙였다.

영화, 변혁운동이 되다

1995년 영상패 꽃다림 활동을 마무리한 황의완은 "대학에서 활동하는 분들도 있으니 정리해도 될 시점이었고, 결혼한 상태에서 수입 없는 일을 하기 어려웠다"면서 "보유하고 있던 비디오는 분량이 많아서 전교조로 넘겼다"고 말했다.

　　이어 "꽃다림이 7년 정도 활동하면서 각 대학 영화동아리에 자극제 역할을 했다"며 "부산공업대 등 부산지역 대학의 영화동아리 결성을 지원했고, 부산대 영화운동 동아리 '새벽벌'과는 상호 교류했다"고 덧붙였다.

　　부산대 '새벽벌'은 1990년 북한 영화를 상영하는 과정에서 일부 회원이 구속되고 기자재를 압수당하는 등 탄압을 받기도 했다. 충무로의 대표적인 편집감독인 김선민이 새벽벌 출신이다. 김선민은 "1990년 대학 1학년 때 친구 따라 영화공동체 새벽벌에 가입했다. 운동 성향이 강한 동아리였다는 것을 알고 있었고 사회적인 문제의식에 공감하고 있었다"고 말했다. 독립영화에서 활동하고 있는 신은실(영화평론가, 전 EBS 다큐영화제 프로그래머)도 새벽벌에서 활동했다. 김선민에 따르면 새벽벌은 1988년 문화운동 동아리인 한국문화연구회로 출발했으나 당시 지역에서도 영화운동의 필요성이 대두되면서 방향성을 전환해 1989년 하반기 영화공동체 새벽벌로 이름을 바꿨다. 새벽벌은 부산대학교의 별칭인 효원(曉原)의 순우리말이다. 당시 새벽벌은 〈오! 꿈의 나라〉〈파업전야〉〈부활의 노래〉 등 사회성 강한 영화나 다큐멘터리, 구하기 힘들었던 예술영화 등을 부산대학교 내 중앙도서관 시청각실(민족효원영화관)에서 매주 상영했다. 또 학내 문화패 연합이 모여 만든 집체극 〈푸른 작업복〉에서 영상을 담당해 대동제 공연에 참여했으며, 울산 등 노동현장 촬영 지원을 나가는 등의 여러 활동을 했다.

김선민은 대학 4학년 때 꽃다림이 개설한 영화학교 16mm 영화제작 워크숍에 참여하기도 했으나, 영화계 입문은 〈지독한 사랑〉이 부산에서 제작되면서 연출, 제작팀을 부산 출신으로 뽑은 덕분이었다. 이는 〈지독한 사랑〉 제작 당시 제작 준비를 총괄한 오석근이 부산에서 촬영되는 영화였기에 부산 출신만을 스태프로 선발하도록 했기 때문이다. 김선민은 〈지독한 사랑〉에 끝까지 참여하진 못했으나 이후 꽃다림 출신 최진호(감독)의 권유로 서울로 와서 연출부를 하고 편집실까지 입사했다. 2000년 〈자카르타〉를 시작으로 본격적으로 편집 일을 맡아, 오석근이 연출한 〈연애〉(2005), 최진호(감독)의 〈집행자〉(2009) 편집도 담당했다. 2003년 봉준호 감독 〈살인의 추억〉으로 제2회 대한민국영화대상 편집상, 제11회 춘사대상영화제 올해의 편집상을 수상했고, 2007년 봉준호 감독 〈괴물〉, 2008년 나홍진 감독 〈추격자〉와 2016년 〈곡성〉 등으로 부일영화상, 청룡영화상, 대종상 등을 수상했다.

영상패 꽃다림에서 활동했던 회원들은 황의완(부산콘텐츠마켓 집행위원장), 안태영(한국홀덤 이사), 민경수(애니메이션 회사 이사), 허현숙(전 교사, 교육센터 마음의 씨앗), 심정숙(전 부산시 교육청), 이수빈(전 서대문 50+센터장), 김재준(부산영화영상산업협회 사무국장), 황윤식(부산영화협동조합), 왕성국(변호사), 최진호(감독), 양진일(광고대행사 대표), 허수경, 강주완(노무현재단) 등이다.

영상패 꽃다림은 아니었으나 양종곤(프로듀서, 전 한국영화프로듀서조합 대표)도 1990년대 부산민족문화운동협의회 산하에 있던 극단 자갈치에서 활동하면서 부산의 문화운동 흐름에 동참했다. 1990년 부산

영화, 변혁운동이 되다

대 문화패 연합에서 활동할 당시에는 동아리 회원 세 명과 함께 울산 현대중공업 파업 투쟁이 전개되던 현장을 누비며 취재 활동을 벌이기도 했다. 1994년 군에서 제대한 후 1995년에는 부산대 총학생회 문화국장을 맡았다. 양종곤은 "1996년 극단 자갈치에 들어가 3년 동안 배우로 활동했고, 1999년 영상패 꽃다림에서 활동했던 최진호(감독, 〈집행자〉) 소개로 한국영화아카데미 출신 박헌수 감독이 연출한 〈주노명 베이커리〉 제작부에 들어와 영화 일을 시작하게 됐다. 처음에 영화로 왔을 때는 모든 것이 생소해 '씬'이나 '컷'도 잘 몰랐다"고 회상했다.

조성봉의 하늬영상과 김상화의 애니메이션

1995년 이후 부산 영화운동에서 주목받은 것은 1994년 4월 19일 만들어진 조성봉(감독)의 '기록영화집단 하늬영상'이었다. 부산대학교 81학번인 조성봉은 1982년 제적된 뒤 노동운동을 위해 공장으로 들어가 1990년까지 10년 정도 활동한다. 이후 군 복무와 결혼 등으로 노동운동을 정리하고 1993년 영화에 뛰어들었다.

노동운동 당시 조성봉은 공단 쪽에 있던 도서원에서 노동자들에게 노래를 가르치기도 했다. 도서원은 1987년 6월 항쟁 이후 부산에서 생겨난, 책을 매개로 한 지역 주민들의 자발적인 문화공간이었다. 조성봉은 함께 민중가요를 부르던 노동자들에게 영상 운동을 제안했고 학생운동을 하던 친구들이 결합하면서 하늬영상을 시작했다. "영화에 대해 몰랐던 사람들이 각자 시나리오, 음악, 그래픽 등을 공부하면서 영화를 만든 것이었다"고 회상했다.

조성봉은 주로 씨네마테크 1/24과 협력했으나 제작했던 작품 주제는 1950년대 남한 빨치산과 제주 4·3항쟁, 5·18광주항쟁 등이었다. 2회 부산국제영화제를 통해 공개된 첫 다큐멘터리 〈레드헌트〉(1997)는 한국영화 최초로 국가보안법 위반 혐의를 받았다.

경찰은 "조성봉이 적어도 사회주의자이고 그래서 북의 주장과 똑같은 논리로 4·3항쟁을 미 군정과 이승만의 분단 정책에 반대해서 봉기한 정당한 항쟁으로 표현했다"며 영화를 이적 표현물로 규정했다. 구속영장이 신청됐고 영장 발부는 당연 수순으로 보였으나, 영장 실질심사가 도입된 초기였던 탓에 반전이 일어난다. 조성봉에 따르면 당시 영장 담당 판사가 4·3사건이 정당한 항쟁이었다고 생각하느냐고 묻길래 그렇다고 했고, 학살의 책임이 미 군정과 이승만 정권에게 있냐고 묻는 것에도 그렇다고 답했다. 결국, 이렇게 대답한 게 기소장에 적힌 혐의 사실을 인정한 것이 됐고, 경찰이 영화를 확보한 상태에서 증거를 인멸할 우려가 없는 데다, 딱히 다른 데 갈 곳이 없어 도주의 우려도 사라지면서 국가보안법 위반 사건으로는 이례적으로 불구속됐다.

다만 이후 영화를 상영했던 인권영화제 서준식 대표가 구속되는 사태로 인해 파장이 커졌다. 1986년 홍기선과 이효인이 구속된 파랑새 사건 이후 영화로 인해 공안당국의 탄압을 받은 두 번째 사례였다.

씨네마테크 1/24 대표를 지낸 우정태는 부산독립영화협회가 펴낸 『부산독립영화론―독립영화 계보 그리기, 첫줄』(2004)에서 "부산씨네클럽과 씨네마테크 1/24가 사회성이 결여된 상태에서 대안적인 미학에 대한 강박적인 충동으로 시작돼, 사회적인 맥락으로 1980년대 촉발된 한국 독립영화와 차이가 있었으나, 조성봉이 운동으로서의 영화에 중점을 두며 이 같은 문제점을 메워 나갔다"고 평가했다.

〈레드헌트〉 제작에는 기획을 맡았던 류위훈과 촬영을 담당한 정기평 외에 부산씨네마테크 1/24 대표를 지낸 양정화(프로듀서, 해밀픽쳐스 대표), 성균관대 영상촌에서 활동했던 임유철(감독)이 참여했다. 후속편인 〈레드헌트 2〉(1999)에는 박미경(콘텐츠 큐레이터)이 조감독으로 참여했다. 조성봉과 하늬영상에서 함께했던 이들은 1999년 노동영상집단공장으로 분화한다.

김상화(부산국제어린이청소년영화제 집행위원장)는 황의완처럼 미술운동에서 영화로 전환한 경우였다. 1987년 6월 항쟁 이전 '시월의 소리'라는 미술운동 단체에서 활동했고 그림패 낙동강에 창립회원으로 참여해 1992년까지 몸담았으며, 부산민족문화운동협의회 활동에도 적극 연대했다. 1994년에는 애니메이션을 통한 사회변혁 운동을 지향했던 '단편 실험 애니메이션 디지아트'를 만들어 30여 편의 작품을 제작했다. 이를 통해 김상화 연출 〈꿈꾸는 날〉(1996) 〈처용암〉(1997), 허병찬 감독의 〈도시인〉(1997) 〈바람소리〉(2000), 최민규 감독 〈잃어버린 것들〉, 이태구 감독 〈유죄〉(1999) 등이 만들어졌고, 이 작품들은 해외 애니메이션 영화제에 초청됐다.

1996년 부산예술대학교 교수가 된 김상화는 1999년 설립된 부산독립영화협회 2대 대표를 맡은 데 이어, 2005년부터 부산국제어린이청소년영화제를 출범시키게 된다. 김상화는 2012년 부산대학교 학보 부대신문과의 인터뷰에서 "민중미술을 표현하기 위한 제2의 도구로써 영상을 택했고, 민중미술을 굳이 회화로 규정짓지 않는다"며 "소통 도구는 회화에서 영상으로 변화했다. 영상이라는 매개로 신세대들과도 교류할 수 있는 장이 열리고 예술을 향유하는 계층이 더 넓어질 것으로 생각했다"고 말했다.

　부산의 영화운동은 1996년 부산국제영화제를 통해 힘을 받아 1999년 부산독립영화협회 창설 등으로 이어졌다. 새로운 영화에 대한 갈증으로 예술영화의 대중화를 추구했던 부산씨네클럽과 씨네마테크 1/24은 부산독립영화를 이끌어가는 새로운 인력의 배출구로서 역할을 하게 된다. 영상패 꽃다림 회원 중 영화를 선택한 사람들은 부산보다는 주로 서울로 올라와 충무로에서 활동했다.

　그렇지만 새로운 영화를 추구했던 '영화'운동과 민족영화, 민중영화를 추구했던 영화'운동'은 부산독립영화협회라는 울타리 안에서 발전해갔다. 부산독립영화협회 초대 회장을 이성철(감독)과 함께 조성봉(감독)이 공동으로 맡았고, 2대 회장을 김상화가 이은 것은, 1984년 이후 전개된 다양한 부산 영화운동의 흐름을 잘 흡수해 융합한 것이었다.

여성영화운동

민족·민중영화를 추구했던 한국 영화운동이 분화하던 1980년 후반, 젊은 여성 영화인들을 중심으로 여성영화운동이 형성되기 시작한다. 출발은 김소영(감독, 한국종합예술학교 교수), 변영주(감독) 등이 주축이었던 여성영상집단 바리터였다. 1970년대 전위적 실험영화를 추구했던 한옥희 중심의 카이두클럽이 한국 여성영화운동의 시초였다면, 이후 맥이 끊어졌던 여성영화운동은 1980년대 상황에서 새롭게 발아하기에 이른 것이다.

바리터는 카이두클럽 이후 14년 만에 만들어진 여성영화운동 단체로서 당시 영화단체에서 활동했던 젊은 여성 영화인들을 중심으로 형성됐지만 이후 한국 여성영화운동의 기반이 됐다는 점에서 중요한 의미가 있다.

2019년 서울국제여성영화제에서 열린 여성영상집단 바리터 30주년 기념 포럼에 참석한 회원들.
왼쪽부터 권은선, 김소영, 도성희, 변영주, 서선영, 김영 ⓒ 서울국제여성영화제

이전과는 다른 여성 영화인의 등장

여성 영화인들이 영화운동에 본격적인 모습을 드러낸 것은 1980
년대 초반이었다. 1982년 서울영화집단 회원으로 가입한 배인정(노
동자뉴스제작단 대표)과 1984년 한국영화아카데미 1기로 입학한 김소
영(감독, 한예종 교수), 유지나(영화평론가, 동국대학교 교수) 등이 대표적이
었다. 1985년 연세대 영화패 창립을 주도했던 변재란은 서울영화집
단이 서울영상집단으로 전환되던 1986년 일명 파랑새 사건으로 연
행된 후, 구속은 면했으나 고초를 겪어야 했다. 1980년대 이전과는
다른 새로운 여성 영화인들의 등장이었다.

1980년대 후반 여성영화운동의 밑바탕 역할을 한 것은 1984년 만
들어진 '또 하나의 문화'라는 동인 그룹이었다. 약칭 '또문'이라고도

불렸던 또 하나의 문화는 인간적 삶의 양식을 담은 대안적 문화를 만들고 이를 실천해가는 동인들의 모임으로 시작됐다. 유연한 사회체계를 향한 변화를 이루어가기 위한 새로운 대안문화 만들기에 노력하는 단체로서 우리 사회의 기존 문화가 가지고 있는 보수성, 즉 사회구성원에게 기존 문화에 순응하기를 강요하는 보수성과 개인의 창의성을 억압하는 획일성에서 벗어나고자 하는 실천과 노력을 이야기했다. 그러한 노력과 목소리들이 점차 퍼질 수 있는 생활 속의 문화운동을 지향했고 1999년에는 사단법인으로 전환했다. 당시 여성단체와는 다소 결이 다른 선진적인 여성들의 모임이기도 했는데, 초기 영화에 대한 한 관심으로 참여한 동인이 변재란(영화평론가, 순천향대 교수)과 김소영(감독, 한예종 교수) 등이었다. 바리터 회원이었던 김영(프로듀서)도 함께 활동했다.

변재란은 "1984년 또 하나의 문화 영상팀에서 활동할 때 김소영(교수), 강순옥(전 작은책 편집인, 여성 춤꾼) 등이 함께 참여했다"고 말했다. 김소영은 "처음부터 동인으로 참가했으나 길게 활동하지 않았고, 변재란이 주축이 돼 직장에서의 여성의 위치를 담은 8mm 단편영화 〈부속품〉을 만들었다"고 밝혔다. 김영은 "또 하나의 문화는 당시에는 다소 생소했던 문화 다양성을 지향했기에, 프롤레타리아 계급에 의한 변혁을 강조하던 분위기에서는 다소 이질적으로 보여 프티부르주아적인 성격으로 취급받기도 했다"고 설명했다.

김소영과 변영주의 만남, 그리고 바리터의 결성

1987년 6월 항쟁 이후 영화운동이 치열해지던 과정에서 여성영화운동 형성의 계기가 된 것은 경인지역 여성 노동운동에 대한 고민이었다. 대학원 입학시험 때 이은(제작자, 명필름 대표)를 만나 장산곶매에 합류한 변영주(감독)와 강헌(경기문화재단 대표)을 통해 들어온 서선영(시나리오 작가)은 1989년 〈파업전야〉 제작 준비에 참여하고 있었다. 그들은 노동 현장에 대한 사전 취재 활동을 담당했는데, 변영주는 경인 지역 여성 노동자에 대한 이야기를 영화 안에 담고 싶어 했다. 하지만 뜻대로 되지 않아 아쉬워하던 차에, 장산곶매 2대 대표 이용배(계원예술대학교 교수)를 통해 당시 중앙대에서 강의하고 있던 김소영(감독, 한국종합예술학교 교수)를 소개받는다. 변영주는 "당시 이용배 대표가 유명한 페미니스트라면서 김소영을 소개했다"고 회상했다.

이용배와 김소영은 한국영화아카데미 1기 동기생이었다. 김소영은 "한국영화아카데미 졸업 후 1986년 뉴욕 주립대에 유학해 1988년 석사를 마치고 돌아왔을 때 변영주를 만났다"며 "당시 평론 활동과 강사 생활을 하고 있었다"고 말했다.

페미니스트 김소영은 대학 영화운동 초기 세대였다. 어릴 적부터 영화 보기와 소설 읽기를 즐겼고, 1980년 대학에 입학해서는 서강대 커뮤니케이션센터를 중심으로 해외 비디오들을 보고 난상토론을 벌이는 등 영화에 열중하면서, 1983년 서강영화공동체가 만들어지는 데는 밑바탕 역할을 했다. 김소영은 "대학 시절 본 스탠리 큐브릭의 〈시계태엽 오렌지〉를 비롯한 미국·유럽의 영화들이 영화 공부에 소중한 자산이 됐다"며 "미국의 뉴아메리칸시네마, 프랑스의 누벨바그, 독일의 뉴저먼시네마 등 60~70년대 서구 예술영화 사조에 깊이 젖어 들었다"고 기억했다.

새로운 영화를 지향했던 김소영과 민중영화를 추구했던 장산곶매의 변영주, 서선영의 만남은 여성 영화운동의 본격적인 출발이기도 했다. 변영주는 "당시 충무로에 깐느라는 카페가 있었는데, 거기서 김소영을 처음 만나 의기투합했고, 영화에 관해 신나게 이야기하던 기억이 아직도 생생하다"며 "정기적으로 모이자 해서 이대 전철역 근처에 한 평짜리 사무실을 얻어서 자주 만나 술 먹고 놀던 게 바리터의 시작"이라고 설명했다. 깐느 카페는 프랑스문화원 영사기사였던 박건섭(전 부천영화제 부집행위운장, 작고)이 운영하던 곳이었다.

당시 한국영화에서 그려지던 여성의 모습에 대한 비판적인 시각도 바리터가 만들어지는 데 작용했다. 변영주는 1989년 이화여대 누에가 제작한 다큐멘터리 〈영화운동의 함성〉에서 "여성들이 나오는 영화는 성 상품화를 하면서도 문제의식이 없다"며 "가부장제가 문제지만, 가부장제와 자본주의가 만나 여성을 상품화시키는 것이 한국영화의 문제점"이라고 강하게 비판했다. 이어 "우리는 여성으로서 떨쳐 일어서야 한다는 것을 느꼈고 그렇게 여성영화집단 바리터가 만들어졌다"고 말했다.

여성영화운동의 선배였던 카이두클럽 한옥희(영화평론가)는 바리터 초기에 이들을 만나게 된다. 변영주는 "김소영이 한옥희 선생을 모시고 와서 처음 인사하게 됐다"고 말했다. 한옥희는 "1988년에 독일 유학을 마치고 귀국했고, 그 후 얼마 지나지 않아서 바리터에서 활약하는 김소영과 변영주를 만나게 됐다"며 "간단하게 1970년대 중반에 활동했던 카이두 실험영화그룹에 대한 이야기를 들려줬다"고 옛 기억을 떠올렸다. 이어 "이화여대에서 영화를 전공했던 여성들이 중심이 됐던 카이두의 맥을 이어받아서 이 땅에 진정한 여성문화의 물결을 일으킬 수 있는 여성영화의 중심지로서 바리터가 더 활발하게 활동하기를 기대한다는 덕담을 했었다"고 말했다.

바리터의 초기 회원은 김소영과 변영주, 서선영, 중앙대 대학원생이었던 도성희(감독)를 중심으로 영화마당 우리에서 활동하던 문명희, 허현숙(전 교사), 이언경(영화공간1895 대표, 작고), 문혜주, 장진경, 신영희, 윤미희, 홍효숙(전 부산국제영화제 프로그래머) 등이었다. 이후 임혜원(프로듀서), 김영(프로듀서), 권은선(영화평론가, 전 서울국제여성영화제 부집행위원장), 김소연(프로듀서) 등이 합류한다.

1980년대 부산씨네클럽과 영화패 살리라에서 활동했고 부산 영화운동과 서울 영화운동의 매개 역할을 했던 허현숙은 "1986년 서울에 올라와 영화마당 우리에서 활동하던 중 문명희 선배와 함께 바리터에 참여했다"며 "여성단체나 영화 관련 일을 하는 여성들이 페미니즘에 대해 공부도 하고 여성주의 영화도 만들어보자는 취지로 모이게 됐다"고 말했다. 이어 "김소영을 중심으로 두루 페미니즘을 연구하고 깊이 있는 토론을 통해 교제하게 됐고, 그 중심이 단단해졌을 때 여성영화 제작에 들어갔으며, 바리터 회원들이 모두 참여했다"고 덧붙였다.

권은선 역시 "남자들 없고 다른 눈치 안 보고 담배 피우고 이야기 나눌 수 있는 여자 선배들이 항상 그곳에 있고 술도 마셔서 이런 것들이 너무 좋았다. 생활공동체라는 측면에서 재밌는 에피소드가 많았다"고 추억했다.

김영(프로듀서)은 "또 하나의 문화 어린이 캠프에 교사로 참여했을 때 변영주(감독)와 홍효숙(전 부산영화제 프로그래머)이 메이킹 다큐멘터리를 찍으러 왔었는데, 바리터 합류를 권유해 참여하게 된 것이다"라고 말했다.

영화, 변혁운동이 되다

한양대 영화동아리 소나기에서 활동했던 김소연(프로듀서)은 장산 곶매에서 활동하던 소나기 출신 장윤현(감독)과 공수창(감독)의 권유로 들어왔다. 공수창이 "장산곶매보다는 여성 영화인들의 모임이 있다"고 알려주며 변영주 감독을 연결해준 것이다. 김소연은 "이화여대 문간방에 있던 바리터가 당시 안기부(현 국가정보원) 남산 분실 옆 골목에 있는 사무실로 옮겼을 때 처음 방문했고, 변영주의 동기인 강미자(실험영화 감독)가 스터디팀을 꾸려서 학습을 시켰다"고 회상했다. 또한 "소나기 활동 때는 남자들이 많아 여성영화에 대해 공감하는 선배들이 적었는데, 바리터에서는 여성 이슈 및 영화에 대한 공감대가 자연스레 형성됐다"며 "여성들이 주체가 돼서 모여 있는 것, 그것만으로도 행복함을 느꼈다"고 말했다.

바리터의 첫 작품, 〈작은 풀에도 이름이 있으니〉

'바리터'라는 이름은 '바리데기' 설화에 장소를 뜻하는 '터'가 더해져 만들어졌다. 김소영은 "바리데기 서사는 역사 이전 여성의 고난을 상징하는 서사로, 버려졌다가 자기의 새로운 세상을 이룬 이야기"라며 "그래서 '바리데기'였고, 여성들이 모이는 장소와 터를 중요하게 생각해 '바리데기'와 '터'를 합해 '바리터로' 지었다"고 설명했다. 김소영은 또한 "많은 남성들이 바리터라는 이름을 전혀 이해 못 하고, '빨래터'라 불렀다"고 했고, 서선영도 "여성들이 모여 영화하는 걸 비아냥거리는 의미로 '파리떼'라고도 불렀다"고 기억했다.

도성희는 "빨래터나 파리떼 같은 말에서 알 수 있듯이, 여성 영화인을 바라보는 시각은 지금과 많이 달랐다"고 말했다. "충무로에 위치한 영화사에 소개를 받아 찾아갔는데 '양갓집 규수처럼 보이는 사람이 왜 이런 데를 왔냐'고 하더라"며 "버텨보겠다고 결심했지만, 자꾸 남자들이 '카바레 가서 춤이나 출까?' 하던 때였다"고 회상했다. 이어 "그런 환경에서 여성들끼리 영화를 하겠다고 모인 것이었다. 지금 돌이켜보면 남들이 뭐라든 끝내 일을 저지르는 사람들이 모여 바리터가 된 것 같다"고 덧붙였다.

바리터는 1980년대 후반 영화운동에서 활동하던 여성 영화인들을 끌어모았고, 직접 영화 제작에도 돌입한다. 〈작은 풀에도 이름 있으니〉가 첫 작품이었다. 변영주는 그 계기를 이렇게 설명했다.

"애초에 영화를 정말로 만들리라고는 상상하지 못한 친목 모임에서 시작했다. 그런데 당시 이름 있던 독립영화인이 서선영에게 '바리터, 너희도 무슨 연구 사업이라도 하려면 재정 지원이 필요하지 않겠냐? 여자들이 모였으니 술집이나 해봐라'고 한 거다. 이에 분노한 서선영이 흑석동에서 이대 앞까지 울면서 걸어왔다. 우리도 분노했다. 우리가 좀 더 독해져서 무언가 해야겠다 싶었다. 그때 여성민우회가 600만 원으로 여성 노동자 교육용 영상을 만들어달라는 부탁을 해왔고 이후 〈작은 풀에도 이름 있으니〉가 만들어졌다."

연출은 김소영이 맡았고 촬영은 변영주가 책임졌다. 김소영은 "처음에는 촬영감독을 장산곶매의 이용배가 해주기로 했는데, 촬영 중에 갑자기 장산곶매 회원들이 들이닥쳤고 '〈파업전야〉 찍어야 하는데 왜 여기 있냐!'면서 우리한테 '여자들이 말이야~' 어쩌고 하는 말을 잔뜩 하고 갔다"고 회상했다.

촬영감독이 사라진 상태에서 김소영의 눈에 들어온 것은 변영주였다. 변영주를 봤는데, 16mm 카메라를 맡길 수 있을 것 같은 촬영감독의 포스가 느껴졌다는 것이다. 변영주는 "이전에 스틸 카메라 한번 잡아본 적이 없었는데, 촬영감독의 포스가 있다는 이유만으로 16mm 카메라를 들고 촬영감독이 됐다"고 회상했다.

촬영 중인 변영주 감독 _황윤정 제공

〈작은 풀에도 이름 있으니〉는 국내 최초로 사무직 여성 노동자들의 문제를 담은 작품이다. 1987년 6월 항쟁과 7, 8, 9월 노동자대투쟁 과정에서 향상된 사무직 노동자들의 노조 결성 투쟁 과정 등을 그렸다. 2부로 구성된 영화는 회사일을 하면서 가사노동과 육아 등에 시달리는 여성 노동자의 모습과 함께 미혼 사무직 여성들이 민주노조를 결성해 회사의 탄압에 맞서 사수하는 내용으로 구성돼 있다. 김영, 권은선, 김소연 등이 배우로 출연했다. 여성영상집단 바리터의 첫 작품으로 한국여성민우회와 공동으로 기획하고 제작했다.

권은선은 "여성운동 단체와 여성 영화 창작자 단체의 협업으로 이루어졌다는 측면에서 의미가 있는 작품으로, 기혼 사무직 여성 노동자와 미혼 사무직 여성 노동자의 노동 조건과 젠더 억압이 다르다는 사실에 주목했다"고 평가했다. 또 "여성 노동자 개개인의 노동 조건과 삶의 조건을 드러내고, 그것을 공동체적으로 사고하고 나누고자 했던 제작 의도가, 영화의 제목을 비롯하여 그 내용과 형식에 고스란히 투영돼 있다"고 밝혔다.

하지만 당시는 생산직 현장 노동자들이 주목받던 탓에 영화적으로 대중적 관심을 끌지는 못했다. 비슷한 시기 제작된 장산곶매의 〈파업전야〉의 큰 성공과는 대조적이었다.

서선영(시나리오 작가)은 "그때 당시에는 여성 사무직 노동자를 다룬다는 것이 내심 부끄러웠다"면서 "지금까지도 회자하는 〈파업전야〉는 공장에서 일하는 남성 노동자를 주인공으로 하는 영화였고, 〈파업전야〉를 찍었던 장산곶매 선배들도 '야, 뭐 그런 영화를 찍고 있냐?'고 말해 마음이 조금 위축돼 있었다"고 회상했다. 이어 "요즘은 직장 내 성평등과 성희롱이 너무나 중요하고 와닿는 주제이지만, 당시에는 완전히 아웃사이더가 된 느낌이었다"고 덧붙였다.

김소영은 "당시는 '여성 사무직 노동자'라는 존재가 이제 막 등장하던 시대였다. 바리터는 여러 층에서 '웬 여성?' '웬 사무직?'이라는 압력을 받았으나 우리와 뜻을 함께할 동지가 드물었다"고 밝혔다.

〈작은 풀에도 이름 있으니〉는 대학가 축제 등에서 상영되었다. 독립영화 제작과 상영이 불법으로 취급받던 시기에 〈오! 꿈의 나라〉를 통해 형성된 대학가 배급망이 활용된 것이다. 변영주는 "초청받은 대학교에 가서 상영하는 방식으로 관객들을 만났다"고 말했다.

서선영은 "영사기와 필름을 직접 들고 대학교 축제를 돌면서 배급했던 기억이 쓸쓸하게 남아 있다"며 "〈파업전야〉는 많은 사람이 모였고, 데모할 준비도 돼 있어 끝나면 다 시위하러 나가고 했지만, 우리 영화는 정말 쓸쓸했다. 관심이 없는 거다. 영화에 공감하지 않은 대학생들을 보며 쓸쓸하게 돌아오는 경우가 많았다"고 기억했다.

변영주(감독)는 "페미니스트가 모여 만든 바리터는 누구보다 좌파이고 그 자체로 독립영화 집단이었지만, 끊임없이 우리 자신을 증명

영화, 변혁운동이 되다

해야 했다. 군이 그럴 필요가 없었는데, 그때 독립영화를 했던 사람을 지금 다시 보면, 여전히 우리가 가장 좌파고 독립영화였다"고 평가했다. 이어 "바리터 활동에 어떤 후회도 없지만, 딱 하나 후회가 있다면 어째서 우리는 언제나 증명하려고 했을까?"라고 덧붙였다.

바리터의 해산과 그 정신의 계승

바리터의 두 번째 영화는 도성희가 연출한 〈우리네 아이들〉(1989)이다. 도시 빈민 여성의 현실을 고발한 다큐멘터리로 부모들이 일하러 간 사이에 죽음을 맞은 남매 사건이 작품을 만들게 된 계기였다.

이후 여성단체와 노동단체의 영상물을 만들거나 편집하는 프로덕션 일을 담당했고, 새로운 형식의 다큐멘터리를 고민하며 변영주를 비롯한 도성희, 홍형숙, 홍효숙 등은 울산 현대중공업 노동자들의 이야기를 다룬 〈전열〉(1991) 제작에도 참여했다. 변영주는 "〈전열〉 촬영을 끝내고 편집 단계에서 유학 문제 등으로 도성희(감독)가 중국으로 갔다"며 "나와 신명화(프로듀서)가 편집을 했고 도성희가 잠시 귀국해 후반 작업을 맡아 완성할 수 있었다"고 말했다.

여성영화운동의 개척자 역할을 했던 바리터는 2년 정도의 활동을 이어가다 1991년 해산한다. 변영주는 "그즈음 정치적 분위기를 살펴보면, 김영삼의 3당 합당으로 정국이 경색됐고, 마침 소비에트 연방이 붕괴됐다. 도성희 같은 경우는 집이나 사무실로 이상한 전화가 걸려오는 등의 일을 겪으면서 안기부(현 국가정보원)의 사찰에 대한 공포감이 생겨 중국으로 망명 아닌 망명을 하게 됐다"고 말했다. 또한 "나는 다큐멘터리를 계속 만들었고 다른 사람들은 유학 가거나 각자의 갈 길로 가면서, 자연스럽게 바리터가 흩어지는 수순을 밟게 된 것이다"라고 설명였다.

김소연(프로듀서)은 "1991년 취업을 했으나 일이 잘 안 맞아서 그만 두고 8월쯤 다시 바리터 활동을 하고 싶어 찾아갔다"며 "변영주 등이 다큐멘터리 작업을 하고 있을 때였는데, 얼마 있다가 각자 가고자 하는 방향으로 진로를 선택하면서 9월쯤 발전적 해체를 하게 됐다"고 말했다. "이후 변영주와 함께 푸른영상에서 활동했다"면서 "1993년 〈낮은 목소리〉 제작을 위해 만들어진 변영주의 '기록영화제작소 보임'이 바리터의 역사와 정신을 계승한 것으로 본다"고 평가했다.

1995년 이후 〈낮은 목소리〉 제작에 참여한 황윤정(프로듀서)도 "비록 바리터는 사라졌으나 그 정신이 변영주를 매개로 기록영화제작소 보임으로까지 이어져왔기에 〈낮은 목소리〉 작업을 하는 내내. 바리터 출신 선배들인 김소영, 도성희, 홍효숙, 김영 등에게 지속적으로 아주 많은 도움을 받았다"고 말했다.

그러나 변영주는 "바리터의 역사나 정신은 회원이었던 각자가 자신의 길에서 다양한 방식으로 계승한 것으로 기록영화제작소 보임도 그 일부분이지 바리터를 나 혼자 계승했다고 보기에는 무리가 있다"고 말했다. 또한 "푸른영상은 나와 김동원(감독), 장산곶매에서 활동했던 오기민(프로듀서) 등 세 사람이 함께 만들었다"며 "이후 신혜은(프로듀서)이 합류했고, 오기민(프로듀서)은 상업영화로 갔으며, 나는 〈낮은 목소리〉를 만드는 과정에서 극장 개봉을 목적으로 했기에 기록영화제작소 보임을 만든 것"이라고 덧붙였다. 신혜은은 이후 〈낮은 목소리〉 3부작을 비롯해 변영주의 모든 영화 프로듀서를 맡는다.

여성영화의 폭을 넓힌 〈낮은 목소리〉

기록영화제작소 보임이 본격적으로 출범한 것은 1993년 6월이었다. 서초동 옥탑방에 사무실을 꾸린 변영주는 1993년 국제매춘에 관한 아시아 보고서인 다큐멘터리 영화 〈아시아에서 여성으로 산다는 것〉에 이어 〈낮은 목소리〉 3부작을 제작하며 일본군 종군위안부 문제를 스크린에 담는다.

〈낮은 목소리〉는 1980년대 말 본격화된 여성영화운동의 대표적 작품으로 영화적인 의미도 상당하다. 〈작은 풀에도 이름이 있으니〉를 통해 사무직 여성노동자를 다루고 〈전열〉로 현장 노동자들의 투쟁에 주목했던 여성영화운동이 빈민들의 보육 문제를 다룬 〈우리네 아이들〉 이후 〈낮은 목소리〉를 통해 일제강점기 전쟁범죄인 종군위안부 문제로 폭을 넓힌 것이기 때문이다.

이화여대에서 학생운동을 했던 황윤정(프로듀서, 〈후궁, 제왕의 첩〉)이 영화운동에 합류하게 된 것도 〈낮은 목소리〉 제작 과정에서였다. 황윤정은 "대학 2학년이던 1992년 당시 변영주는 푸른영상에서 활동하며 아르바이트로 노래방에서 나오는 비디오나 대학가 축제(대동제)를 촬영하러 다니고 있었다. 이화여대 대동제도 변영주가 촬영을 와서 처음 만나게 됐는데, 당시 선배들을 도와 총학생회 기획국 업무를 돕고 있을 때여서 촬영 조수 역할을 하게 된 것이다"라고 말했다.

진보정당이었던 민중당 청년학생위원회에서 활동했던 황윤정은 이후 진보정당추진위원회와 민주노동당 활동을 하며 학생운동에 참여하고 있었다. 1993년 제작된 변영주의 첫 영화 〈아시아에서 여성으로 산다는 것〉의 교내 상영 등을 지원하고 동두천 기지촌 활동도 연대할 만큼 적극적이었다. 특히 1993년 학회장을 맡은 데 이어 1994년에 총학생회 여성국장을 맡게 되면서 변영주의 작품 상영과 제작을 돕게 된다. 황윤정은 "〈낮은 목소리〉를 준비하고 있을 때라 제작비 모금 활동을 하고 기념품 판매, 특강 등으로 도움을 주기도 했다"고 말했다.

기록영화제작소 보임 합류는 변영주에게 고충을 토로하러 찾아갔던 게 계기가 됐다. 1994년 졸업을 앞둔 시점에서 인턴으로 직장 생활을 시작했으나, 잘 맞지 않아 고민하던 과정에서 변영주에게 함께 하자는 권유를 받게 된 것이다. 1995년 4월을 전후로 한 시점이었는데, 당시를 황윤정은 이렇게 기억했다. "너무나도 단조롭고 무미건조한 생활을 하고 있다가 오랜만에 변영주를 다시 만나 온갖 불평과 불만과 고민을 털어놨다. 한참을 가만히 들어주던 변영주가 갑자기 툭 던지듯이 '됐고, 그냥 때려쳐! 뭐 그리 복잡하게 살아? 직장 생활이 뭐 별거 있어? 그냥 나한테 와! 같이 영화나 만들자!!'고 했다. 이 말에 잔잔하던 내 마음은 금세 커다란 소용돌이를 일으킨 것이다. 평소 결심을 하기가 힘들었지 한번 마음 먹으면 바로 실행하는 성격이었다. 그 즉시 회사를 때려치우고 정식으로 기록영화제작소 보임에 입사하면서 〈낮은 목소리〉 작업에 투입된 거다. 〈낮은 목소리〉 촬영이 끝나고 후반 작업 막바지에 개봉을 준비하고 있을 때였다. 〈낮은 목소리 2〉 제작에 들어가면서 1996년까지 프로듀서를 맡게 됐다."

〈낮은 목소리〉의 제작을 시작한 1993년은 다큐멘터리 투자에 대한 개념 자체가 없을 때였다. 지금처럼 영화진흥위원회의 독립영화 제작 지원 사업 등이 없던 때라 모금 운동이 제작비 마련에 중요한 역할을 했다. 변영주는 "당시 친구들의 신용카드를 빌리기도 하면서

영화, 변혁운동이 되다

제작비를 마련했다"고 말했다. 또한 "스태프들이 다 모여야 밥을 먹을 수 있었다"며 "차비가 없어 미아리 쪽에서 걸어오는 친구도 있었는데, 일곱 명 정도가 모일 때까지 기다렸다가 식당에서 4인분을 시켜서 밥을 먹었다"고 회상했다.

〈낮은 목소리〉 제작 때는 100피트 회원을 모집했다. 당시 필름으로 영화를 제작하던 시기였기에 100피트 가격에 해당하는 비용(10만 원) 모금을 위한 방편이었다. 〈낮은 목소리 1〉 때는 주로 여성단체들을 중심으로 모집했고, 〈낮은 목소리 2〉에는 안성기 배우와 배창호 감독 등이 후원자로 참여했다. 황윤정은 "1996년 배창호 감독님을 찾아갔는데, 다행히 사무실에 계시던 감독님을 만날 수가 있었다"며 "좀 기다려달라는 감독님의 말씀에 한참을 앉아서 기다리고 있다가 100피트 회원 가입을 받아서 너무 기쁘고 행복하게 사무실을 나왔는데, 나중에 감독님이 당시 상당히 어려웠던 시기였음을 알게 됐다"고 말했다.

이 무렵 배창호 감독은 〈러브스토리〉(1996)가 흥행에 실패하면서 많이 어려운 상황이었다. 그런데 어느 날 어린 여성이 찾아와 영화를 만들 수 있게 도와달라고 하는데 도저히 그냥 보낼 수가 없었다고 한다. 그래서 여기저기 전화를 걸어서 돈을 빌렸고 손에 쥐여서 보낼 수가 있었다는 것이다. 황윤정은 "배창호 감독님이 특강이 있을 때마다 이 이야기를 했다는 것을 여러 사람을 통해 전해 들었다"며 "아마도 감독님의 눈에는 철딱서니 없었던 나의 무모한 열정이 무척이나 예쁘게 보였던 것 같다"고 회상했다. 이에 대해 배창호 감독은 "당시 크게 어려웠다고 할 수는 없고 좋은 뜻으로 하는 것이고, 어렵게 찾아왔는데, 그냥 보낼 수 있었겠냐. 흔쾌한 마음으로 참여했던 것"이라고 말했다.

〈낮은 목소리〉 3부작의 첫 번째 작품이었던 〈낮은 목소리 – 아시아에서 여성으로 산다는 것〉(이하 〈낮은 목소리 1〉)은 1995년 4월 29일 공식적으로 동숭아트센터와 피카소극장, 강남 뤼미에르극장 등 3개 극장에서 일반 개봉을 한다. 해방 이후 극장에서 개봉된 첫 다큐멘터리 영화라는 점에서 특별했던 한편으로 다큐멘터리를 극장에서 개봉하겠다는 변영주의 뚝심이 결실을 맺은 것이었다.

황윤정은 "실질적으로는 동숭아트센터에서만 개봉한 셈이라며 전단에는 피카소극장도 찍혀 있는데, 우여곡절 끝에 끝내 상영을 하지는 못했고, 강남의 뤼미에르극장은 관객이 한 명도 없던 상영이 몇 차례 있어 딱 3일 만에 극장에서 간판을 내리게 됐다"고 말했다. 반면 "대학로 동숭아트센터에서는 영화 마니아를 중심으로 조금씩 입소문이 나기 시작하면서 뜻밖에도 한 달이 넘는 장기 상영으로 이어졌고 무려 1만여 명에 달하는 관객을 모으는 쾌거를 거두었다"고 회상했다. 이어 "국내외 유수 영화제에서 많은 상을 받은 뒤 추가 상영까지 하게 되면서 거의 매일 동숭아트센터로 가서 관객들을 만나 대화를 하고 배지 등 기념품을 팔았다"고 덧붙였다.

지방의 경우는 단 하나의 상영관도 잡지 못해 기록영화제작소 보임은 서울에서의 개봉이 끝난 이후에 직접 보따리 장사처럼 전국을 돌며 유랑극단식으로 상영을 하게 된다. 2000년대 이후 한국 독립영화에서 활성화된 공동체 상영의 효시와도 같았다. 황윤정은 "전국 각지에 있는 대학의 총학생회와 연계해 출장 상영을 다녔는데, 차가 없어 고속버스와 기차를 이용해 영화 필름과 소형 영사기까지 직접 챙겨 들고 전국을 순회했고 변영주의 특강은 패키지였다"면서 "한 명의 관객이라도 더 만난다는 의미도 있었지만, 상영료에 기념품 판매 수익까지, 부족했던 제작비 보충에 큰 힘이 됐다"고 말했다.

〈낮은 목소리 1〉은 20여 개 대학과 20개 해외영화제에서도 상영되면서 종군위안부 문제의 실상을 국내를 넘어 국제 사회에도 고발했다. 〈낮은 목소리 2〉는 1997년 8월 23일, 〈낮은 목소리 3 : 숨결〉은 2000년 3월 18일 각각 개봉했고, 국내와 해외에서 모두 높은 평가를 받으며 일본의 전쟁 범죄인 종군위안부 문제를 이슈화시킨다.

특히 일본에서의 상영은 큰 화제를 불러왔다. 〈낮은 목소리 1〉은 1995년 가을 야마가타국제다큐멘터리영화제에서 오가와신스케상을 수상한 것을 계기로 1996년 일본에서도 개봉했다. 해외에서 개봉된 첫 다큐멘터리로, 전쟁범죄의 가해자인 일본 사회에 과거사 문제를 정면으로 제기했다는 점에서 파장이 컸다.

황윤정은 "〈낮은 목소리〉 개봉에 일본 우익들의 방해가 엄청나게 많았다"며 "현지의 영화 배급사 판도라에 상영 중단을 요구하는 협박 전화가 빗발쳤고, 심지어는 영화가 상영되고 있었던 도쿄의 빅스히가시 나카노극장에서는 우익 단체 청년이 갑자기 튀어나와 소화기를 분사하기까지 했다"고 전했다.

그럼에도 〈낮은 목소리〉는 거의 두 달 가까이 도쿄와 후쿠오카, 오사카, 나고야 등을 순회하면서 많은 일본 관객들과 만났다. 그중에는 같이 눈물을 흘리고 할머니들의 아픔에 깊이 공감하면서 일본 정부를 대신해서 사죄를 구하기까지 했던 선량한 일본 관객들도 무척 많았다. 일제강점기에 자행된 범죄를 영화를 통해 고발한 여성영화운동이 이뤄낸 큰 성과였다.

변영주는 "100피트 회원과 배지 판매 등으로 제작비를 모금했음에도 불구하고 빚을 많이 졌다"면서 "〈낮은 목소리〉 3부작의 남은 빚은 〈화차〉(2012) 흥행에 따른 인센티브로 갚을 수 있었다"고 말했다.

이후 기록영화제작소 보임은 2000년 여름 7년간의 활동을 정리한다. 변영주를 비롯해 황윤정(프로듀서), 신수연(프로듀서), 신혜은(프로듀서), 신명화(프로듀서), 장호준(조감독 겸 동시녹음), 김응택(촬영), 한종구, 김운영, 이정례, 류수진, 이우영, 김순영 등이 활동했고, 안소현(인디스페이스 사무국장)이 스크립터로 참여했다. 〈낮은 목소리〉 3부작 외에 김소영 감독의 여성주의 다큐멘터리 영화 〈거류〉도 제작했다.

최초의 여성영화제

1990년대 초반 바리터와 함께 여성영화운동에 중요한 역할을 맡았던 것은 문화운동 차원에서 페미니즘을 추구했던 여성문화예술기획이었다. 여성운동에서 문화예술을 아우르던 여성문화예술기획은 1987년 만들어진 한국여성민우회 문화기획실이 바탕이 돼 1992년 독립한 것이었다.

『경향신문』은 1991년 2월 25일자 기사에서 '여성 미술가들이 모여 여성의 현실을 주제로 전시회를 열고 페미니스트의 시각으로 문학작품을 창작하며 제작, 대본, 감독, 기획, 조명, 촬영, 편집에 이르기까지 여성만의 힘으로 영화를 제작하는 여성문화운동이 활기를 띠고 있는데, 한국여성민우회 문화기획실 작업이 바로 그 대표적인 경우'라고 소개했다. 또 '여성운동 단체에 소속돼 여성운동을 홍보하고 문화행사를 기획 진행하는 일이 일차적인 기능이지만 새로운 문화를 창출해 내는 것이 궁극적 목적'이라고 전했다.

한국여성민우회에서 문화기획실을 만든 사람은 이혜경(전 서울국제여성영화제 이사장)이었다. 이화여대 71학번으로 문리대 연극반에서 마당극 공연에 나섰던 문화운동 1세대였고, 1982년~1985년까지 독일에서 유학 후 귀국해 한국여성민우회의 제안으로 문화기획실을 만들었다. 1987년 〈함께 사는 땅의 사람들〉 〈불꽃이여 이 어둠을〉, 1988년에는 〈꽃다운 이 내 청춘〉의 공연을 올려 문화기획실의 독자적 활동 가능성을 시험했고, 1992년 여성민우회에서 나와 여성문화예술기획을 출범시켰다. 정치적 운동 성격이 강했던 문화기획실보다는 문화운동에 대한 접근을 다르게 해보고 싶었기 때문이었다. 이혜경은 독자적인 활동을 염두에 둔 1990년에는 한국여성민우회가 참여했던 여성단체연합에서 문화위원회를 구성해 장르는 다르지만 뜻을 같이하는 민족미술협의회 여성분과, 바리터 등과 함께 문화운동의 폭을 넓히는 작업에 열중했다. 1989년에는 바리터에 〈작은 풀에도 이름이 있으니〉 제작을 의뢰하기도 했다.

1992년 여성문화예술기획 초기 사무국장을 변재란이 맡았고, 이후 김소영도 기획위원으로 참여했다. 대표를 맡은 이혜경은 연극 〈자기만의 방〉 〈무소의 뿔처럼 혼자서 가라〉 등의 공연을 제작했고, 변재란의 기획으로 김소영, 유지나(영화평론가) 등이 참여한 '여성의 눈으로 본 세계영화사' 같은 기획 강좌 프로그램을 운영했다.

이후 1997년 1회 서울국제여성영화제를 시작하고, 2000년에는 주진숙, 변재란, 장미희(배우) 등이 집필에 참여해 『여성영화인사전』을 펴냈다. 1960년대 이후 한국 영화사를 정리하면서 기존 역사 서술에서 누락되거나 배제됐던 여성 영화인들을 발굴한 의미 있는 작업이었다. 주진숙은 "여성문화예술기획과 중앙대학교 첨단영상대학원

1993년 여성영화제 〈스핑크스의 수수께끼 – 페미니즘 필름 페스티벌〉 홍보 전단 _김영 제공

이 『여성영화인사전』 공동 제작에 참여했다"며 "영화이론 전공 대학원생들이 열심히 작업해줬고, 이순진 박사(영화사연구가, 고대 돌빛 출신)가 전 작업을 기획, 편집, 교정을 맡아 많은 고생을 했다"고 말했다.

서울국제여성영화제는 1990년대 여성영화운동이 이룬 성과로서 갖는 의미가 크지만, 국내에서 열린 첫 여성영화제는 1993년 6월 28일~7월 1일까지 열린 〈스핑크스 수수께끼 – 페미니즘 필름 페스티벌〉이었다. 이언경(영화공간1895 대표, 작고), 손주연(시나리오 작가) 이향(전 영화기획사 대표), 김영(프로듀서) 등 4인이 '예술기획 아이콘'이란 이름으로 개최한 것으로 여성영화제의 시발점이었다. 세계 각국의 여성영화를 소개하고 심포지엄을 통해 여성영화에 대한 시각을 정리해보기 위한 영화제였다. 영화를 전공했거나 연출을 공부한 20대 젊은 여성들이 개최한 영화제라는 것이 특별했다. 아이콘은 네 명을 아우르는 표현으로 아이코노클라스트(iconoclasts, 우상파괴자, 인습타파주의자)의 줄인 말이라고 한다.

손주연에 따르면 〈스핑크스 수수께끼 – 페미니즘 필름 페스티벌〉은 활동 폭이 넓었던 이향의 제안으로 준비됐다. 대내외적으로 능력

영화, 변혁운동이 되다

이 뛰어났던 이향이 당시 개최 장소였던 종로5가 연강홀을 협찬받았고, 영화공간1895를 운영했던 이언경과 씨앙씨에 대표를 맡고 있던 손주연, 그리고 이들의 권유를 받은 김영이 가세한 것이었다.

바리터 회원이었던 김영은 "선배인 이언경에게 제안을 받은 것으로 기억한다"며 "지금도 마찬가지지만 나와 이언경 선배는 감독 지망생이었다"고 말했다. 김영은 1991년 한국영화아카데미 8기로 입학해 이듬해 수료한 후 방송 다큐멘터리 쪽 일을 하고 있을 때였다.

손주연(시나리오 작가)은 "시네마테크 씨앙씨에를 운영하며 영화 감상, 영화제, 워크숍 등을 했었기에 자막 번역과 상영 기획 등을 분담했고 프로그램도 같이 구성했다"며 "상영작 필름과 비디오 확보는 개인 소장 필름과 프랑스나 독일, 일본문화원의 도움을 받고 이향이 해외 영화제에 공문을 띄워 도움을 요청하기도 했다"고 말했다.

당시 상영작들은 1989년 쿠바 아바나영화제 수상작이었던 16mm 영화 〈스타의 시간〉을 비롯해 베트남 트란 민하 감독의 〈그녀의 이름은 베트남〉, 스핑크스 신화를 토대로 이혼녀가 자기 정체성을 찾아가는 과정을 그린 미국 영화 〈스핑크스의 수수께끼〉, 여성 혁명가의 삶을 그린 〈로자 룩셈부르크〉 등이 상영됐다. 부대행사로 이현승 감독, 유지나 교수 등이 참석한 가운데 심포지엄도 개최했다.

페미니즘 필름 페스티벌은 일회성 행사였지만 높은 관심 속에 대성황을 이뤘다. 제목조차도 낯선 국내외 여성영화 20편 정도가 연속 상영된 5일 내내 500석 객석이 꽉 들어찼고 복도에서도 관람할 정도였다. 변재란은 "한국 여성 관객이 책에서만 만나던 페미니즘 영화의 실체와 만난 첫 순간이었다"고 말했다. 당시 『한겨레신문』은 "폭발적 관심은 관객은 볼 준비가 됐으나 영화계가 이르지 못한 여성영화의 절박한 공급 부족을 보여줬다"고 평가했다.

독일 유학 당시 베를린국제영화제를 보러 다녔던 이혜경(전 서울국제여성영화제 이사장)은 "페미니즘 필름 페스티벌을 보고 여성영화제에 대한 영감을 얻게 됐다"며 "가부장제에 대한 문제제기를 하는 작품을 보면서 영화의 힘을 느꼈다"고 말했다.

여성문화예술기획은 이후 4년 뒤인 1997년 1회 서울국제여성영화제의 막을 올리게 된다. 바리터에서 활동했던 영화인들도 힘을 합쳤다. 김소영은 "여성문화예술기획에서 영화 강좌 등을 열었고, 1회 서울국제여성영화제를 개최할 때, 프로그램 디렉터를 맡아 프로그램 구성과 프로그래머 등을 섭외했다. 권은선이 프로그래머였고, 변영주, 김영이 집행위원으로 활동했다"고 말했다. 김소연(프로듀서)은 1회 때 프로그램 코디네이터를 담당했고 2002년 4회 여성영화제부터 사무국장을 맡았다. 이혜경은 "여성영화제를 처음 시작할 당시 변재란과 유지나는 박사과정에 들어가 여유가 없었는데, 김소영이 손을 맞잡아줘 많이 고마웠다"고 회상했다.

충무로의 여성 영화인들

1980년대 여성 영화인의 활동에서 여성영화운동과 또 다른 흐름을 구성한 것은 '한국영화기획실모임'이었다. 충무로의 극장과 영화사에서 기획 업무를 담당하던 진보적인 젊은 영화인들이 친목 도모와 영화 공부 등을 위해 만든 것으로 채윤희, 심재명, 김미희, 지미향 등 여성 영화인들이 참여하고 있었다. 1980년대 후반 기획과 홍보를 맡는 여성 영화인들이 늘어나면서 이들의 역할과 비중이 조금씩 확

영화, 변혁운동이 되다

대되기 시작한 것이다. 대학에서 영화운동을 했던 안동규(제작자, 영화세상 대표)와 예술극장 한마당 대표였던, 〈오! 꿈의 나라〉를 상영하다 고발당한 이후 영화 쪽으로 넘어온 유인택, 이화여대 영화패 누에 출신 김수진(제작자, 영화사비단길 대표) 등이 회원이었다. 단순한 친목을 넘어 영화계 주요 현안에는 영화단체들과 함께 목소리를 내면서 존재감을 키웠다.

물론 한국영화기획실모임에 있던 여성 영화인들이 처음부터 여성영화운동의 목적을 가진 것은 아니었다. 각자의 분야에서 충실하게 한국영화 발전을 지원했던 여성 영화인들은 능력을 인정받고 이후 들어오는 후배들을 챙기는 과정에서 자연스럽게 여성영화운동의 성격을 띠게 된 것이었다. 대표적인 인물이 채윤희(올댓시네마 대표, 전 영상물등급위원회 위원장)다. 1980년대 초 출판사에서 일하던 채윤희는 1986년 양전흥업 기획실장으로 영화계에 들어온 후 1990년대 다수의 기획영화를 만들어지는 과정에 참여했다.

충무로에서는 감독의 의도와 개성에 따라 만들어지는 영화가 아닌 제작자와 기획자가 아이디어를 만들어 제작하는 기획영화가 늘어나던 시기였다. 영화운동 출신들이 충무로라는 제도권 틀 안에서 기획영화 제작에 두각을 나타내기 시작했고, 기획과 홍보 마케팅의 중요성이 커지던 시점에서 여성 영화인들은 이들의 영화의 흥행을 뒷받침했다.

채윤희는 1994년 올댓시네마를 설립해 영화 마케팅이 도입되던 시기, 한국영화의 중흥에 기여했다. 1999~2000년대 초반 스크린쿼터제 축소 반대 투쟁 때에는 영화인들의 삭발 투쟁 동참을 결심하기도 했다. 하지만 "실행 직전 당일 행사 진행자가 '여자분들은 나오지 말라'고 해 미수에 그쳤다"며 "원래 일만 했지 앞에 나서는 일을 하지 않았으나 2000년 이후 여성영화모임 대표를 맡은 이후는 성명서 낭독 등에 참여했다"고 말했다.

심재명 역시 채윤희와 함께 1980년대 후반부터 시작해 1990년대 충무로에서 빼어난 능력을 선보이며 여성영화운동의 바탕을 다졌다. 대학 시절인 1984년 프랑스문화원 씨네클럽 회원으로 가입한 후 영화를 보러 다니면서 영화에 대한 꿈을 키웠던 심재명은 월간 『스크린』 대학생 기자단에 참여한 적도 있었다. 1984년은 한국 영화운동이 '작은 영화를 지키고 싶습니다 8mm/16mm 발표회(작은영화제)' 이후 탄력을 받던 시기였다.

심재명은 "영화마당 우리나 영화공간1895에 직접 참여는 안 했고, 외대 영화동아리 울림에서 활동하던 친구가 있어 학내에서 개최하던 영화제를 보러 다니며 부러워했었다"고 말했다. 심재명의 대학 시절 활동만 보면 민중적 영화보다는 새로운 영화를 추구한 것으로 볼 수 있다. 그러나 1995년 장산곶매 출신 이은과 함께 명필름을 설립하면서 여성을 비롯해 노동과 통일 등 정치사회적 주제들에 대한 영화를 만들어 흥행시키며 상업영화에서 운동성을 구현한다.

1990년대 이들의 활발한 활동은 충무로 밖의 영화운동과는 또 다른 형태로서, 한국 사회변혁을 추구한 영화운동에서 일정한 역할을 담당했다. 영화운동의 전선이 충무로로 확대되는 시점에서 기획과 홍보 마케팅 분야에 포진해, 새로 영화계에 진출하는 여성들을 보듬으며 교두보 역할을 한 것이었다.

1997년 서울국제여성영화제가 시작됐을 때 채윤희와 심재명은 수상자들에게 지급하는 상금을 지원하기 위해 모금 활동을 펴기도 했다.

영화, 변혁운동이 되다

특히 1999년 부산영화제에서 열린 여성 영화인 간담회 이후 주진숙과 채윤희가 공동 준비위원장을 맡아 2000년에 만들어진 여성영화인모임은 여성 영화인들의 권익을 한 단계 끌어올린 여성영화운동의 소중한 결실이었다.

여성영화인모임 창립

채윤희는 "여성영화인모임은 권익 옹호나 남성 중심의 주류에서 당하는 차별을 극복하기 위한 부정의 개념으로 생겨났다기보다는 여성 영화인들의 자체적인 발전을 도모하는 것에 초점을 맞춘 모임"이라고 설명했다. 여성영화인모임은 한국영화의 유리천장을 깨는 데 앞장서면서 2000년대 이후 충무로의 변화를 이끈다.

채윤희와 함께 여성영화인모임을 주도한 주진숙(영화평론가, 전 한국영상자료원장)도 여성영화운동에서 중요한 위치를 차지한다. 충무로 현장과 평단을 오간 여성영화운동의 주역이자 든든한 후원자였기 때문이다. 주로 대학에서 후학을 양성하는 데 매진했던 주진숙은 유학에서 돌아온 후 1987년 장선우 감독의 〈성공시대〉 연출부로 들어가 스크립터를 맡은 독특한 이력을 갖고 있다. 학자로서 현장 경험을 쌓은 것이었다.

주진숙은 "박사과정에 들어가며 자료 확보 등을 목적으로 김동원(감독, 푸른영상)의 소개를 받아 스크립터로 참여했다"면서 "당시 퍼스트가 임종재(감독, 한국영화아카데미 1기), 세컨이 정병각(감독, 충남영상위원장)이었고, 이때 충무로 사람들을 알게 됐다"고 말했다.

주진숙은 1990년 한길예술연구원에서 영화감독 양성 코스 '영화예술반'을 개설했을 때는 지도교수로 참여했다. 이때 수강생이 오승욱(감독), 최하동하(감독), 김선아(전 여성영화제 집행위원장) 등이었다. 1991년 한길사가 계간지『한길영화』를 창간할 때 편집위원을 맡았고, 1996년에는 한국영화연구소 초대 소장과 1997년 서울국제여성영화제가 시작됐을 때는 심사위원으로 참여하기도 했다.

김영(프로듀서)은 "1991년 한국영화아카데미에 입학하기 전 몇 개월 동안 한길예술연구원에 다녔는데, 당시 담임이 주진숙 교수였다"고 말했다.

주진숙은 "이언경의 영화공간1895에서는『Film Art』라는 책으로 한 번 강의했고 이후 이용관(부산영화제 이사장)과 함께 번역해『영화예술』로 출간했다. 『한길영화』편집위원으로 활동하며 이효인(영화평론가, 전 한국영상자료원장)을 알게 됐고, 이용관, 이충직(전 전주영화제 집행위원장)을 통해 만난 전양준(부산영화제 집행위원장) 등과 교류하게 됐다. 채윤희, 심재명 등과는 시사회를 다니면서 간간이 보다가 1999년 여성영화인모임을 만들면서 적극적으로 협력하게 됐다"고 설명했다.

변재란은 "주진숙, 채윤희. 심재명 등에 의한 2000년 여성영화인모임의 창립은 현장 중심 여성 영화인들이 주도한 새로운 운동의 시작이었다"며 "2001년 3회 서울국제여성영화제 이후 함께하는 일이 많아졌다"고 말했다.

서울영상집단과 노동자문화예술운동연합(노문연) 등에서 활동하던 주유신, 남인영 등도 2000년 이후 여성영화제에 참여하면서 1980년~1990년의 여성영화운동이 2000년 시작과 함께 새롭게 결집하는 모습을 나타낸다.

영화, 변혁운동이 되다

학생운동을 거쳐 영화운동으로 영역을 넓힌 주유신(영화평론가, 영산대 교수)은 1999년 2회 여성영화제부터 참여하기 시작했고, 2001년 3회 여성영화제 당시 거장 아녜스 바르다 감독이 초청됐을 때는 대담을 진행하기도 했다. 주유신에 따르면 대학 졸업 후 비제도권인 문학예술연구회(문예연)에서 활동하다가 1989년 민중문화운동연합(민문연)과 문예연이 통합해 노동자문화운동연합(노문연)으로 전환되던 때 영화분과였던 '11월 13일'에 참여하게 된다. 당시 노문연 연극분과에는 배우 정진영이 활동하고 있었다.

주유신은 "이언경의 영화공간1895에서 몇몇이 모여 소박하지만 진지하게 영화이론을 공부하기 시작할 때 그들 중 한 명이었다"며 "미학을 계속하기 위해 대학원에 들어가려다 교수와의 관계 때문이었는지 뜻대로 되지 않아 영화 쪽으로 전환한 것이었다"고 말했다.

1990년에 장산곶매의 〈파업전야〉가 노태우 군사독재의 탄압에 맞설 당시 영화운동 단체들은 '〈파업전야〉 공동투쟁위원회'를 구성했다. 이때 주유신은 노동자문화운동연합의 영화분과 회원으로 〈파업전야〉 공투위 산하 연구위원회에서 활동했다. "연구위원회에 변재란, 남인영(영화평론가, 동서대 교수), 이순진(영화사 연구자), 김영덕(부천영화제 프로그래머) 등이 함께했었다. 러시아 몽타주 영화, 이탈리아 네오리얼리즘 영화, 제3세계 영화론 등을 공부했다"고 회상했다.

주유신은 영화 입문이 "아카데믹한 동기와 운동적 실천이라는 서로 다른 경로를 통해서였지만, 조금은 드라마틱한 20대 삶의 후반부를 장식했고 1990년대 후반 이후 30대 중반부터는 '시네페미니스트'라는 정체성과 책임감을 갖고 적극적으로 활동하기 시작했다"고 밝혔다.

여성 영화인들이 결집했던 서울국제여성영화제는 2000년 이후 여성영화운동의 역량이 강화되면서 2008년부터 여성문화예술기획에서 독립했고, 여성영화 창작의 중요한 플랫폼으로서 본격적인 여성영화 중심 영화제로 거듭난다.

　여성영화운동은 기존의 영화운동과 다른 면모를 보인다는 것이 특징이다. 가장 핵심적인 것은 독립영화와 충무로의 상업영화가 조화를 이뤘다는 점이다. 영화운동이 초기 제도권인 충무로 영화를 비판하며 대치 전선을 형성했던 것과는 다른 흐름이었다.

　바리터, 한국영화아카데미를 거쳐, 서울국제여성영화제, 여성영화인모임 등에서 폭넓게 활동하고 있는 김영(프로듀서)은 "영화운동에서 여성영화운동은 충무로 제도권과 충무로 밖 비제도권을 모두 아울렀고, 새로운 영화에 대한 지향과 운동으로서의 영화도 모두 포괄한 특징을 갖고 있다"고 말했다.

시네마테크 운동

1980년대 영화운동이 강하게 비판했던 것은 한국영화의 저질화 문제였다. 광주 학살로 권력을 찬탈한 전두환 정권은 우민화 정책, 이른바 3S(스포츠, 스크린, 섹스) 정책으로 민중을 기만하고 있었다. 검열로 사회적 목소리를 통제하면서 '영화'를 통해 '성의 상품화'를 부추겼다. 결과적으로 한국영화의 질을 떨어뜨리면서 젊은 영화인들에게 비판의 대상이 됐다.

여성영상집단 바리터는 1989년 창립 취지글에서 "지금 영화는 예술이란 허울 아래 여성을 상품화하고 사랑이란 이름의 당위성으로 벗기고 몸을 파는 매매춘 행위와 같은 상업으로 전락했다. 이제 영화는 역사의 이름으로 변혁되어야 한다"고 비판했다.

당시 한국영화는 할리우드 영화 수입을 위한 방편으로 제작되고 있었기에, 선정적인 영화를 앞세워 대중의 시선을 끌려고만 했다. 하지만 새로운 영화를 갈망하던 청년들에게 이런 한국영화의 현실은 암울하게 느껴질 뿐이었다. 다양한 외국의 예술영화를 보고 이를 통해 영화를 공부하고 싶은 욕구가 강했던 청년들은 갈증을 해소할 수 있던 곳을 찾았고, 독일문화원과 프랑스문화원, 서강대 커뮤니케이션센터 정도가 이들의 숨통을 틔워주는 역할을 했다. 1987년 6월 항쟁 이후 사회적 변화의 흐름 속에 영화운동도 힘을 받으면서 시네마테크 운동이 꿈틀대기 시작한다. 충무로 상업영화에 대한 저항으로서 민중의 삶을 담은 영화를 추구하는 한편, 작품성 높은 예술영화를 찾아 영화를 탐구하려 했던 영화청년들의 욕구가 맞아떨어진 것이다.

한국 시네마테크 운동의 선구자, 이언경

시네마테크는 영화를 뜻하는 시네마(cinema)와 도서관(bibliotheque)의 합성어로서 영화 도서관이나 영화 자료실을 의미한다. 오래된 영화를 수집하고 이를 보면서 공부하는 역할이다. 프랑스에서 1935년 시작된 시네마테크 운동이 한국에서 일어날 수 있었던 것은 영화운동이 다양하게 분화된 덕분이었다. 지금이야 한국영상자료원이 시네마테크 역할을 담당하고 있으나, 1980년대 말에서 1990년대 초기에는 민간 차원에서 20대 청년들이 이를 자발적으로 구축해냈다.

외국 문화원을 제외한다면 국내 시네마테크의 효시로 서강대 커뮤니케이션센터를 꼽는다. 하지만 민간 차원에서 시작된 시네마테크 운동에서 빼놓을 수 없는 이름은 이언경과 영화공간1895다. 영화마당 우리와 여성영상집단 바리터 등에서 활동했던 이언경(감독, 작고)은 한국 시네마테크 운동의 선구자였다.

1988년 시작된 영화공간 1895는 시네마테크 운동을 표방했던 곳이다. 영화를 공부하고 싶어도 변변한 책 하나 없고, 영화를 보고 싶어도 볼 수도 없으며, 루이스 자네티의 『Understanding Movies』 원서를 겨우 구해 복사해서 공부하던 시절이었다.

이언경 _정재필 제공

영화를 책으로만 공부한다는 것에 회의감이 생긴 영화마당 우리 출신 20대 초반의 이언경(당시 연세대 영문과 재학)은 결혼 자금으로 1988년 마포구 공덕동에 조그마한 사무실을 얻는다. 영화공간1895의 시작이었다. 처음에는 시네마테크 운영이라는 생각을 하지 못했다. 그저 책에 나온 영화를 어떻게든 구해서 보고 싶다는 것, 그리고 같이 공부할 사람들과 함께한다는 것이 목적이었다.

이언경과 함께 영화공간1895를 시작한 이하영은 "1988년 군대에서 제대한 후 낭희섭을 찾아갔을 때 이언경을 만나보라고 한 것이 계기가 됐다"며 "이념을 떠나 매우 자유롭게 영화를 공부할 수 있다는 것이 가장 좋았다"고 회상했다. 당시 이언경이 마포에서 영화공간 1895를 본격적으로 시작하고 있을 무렵이었다.

이언경과 이하영의 만남에는 영화마당 우리가 매개 역할을 했다. 이하영은 "1985년 한정석의 추천으로 영화마당 우리에 가입했다"면서 "영화를 공부할 수 있는 곳이 부재하던 시절, 영화마당 우리는 단꿀 같은 존재로서 같은 꿈을 꾸는 사람들을 만난다는 것 자체로 흥분되던 시절이었고, 그때부터 프랑스문화원 등으로 영화를 부지런히 보러 다녔다"고 말했다.

하지만 뭔가 채워지지 않는 부족함이 느껴지면서 영화마당 우리 활동을 중단했으나, 군에 입대 후 영화를 절대 잊지 않으려고 노력하면서 영화 인생은 다시 이어진다. 군에서 제대하자마자 이언경과 연결된 것이다. 이후 두 사람은 서로 의기투합해 유학 간 영화인들이 각 나라에서 보내준 비디오와 LD(Laser Disc)를 카피해서 채워가는 방식으로 영화 수집에 더 열을 올린다. 이것이 소문이 나면서 시네필들이 여기저기서 모이기 시작했다. 이하영은 "이진욱까지 포함해 세 명이 중심이었다"고 말했다.

이언경은 영화공간1895 외에 1990년에는 영화마당 우리가 세계 각국의 비디오를 마련해 만든 아현동의 영화 전문 공부방도 책임지고 있었다. 『한겨레신문』은 1990년 6월 27일자 기사에서 '영화 전문 공부방이 아현동 고려아카데미텔에 마련됐다'고 전하면서 '비디오 자료 담당이 이언경'이라고 소개했다. 동시에 두 개의 비슷한 공간을 운영한 것이었다.

『한겨레신문』에 따르면 이언경은 "영화를 공부하는 사람들에게는 영화 그 자체가 원전이다, 〈무방비 도시〉(로베르토 로셀리니 감독, 1945)를 보지 않고 이탈리아 네오리얼리즘 영화를 이야기한다면 얼마나 공허한 말장난이 되겠냐"며 "각 개인이 가지고 있던 자료를 모아 꾸

영화, 변혁운동이 되다

민 작은 공간이 새로운 한국 영화언어를 발견하려던 이들에게 도움이 될 수 있길 바란다"고 말했다. 즉 그가 시네마테크 운동에 관심을 가졌던 것은 영화를 보지 않고 영화를 이야기하는 것에 대한 문제의식 때문이었다. 영화공간1895를 차린 이유기도 했다.

이하영은 "이언경을 처음 만났을 때 마음이 잘 맞았는지 이진욱과 함께 밤늦게까지 술을 마셨고, 맥주를 맛깔나게 마셨던 기억이 난다"면서 "그때 이언경이 영화공간1895를 만든 이유를 이렇게 설명했다"고 전했다.

"영화 공부를 책으로만 하다 보니 마치 절름발이식 공부 같았다. 그래서 책에 나온 영화들을 하나둘 모으기 시작했다. 이렇게 모은 것들을 나 혼자 소유한다는 것은, 있을 수 없는 일이라고 생각했고, 공유하고 같이 보면서 공부하고 싶었다. 그래서 영화공간1895를 차린 것이다."

이하영은 "이 말에 공감할 수밖에 없었다"며 "내가 군입대 전에 갈증을 느끼게 한 것이 바로 이런 이유였고, 그날 이후 이언경의 제안으로 영화공간1895를 같이 운영하게 됐다"고 말했다.

국내 최초의 민간 시네마테크였던 영화공간1895는 이언경이 자비로 사무실 공간을 임대하고 초기 운영비를 충당했다. 당시 보증금 1500만 원에 월세 40만 원이었다고 한다. 이하영은 "이언경을 처음 마주했을 때 첫인상은 남자인지 여자인지 구분이 안 됐을 정도였다"며, "당시 이언경은 결혼자금을 다 털어서 영화공간1895를 만들었기에 달리 거주할 공간을 따로 얻을 수도 없었고, 그러다 보니 영화공간1895에서 먹고 자는 생활을 하고 있었다"고 말했다.

영화공간1895는 발전을 거듭해 강의와 워크숍에 누벨바그영화제,

언더그라운드시네마영화제, 네오리얼리즘영화제, 에로영화제, 짐자무쉬영화제, 레오까락스영화제 등등 수많은 영화제를 진행했다. 이를 통해 시네마테크로 자리를 잡게 된 것이었다. 그렇다고 시네마테크 기능만 한 것이 아니었다. 이하영은 "1989~1991년까지 '24시간 영화학교', '카메라를 든 사나이' 워크숍 등을 통해 영화 공부를 활성화했다"며 "당시 공간 사정으로 인원을 제한하다 보니 서로 가입하겠다고 난리가 날 정도였다"고 말했다. 이어 "모든 것이 이언경의 기획이었고, 그것을 추진하는 역할이 자동으로 내게 주어졌던 것"이라고 덧붙였다.

대학 여름방학 기간 중 하루 두 시간씩 12회 강의로 진행된 '24시간 영화학교'에는 경성대 교수 이용관(부산국제영화제 이사장), 전양준(전 부산영화제 집행위원장), 정성일(영화평론가), 이효인(영화평론가), 이정국(감독, 세종대 교수) 등의 강의가 개설됐다. 영화제작 워크숍인 '카메라를 든 사나이'는 UCLA 출신인 이광모(영화사 백두대간 대표)과와 박현철(촬영감독, 한국예술종합학교 영상원 교수) 등이 맡아서 진행했다.

각종 스터디도 그룹으로 만들어져 매주 약 여섯 개의 스터디그룹이 진행됐다. 이후 출판사업까지 진행하여 계간지 『영화언어』와 『스티븐 스필버그』(김용태) 등의 책을 출간했다.

공권력의 탄압에도 거장의 산실이 된 영화공간1895

이하영에 따르면 영화공간1895는 일본에 가서 필요한 자료들을 구했고, 프랑스 등 유럽에서 유학하고 있던 분들이 보내준 LD 등으로 자료를 구비 했으며, 상영방식이 다른 PAL(독일에서 개발한 유럽 아

영화, 변혁운동이 되다

날로그 컬러 텔레비전 방식)의 경우 변환장치를 구매했다.

처음에는 시네마테크 목적이 아니라 책에서 읽은 영화들을 직접 눈으로 보자는 의미였으나, 앞세대들이 읽던 영화들을 직접 본다는 점에서 특별했다. 점차 국가 차원에서 제대로 된 시네마테크를 운영해야 한다는 필요성도 제기되었다. 이언경은 영화공간1895 활동을 소개한『한겨레신문』1991년 2월 3일자 기사에서 예술의전당으로 이사한 필름보관소(현 한국영상자료원)에서 자료에 대한 문의가 오기도 한 것에 대해 "한국필름보관소 같은 국가가 운영하는 기관에서라면 별도의 적극적인 자료 수집 체계를 갖춰야 한다"고 지적했다.

우리나라에 필름보관소가 생겨난 것은 1970년대 남북 대결의 영향이었다. 1970년 이후 북한이 세계영상자료원연맹에 가입을 신청하면서 경쟁의식을 느낀 박정희 정권이 이에 맞대응해 1974년 필름보관소를 만든 것이다. 필름보관소는 1991년 한국영상자료원으로 이름이 바뀌었고 1996년에 법적으로 공인됐으며, 2000년대 들어 시네마테크의 역할도 강화됐다.

국가적인 관심이 있기 전에 개인의 노력으로 시작한 것이었으나 영화공간1895는 상당한 자료를 확보하고 있었다. 이하영에 따르면 당시 비디오는 모두 1,500편 정도로 자막 작업을 한 비디오가 200편 정도였다. 자막 작업은 정섬(감독)이 맡았다. 운영비는 회비와 후원금으로 충당했는데, 월세가 밀리는 일은 없었다고 한다. 나름 탄탄하게 운영된 것이다.

민간 시네마테크의 원조로서 지방 시네마테크 활동 지원도 영화공간1895의 역할이었다. 이하영은 "부산 씨네마테크 1/24와 광주 시네마테크, 인천과 대구 계명대 등에서 요청이 와서 활동에 도움을 주기

영화공간 1895에서 이재용(감독)과 이하영 _이하영 제공

도 했다"고 말했다.

영화공간1895는 새로운 영화에 대한 갈증을 해소해주는 역할을 하면서 당시 민족·민중영화를 지향했던 영화운동과의 연대도 소홀히 하지 않았다. 1987년 6월 항쟁 이후 군사독재의 연장에 대한 실망 감 속에 다양한 방식으로 영화의 사회적 책임에 대해 고민하던 영화운동의 흐름에서 필요한 역할을 감당했다.

1991년 영화공간1895는 경찰의 불법적인 압수수색을 받게 되는데, 영화운동 단체에서 제작된 학생운동 관련 영화를 상영하려고 했기 때문이었다. 『한겨레신문』 기사에 따르면 4월 9일 오후 6시 40분께 마포구 대흥동 461번지 영화공간1895 사무실에 마포경찰서 경찰관과 마포구청 직원 등 20명이 시사회가 열리기 20분 전에 들이닥친다. 이들은 압수수색 영장 없이 이날 시사회를 할 예정이던 16mm 소형영화 〈어머니, 당신의 아들〉 필름을 압수했다. 당국의 심의를 거치지 않은 영화이기에 조사해야겠다며 필름을 빼앗아간 것이었다.

영화, 변혁운동이 되다

경찰의 불법적인 압수수색에 당시 영화공간1895를 함께 운영하고 있던 이하영과 이진욱이 항의했으나 이들까지 연행됐다. 1990년 〈파업전야〉를 막으려다 실패했던 정권이 16mm 영화들에 대해 불법적인 탄압을 자행하던 시기였다.

〈어머니, 당신의 아들〉은 '영화제작소 청년'이 만든 영화로 운동권 학생에 대한 이야기를 소재로 하고 있었다. 〈파업전야〉와 마찬가지로 군사정권은 불법이란 딱지를 붙여 상영을 가로막았고, 상영 현장에서는 경찰과 대학생들 간에 치열한 충돌이 발생했다.

이하영은 "마포경찰서로 끌려가서 조사를 받고 풀려났는데, 이때 한겨레신문 안정숙 기자(전 영진위원장)가 경찰서로 찾아온 것도 훈방에 어느 정도 영향이 있었던 것 같다"면서 "안정숙 기자의 등장이 심적으로 많은 도움이 됐다"고 회상했다.

1991년 겨울로 접어드는 시기, 마포에 있던 영화공간1895는 대학로 옆 명륜동으로 장소를 옮기면서 변화를 맞는다. 이사하면서 '도서출판1895'도 차렸고, 이를 통해 김용태(감독, 〈미지왕〉)의 『스티븐 스필버그』와 계간지 『영화언어』를 출간한 것이다.

영화공간1895에는 『영화언어』의 발행과 편집을 맡았던 이용관(부산영화제 이사장), 전양준(부산영화제 집행위원장)을 비롯해, 이효인(영화평론가, 전 한국영상자료원장), 주진숙(영화평론가, 한국영상자료원장) 등이 강의를 맡았고, 수많은 영화청년들이 거쳐 가면서 시네마테크 운동의 발판이 됐다.

영화공간1895는 특히 2019년 92회 아카데미상 수상자인 봉준호 감독이 영화청년 시절 영화를 공부하던 곳으로 알려져 있다. 김영덕(부천국제판타스틱영화제 프로그래머)은 "1991년 7월 24시간 영화학교라는 강좌를 꽤 열심히 들었는데, 나중에 봉 감독도 그 강좌를 들었다는 것을 알게 됐다"고 말했다. 이하영은 "한때 가장 활발했던 영화공간으로 1980년대 후반에서 1990년대 초에 대학생이었던 영화인들은 상당수가 거쳐 갔을 것이다"라며 "봉준호 감독도 '24시간 영화학교'에 참여했었고 영화공간1895에서 영화 자료(비디오)를 가장 많이 본 사람으로 기억한다"고 덧붙였다.

봉준호는 영화공간1895의 강좌를 듣고 학과 선배와 지인들의 도움을 받아 1993년 첫 단편 〈백색인〉을 제작한다. 당시 촬영 기자재는 낭희섭의 독립영화워크숍(이전 작은영화워크숍)에서 빌려줬다. 낭희섭은 "한국영화아카데미를 입학하기 이전에 서울 지역의 인프라를 통하여 완성한 봉준호의 첫 단편영화 연출작이 이후 한국영화아카데미에서 완성한 단편영화보다 상대적으로 훨씬 완성도가 높았다"고 기억했다. 또한 "당시 연출부를 구하고 있던 박찬욱 감독이 〈백색인〉을 보고 시나리오작업을 함께 하려고 연락했으나, 봉준호가 한국영화아카데미 재학 중이라 불발된 것으로 안다"고 뒷이야기를 전했다.

낭희섭은 영화공간1895에 대해 "당시 영화법은 민간 차원의 활동은 불법이라 하여 탄압했지만 국내 최초 시네마테크로서의 구할 수 없는 명작들을 동호인들과 함께 감상하고 토론할 수 있게 한 역할은 매우 소중했다"고 평가했다.

감독을 꿈꾸었으나 홀연히 세상을 뜨다

영화공간1895가 활동을 마무리한 것은 1992년이었다. 이하영은 "영화공간1895의 동력이 많이 떨어지기 시작한 때였다"며 "함께 운

영화, 변혁운동이 되다

영했던 세 사람의 나이가 비슷한 탓에 20대 후반에 접어들면서 암암리에 미래에 대한 두려움이 생겼던 것이었고, 몇 달 동안 서로 고민하다 영화공간1895를 접기로 결정했던 것"이라고 말했다.

감독의 꿈을 키웠던 이언경은 1992년 16mm 단편영화 〈흔들리는 달〉을 연출하는데, 남북한 화해 시대를 지배하는 분단의 논리를 주제로 한 작품이었다. 이하영은 당시 같은 건물에 있던 영화사 신씨네(신철 대표)에 들어가며 충무로에서 활동하게 된다. 영화공간1895는 모든 자료를 '씨앙씨에'로 넘기며 마무리된다. 이언경과 이하영은 몇 년 후 다시 의기투합해 이하영이 구해온 자금을 바탕으로 '씨네디비넷'이라는 회사를 차렸고, 한국영화데이터베이스(dbdbdb.com)를 만들기도 했다.

이후 이언경은 꾸준히 영화 제작 활동에 전념한다. 2003년 즈음에는 제작자로서 〈듀얼 인 부산〉을 만들기도 했다. 당시 제작 관리를 맡았던 이윤진(프로듀서)은 "〈듀얼 인 부산〉은 이언경이 기획 제작에 이어 나중에는 연출까지 맡아 완성했던 작품"이라고 말했다. 또한 "〈로스웰의 냉장고〉(가제)라는 내 작품 아이디어를 마음에 들어 해서 시놉시스와 트리트먼트까지는 프로듀서 겸 시나리오 작가로서 기획 개발을 함께 했다"며, "이후 이언경이 작가 및 감독으로 영화사 마술피리와 계약한 후 시나리오를 쓰고 연출 준비를 했으나 완성되지는 못했다"고 덧붙였다.

〈듀얼 인 부산〉 조감독을 맡았던 장정숙(프로듀서)은 "그때가 2003년이었는데, 진행되던 영화가 중단됐고 2004년쯤 재개되면서 다시 조감독 요청이 왔으나 다른 일을 하고 있어서 참여하지 못했다"고 말했다. 아울러 "이언경을 처음 만난 것은 1999년 정도에 이언경과 이하영이 만든 씨네디비넷에서 수개월간 아르바이트를 하면서였고, 1회 전주국제영화제도 같이 갔었다"고 회상했다.

하지만 자신의 영화를 만들어보려고 했던 이언경은 2009년 5월 40대 초반의 이른 나이에 작고한다. 민간 시네마테크의 원조와도 같았던 인물이 허망하게 떠난 것이었다. 그의 죽음은 2년이 지난 2011년에서야 뒤늦게 알려졌다.

영화공간1895 이후 잠시 다른 일을 하던 이언경은 세상을 뜨기 몇 해 전 영화마당 우리 출신들을 한자리에 불러 모았다고 한다. 이언경과 같은 부산 출신으로 영화마당 우리 때부터 가까이 지냈던 허현숙은 "영화를 그만뒀다더라는 소식을 건너서 전해 들었는데, 어느 날 전화가 와서 만났더니 경제적 어려움 때문에 보험 일을 하고 있다며 도움을 요청했다"고 말했다. 이어 "이후에 다시 영화판으로 돌아왔고, 영화마당 우리에서 활동했던 사람들에게 두루 연락해 사당동에서 만났다"며 "그때는 많이 밝아 보였고, 영화에 복귀해서 잘해보려는 의지를 보여줬다"고 기억했다.

낭희섭은 "이언경이 연락해 당시 사당동에서 만났을 때는 영화마당 우리 옛 회원 중 김영진(영화평론가, 전 영화진흥위원회 위원장)과 홍효숙(전 부산영화제 프로그래머)을 빼고는 거의 다 모였다"고 회상했다.

이때가 이언경과 영화마당 우리의 옛 동지들이 만난 마지막 시간이었다. 이후 오래되지 않아서 작고 소식이 전해졌다고 한다. 영화마당 우리를 시작으로 여성영상집단 바리터, 시네마테크 운동, 부산영화제의 기원이 된 계간지 『영화언어』 출판, 영화 연출 등에서 폭넓게 활동했던 아까운 영화 인재가 떠난 것이다.

허현숙은 "이언경이 발병 사실을 안 이후 오래 투병하지는 않았고,

영화, 변혁운동이 되다

영화마당 우리 출신들의 모임에 참석한 이언경. 앞줄 왼쪽 _낭희섭 제공

자신이 아프다는 사실과 죽음을 주변에 전하지 않길 바랐다고 들었
다"며 "당시 가까이 지내던 친구가 (이언경과) 연락이 안 돼 찾다가 장
례 소식을 듣게 되면서 알려지게 됐다"고 말했다.

이하영은 "이언경이 세상을 떠났다는 소식을 접했을 때 정말 힘들
었다"며 "청춘 시절 같은 필름 속에 존재하는 영원한 영화 동지였고,
지금까지 내가 영화판에 있게 한 동력이기도 하다"고 그리워했다.

문석(전주국제영화제 프로그래머)은 2011년『씨네21』에 쓴 에디토리얼
「그 미소를 기억하며」에서 "영화공간 1895의 역사는 끝났지만 이언
경은 영화를 향해 한 걸음 더 나아갔고 가정 형편이 나빠져 보험회사
에 다니던 동안에도 시나리오를 준비했고 영화에 대한 꿈을 키웠다"
며 "그녀는 영화를 향한 열망을 포기하지 않았다"고 추억했다.

민족영화연구소에서 활동했던 김응수(감독)는 "20대 때 영화공간
1895에서 이탈리아 여성감독이 연출한 작품의 비디오테이프를 빌리
고 반납을 안 했던 것 같다"며 "복사가 몇 번 돼서 얼굴이 안 보일 정

도였는데, 그걸 보고 영화를 공부한 기억이 있다. 거기서 많이 배웠다"고 말했다. 이어 "이언경은 특이한 분이었고, 그때 그런 걸 한다는 것은 지금 영상자료원 만드는 것만큼 도움이 되는 일로 선구자였다"고 평가했다.

이윤진(프로듀서)은 "〈듀얼 인 부산〉에서 작업을 함께한 이후 내가 쓴 시나리오를 좋아했다"며 "'윤진 씨는 보배예요 보배'라고 했던 기억이 난다"고 회고했다. 장정숙은 "돌아가시지 않았다면 영화공간 1895에서 강의를 듣던 봉준호 감독이 아카데미 상을 수상했을 때, 흥분하셔서 아마 우리와 술 한잔하셨을 것"이라며 이언경의 부재에 아쉬움을 전했다.

본격 시네마테크로 운영된 씨앙씨에

이언경이 정리한 영화공간1895는 1992년 손주연(시나리오 작가)이 인수하면서 '씨앙씨에'로 이름을 바꾸게 된다. 손주연에 따르면 이언경이 영화공간1895의 인수자를 알아보고 있다는 말을 듣고 명륜동으로 찾아간 것이었다. 손주연은 당시 서강대 커뮤니케이션센터 조교장으로서 다양한 영화 행사를 기획하고 있던 시네필이었다. 연세대 불어불문학과 재학 시절 영화에 빠져든 손주연은 서강대 신문방송학과 대학원에 진학해서 기호학을 연구했고 졸업 후에는 커뮤니케이션센터 조교로서 비디오 정리 업무를 담당하고 있었다. 커뮤니케이션센터는 김동원(감독), 김소영(감독)이 영화의 꿈을 키웠던 곳으로 박찬욱(감독), 이정향(감독) 등이 모여들었고, 서강영화공동체가 만들어지게 된 밑바탕이었다.

손주연은 "당시 영화사 신씨네와 같은 건물에 있던 영화공간1895를 찾아간 순간이 생생하게 기억난다"며 "이언경이 시네마테크를 유지해줄 것을 조건으로 내걸었고, 계속하겠다는 다짐을 하고 공간

씨앙씨에 간판 _박지만 제공

과 자료를 통째로 인수하게 된 것이었다"고 설명했다. "인수 자금은 일부 가족들의 도움을 받아 분할로 냈다"고 덧붙였다.

이름은 씨앙씨에로 지었다. 기호학 용어로서 의미와 표현이라는 뜻이었다. 씨앙씨에는 인수한 자료의 자막 작업을 끝낸 후 1992년 8월 1일 정식으로 개관한다. 개관 행사로 스웨덴 거장 잉마르 베리만의 〈제7의 봉인〉〈산딸기〉〈겨울빛〉 등을 비롯해 당시 아프리카 신예 감독이었던 이드리사 우에드리고의 〈어머니〉와 라틴아메리카 해방영화의 효시라고 불리는 페르난도 솔라나스의 〈불타는 시간〉, 중국 천카이거 감독의 〈아이들의 왕〉, 영국 피터 그리너웨이 감독 〈제도의 계약〉 등을 상영하는 것으로 본격적인 활동을 시작했다.

손주연은 "처음부터 영화를 보기 위해 프랑스문화원을 다닌 것이 아니라 불어를 전공했기에 프랑스문화원을 다니며 영화를 보다 보니 영화공간1895와 운영 방식이 달랐다"고 말했다. 영화공간1895가 자원봉사자들과 함께 동아리처럼 운영됐다면 씨앙씨에는 공간을 새롭고 산뜻하게 단장했고 깨끗하게 하면서 도서관 형태로 꾸민 것이었다. 쿠폰제와 회비 등을 통해 체계적으로 운영하면서 자원봉사자들에게도 적지만 대가를 지급했다.

운영은 전적으로 손주연이 책임졌다. 초기에는 수익이 발생하면 나누기로 하고 성균관대 영화동아리 영상촌에서 활동했던 고형욱(프로듀서, 〈가위〉〈해부학교실〉 등)이 자막 작업을 도와주면서 파트너로 일했으나, 2개월의 정도 짧은 시간이었다.

손주연은 "자료 분류와 영어. 불어 번역은 직접 했고, 일본어는 외주 형식으로 잘하시는 분들께 부탁했다"며 "운영에 몰두하느라 집에 며칠씩 못 들어가는 일이 생기다 보니 아버님이 직접 찾아오기도 했다"고 회상했다.

시네마테크 역할 외에 영화 제작 워크숍도 씨앙씨에의 중요한 역할이었다. 영화 연출론과 시나리오 창작반을 운영했고 강사는 이광모(감독, 백두대간 대표)와 유지나(영화평론가, 동국대 교수) 등이었다.

압수수색에서 북한영화 발견

씨앙씨에는 크고 작은 영화제를 활발하게 진행했다. 1993년 1월 9일부터 31일까지는 '세계영화 베스트10' 감상회를 개최해 주목을 받았다. 영화 전문지 『사이트 앤 사운드』가 전 세계 영화평론가 및 영화감독들에게 의뢰해 10년에 한 번씩 10편의 영화를 선정한 것으로 오슨 웰스의 〈시민 케인〉, 장 르노아르의 〈게임의 규칙〉, 오즈 야스히로의 〈동경 이야기〉, 앨프리트 히치콕의 〈현기증〉, 세르게이 에이젠스테인의 〈전함 포템킨〉, 스탠리 큐브릭의 〈스페이스 오디세이 2001〉 등을 상영했다.

1994년에는 검열 영화 원작 감상회인 커트영화제 '검열과 영화'를 마련해 시선을 끌기도 했다. 1994년 3월 15일부터 10일까지 〈칼리귤라〉〈베티블루〉〈원스 어폰 어 타임 인 아메리카〉〈도어즈〉〈아이다 호〉〈1990〉 등의 상영회를 기획했다. 모두 검열기관이었던 공연윤리위원회의 심의 과정에서 일부가 잘린 작품들이었다. 하지만 공연윤리위원회는 커트영화제가 공연법을 위반했다며 상영을 중지시키라고 종로구청에 통보했다. 여섯 편의 비디오테이프가 압수되는데, 이 과정에서 북한 영화가 발견되면서 손주연은 종로경찰서에 연행돼 조사를 받게 된다. 검열된 작품을 제대로 보려던 게 오히려 공안사건으로 비화될 위기에 처했던 것이었다.

손주연은 "필름이나 비디오테이프는 개인이 소장하고 있던 것을 받거나 프랑스, 독일, 일본문화원의 도움을 받기도 했는데, 북한 영화는 어떤 경로로 들어왔는지 몰랐다"며 "영화공간1895에서 왔을 수도 있다고 생각돼서, 복사본을 만들어놓고 원본은 감춰놓았는데, 복사본을 빼앗기게 된 것이었다"고 말했다.

경찰은 손주연에게 '인생 종치고 싶냐'며 윽박지르면서 조사를 진행했다. 그러나 운동권 출신도 아닌 데다. 관람권을 판매한 것도 아니었고, 회원들을 대상으로 하는 행사라는 항변에 특별한 혐의점을 찾지 못하면서 훈방한다. 손주연은 "운 좋게 나왔다"며 "탄압에도 불구하고 커트영화제는 회원들을 대상으로 예정대로 진행했다"고 말했다.

문제가 됐던 북한 영화는 손주연의 추측대로 영화공간1895에서 온 것이었다. 이하영은 "영화공간1895에서 일본을 통해 소련 영화 등을 구매하던 과정에서 함께 구한 것이었다"며 "재일조선인총연합(조총련) 쪽을 통해 받았던 것으로 안다"고 밝혔다. 이어 "〈어머니, 당신의 아들〉 상영으로 연행될 때 경찰이 다른 비디오 자료를 확인한 것이 아니었기에, 훈방된 후 당시 시대적 상황에서 위험할 수 있는 자료들은 따로 보관했다"며 "아마도 이 자료가 씨앙씨에로 넘어갔던 것으로 판단된다"고 추측했다.

씨앙씨에는 1993년 4월 명륜동에서 인근 동숭동 대학로에 있던 한 갤러리 지하로 이전했고 1994년에는 압구정동으로 옮겨갔다가 1995년에 마무리된다. 손주연은 1994년 씨앙씨에 운영을 친구에게 부탁한 후 백두대간에서 일하게 된다. 이광모 감독(백두대간 대표)이 손주연과 정태성(전 CJ 이엔엠 영화 부문 대표)에게 해외 예술영화를 제대로 해보자며 상업적으로 수입하고 극장해서 상영하자고 제안했기 때문이다. 손주연은 "생각해보면 이광모 감독의 꼬임에 넘어간 것이었다"고 웃으며 말했다. 이어 "백두대간에서 처음으로 개봉한 〈희생〉이 38,000명 관객을 동원한 것으로 기억하는데, 전 세계에서 개봉 기록으로는 최다였다고 들었다"며 이후 "백두대간에서 동숭아트센터와 공동으로 동숭시네마테크를 만들어 성공적으로 운영한 건 큰 보람이 있다"고 회상했다.

하지만 친구에게 운영을 넘긴 씨앙씨에 관리가 안 되면서 손주연이 직접 정리하게 된다. 1,000편이 넘던 모든 자료를 한신대 영상자료실에 넘기면서, 영화공간1895를 이어 1990년대 시네마테크 운동의 초석이 됐던 씨앙씨에는 문을 닫는다.

손주연은 "씨앙씨에를 운영하면서 영화제를 하는 것마다 잘됐고, 부산영화제가 시작되기 전이라 전양준(전 부산영화제 집행위원장) 등이 강의를 해줬다"면서 "1996년 이손기획을 차린 후 영화제가 너무 하고 싶어 1999년 당시 종로 코아아트홀에서 프랑스걸작단편영화제를 열었는데, 당시 부산영화제 김동호 집행위원장이 내빈으로 참석해

　　　　　　　　　　　　　　　　영화, 변혁운동이 되다

감격했던 기억이 난다"고 회상했다.

손주연은 1993년 6월 이언경, 이향, 김영 등과 네 명이 최초의 여성영화제인 〈스핑크스 수수께끼-페미니즘 필름 페스티벌〉을 개최해 책으로만 보던 페미니즘 영화를 국내에 소개했다. 백두대간을 나온 이후 강남 씨네하우스 아트관 개관 작업을 맡기도 했고, 이손기획을 통해 〈록키 호러 픽쳐 쇼〉 등 영화 상영과 퍼포먼스, 연극을 결합한 행사를 기획했다. 이병헌과 전도연이 주연한 〈내 마음의 풍금〉과 이정향 감독의 〈집으로〉 마케팅을 담당했으며, 2002년 이손필름으로 회사명을 바꾼 뒤에는 오랜 꿈인 첫 영화 제작에 나서 2003년 배두나 주연의 〈봄날의 곰을 좋아하세요?〉를 제작했다.

최동훈 감독은 2012년 9월『경향신문』인터뷰에서 "대학 2학년 때부터 교내 영화동아리 서강영화공동체에서 활동하면서 문화학교 서울, 씨앙씨에 등을 제집처럼 드나들었다"며 "이른바 B자 비디오를 틀어주던 그곳은 호주머니 사정이 넉넉지 않을 때 안식처이자 꿈의 산실로 (비디오를) 미친 듯이 봤다"고 밝혔다.

이어 "선배들이 권하는 영화는 무조건 봤고, 그때는 몰랐는데 훗날 진가를 깨달은 〈재와 다이아몬드〉(감독 안제이 바이다) 등도 그때 본 작품"이었다면서 영향을 가장 많이 받은 감독으로 알프레드 히치콕과 마틴 스콜세지를 꼽았다.

문화학교 서울의 태동

영화공간1895와 씨앙씨에와 함께 시네마테크 운동에서 또 다른 축을 담당했던 것은, 문화학교 서울이었다.

3년 정도 운영됐던 영화공간1895와 씨앙씨에와는 달리 문화학교 서울은 긴 생명력을 유지했고 2000년 이후 한국 영화운동의 중심으로 자리 잡은 독립영화의 토대 역할을 한다. 한국 독립영화와 시네마테크 운동의 조직화에 적극적인 역할을 하면서 선도한 점은 한국 영화운동 역사에서 특별하다.

　　문화학교 서울의 출발은 1991년 5월이었다. 한의사인 시네필 최정운(작고)이 사당동에 있는 자신의 한의원 건물에 개설하면서 시작됐다. 최정운은 경희대 재학 시절 아마추어 영화 제작 단체인 '한국영상작가협회'에서 직접 8mm 영화 제작을 경험하면서 영화에 대한 관심이 커졌다고 한다. 유현목 감독이 만든 소형영화작가협회에서도 활동하면서 회원들과 카메라를 들고 촬영을 나가 시나리오도 쓰고 연출도 하고 연기도 하면서 필름을 들여다보는 일이 재밌었다는 것이다. 영화를 보는 것도 좋아했지만 찍는 것이 더 좋았던 최정운은 1980년대 말 시나리오를 한번 써보겠다고 시나리오 강좌를 수강한다. 이때 만난 사람들과 함께 1991년 문화학교 서울을 설립한다.

　　최정운에 따르면 초기 회원은 곽용수, 전창수, 정민택 세 사람이었다. 처음부터 시네마테크를 해보겠다는 명확한 지향이 있었던 건 아니었다. 1991년과 1992년에는 주로 영화 스터디 모임을 진행했고, 93년 천카이거, 장이모 등 중국 제5세대 감독들의 영화제를 준비하면서 시네마테크로서의 정체성을 강화했다.

　　최정운은 "문화학교 서울이 시작할 때는 추억영화 모임이 있었고, 나이 든 분들도 모였으며, 유현목 감독님 영향을 받은 것도 있다"며 "당시 보유하고 있던 비디오테이프 등이 200~300편 정도였는데. 자막을 넣어서 정리했다"고 말했다. 또 "운영과 기획은 실무자들에게

　　　　　　　　　　　　　　　영화, 변혁운동이 되다

맡겼다"면서 "운영위원은 곽용수(제작자, 인디스토리 대표), 이주훈(전 미디액트 부소장), 조영각(프로듀서, 전 영진위 부위원장), 김형석(영화평론가, 전 평창국제평화영화제 프로그래머) 등이었다"고 말했다.

2003년 10월 발간된 계간『독립영화』18호에 실린 곽용수, 조영각, 이주훈, 김형석 4인의 대담에 따르면 사무국장으로 중심적인 역할을 했던 곽용수는 1992년 단편영화 제작을 준비하는 과정에서 문화학교 서울에 참여했다. 그는 "1992년에 전창수, 정민택 선배 등을 알게 됐고 단편영화를 찍기 위해 영화 스터디를 집과 학교에서 했는데, 이들 중 한 명이 문화학교 서울 최정운 대표님을 소개해줘서 알게 됐다"며 "영화를 찍으러 갔다가 단편영화 작업이 지지부진해졌고 공간이 있으니까 공간을 활용하자는 이야기가 자연스럽게 나왔다"고 말했다. 이어 "1992년 처음 영화제를 시작했고, 1993년 중국 5세대영화제를 했는데 정말 드문 영화제였다"며 "번역이 안 돼 있어서 도성희(북경연예전수학원 교수)와 김의성(배우)이 성우를 하면서 영화를 상영했다"고 덧붙였다.

최정운은 "영화제를 준비하는 과정에서 여러 어려움이 있었으나 좌석이 모두 차서 서서 보는 이들이 있을 정도로 반응이 좋았다"며 "영화에 대한 욕구와 관심은 큰데, 이를 해소할 공간이 없다는 현실이 안타까웠다"고 말했다. 이를 계기로 주로 비디오를 보던 비디오테크로 인식되던 문화학교 서울은 시네마테크로서 역할을 강화하게 된다. 1993년 10월 동구권영화제 즈음에 이주훈이 합류했고, 이후 11월에 조영각이 뒤를 따르면서 운영위원도 늘어난다.

조영각은 "1993년 3월에 제3세계 영화제를 보러 갔었고 정재형 선생(영화평론가, 동국대 교수) 강의도 듣고 후에 회원 가입하러 갔다가 운영위원을 모집한다고 해서 들어갔다"며 "곽용수가 혼자 있었다"고 기억했다. 이어 "문화학교 서울 초기인 1991년~1992년에는 제작 집단을 지향하며 영화 제작을 꿈꾸는 사람들이 모여 있었다"며 "1993년부터 시네마테크로서 기능을 시작했다"고 설명했다. "운영위원은 한때 10인 이상이었다가 1995년 즈음 이후 6인 체제였다"면서 "이효선(출판인), 우명희(디자이너) 등이 함께했다"고 덧붙였다.

영화를 읽는다는 시네마테크론 정립

계간 『독립영화』 18호 대담에서 곽용수는 "시네마테크라는 활동의 운동성을 부여하면서 1993년 8월부터 정기적으로 상영회를 하기 시작했다"며 "그때까지도 제작에 대한 미련을 버리지 못했고 영화제 쪽으로 비중이 많이 실리면서 영화제에 대한 고민과 한국의 상황에서 시네마테크가 어떤 의미를 가질 수 있을까 고민했다"고 말했다. "당시는 자료도 거의 없었고 다른 단체와 부딪히며 한정된 자료를 가지고 영화제를 해야 했던 상황이었다"고 기억했다.

이주훈은 계간 『독립영화』 18호 대담에서 "1993년에 문화학교 서울에 들어왔을 때는 정리가 잘 안 돼 있었다. 제작 단체냐 아니냐로 우왕좌왕하고 있었고 영화제도 비정기적이었고 그러다 사람들을 모으면서 정기적인 영화제 체제로 전환이 됐다"고 말했다. 또한 "자료정리와 체계적인 해설, 영화에 대해 정리를 하면서 맥락을 잡고 시네마테크 개념을 가져 나갔던 거 같다"면서 이렇게 회상했다. "생각해보면 영화를 봐도 그렇고 세계사적으로도 1992년과 1993년이라는 시기가 굉장히 미묘한 시기였다. 시네마테크 운동으로서 자리매

김이 된 것은 1994년으로 토론 프로그램도 진행했었다. 영화를 소비하는 것에 그치지 않고 생산적인 뭔가를 만들어보자고 동의를 한 게 1993년 말이었다. 그 배경에는 영화 매체가 폭발적인 전파력을 가지고 있고 엄청난 무기라는 생각을 갖고 오게 것이다. 1980년 말에 대다수 학생운동권이 영화판에 들어온 것과 마찬가지로 우리가 그 판으로 들어간 것은 아니지만 이 판이 어떤 새로운 영토가 될 수 있음에 대한 기본적인 마인드 공유가 있었다. 서로 확인하지는 않았지만 다 백그라운드를 확인하면서 그렇게 나갈 수 있었던 것 같고, 그러던 게 1994년 들어 시네마테크론으로 정립된 것 같다. 좀 더 발전해서 제작, 배급, 시네마테크 이론 이렇게 분화된 건 1994년 말~1995년 초였던 것 같다."

이주훈은 "'영화를 읽자'가 문화학교 서울의 모토였다"면서 "'새로운 영화 읽기의 제안'이라고 1993년 말에 우리가 미약하게나마 가지고 있던 영화 읽기라고 하는 맥락이 1994년도에 정기적으로 영화제를 진행하고 토론 프로그램을 하면서 영화를 읽어야 한다, 그냥 본다가 아니라 읽어야 한다는 생각이 강해졌다"고 밝혔다. 이어 "그게 당시로서는 중요한 개념이었고, 지금까지도 시네마테크를 지탱해온 힘이었던 것 같다"고 강조했다.

문화학교 서울은 시네마테크의 역할을 강화하면서 1994년 격월간지 『씨네필』을 발간한 데 이어, 영화 100주년을 맞았던 1995년에는 『불타는 필름의 연대기』를 출간했다. 1996년에는 '한국영화 연구모임 비상구' 회원들의 평론을 모은 책 『한국영화 비상구』를 펴내기도 했다.

조영각은 "『씨네필』은 격주간지 형태로 4호까지 발간했다가 『씨네

21』이 창간되면서 좌초했고, 『불타는 필름의 연대기』는 1994년부터 기획을 시작해 8명 정도의 필자가 참여해 1년 정도를 준비했다"며 "당시 김홍준 감독이 쓴 『영화에 대하여 알고 싶은 두세 가지 것들』을 밀어내고 베스트셀러 1위에 몇 번 정도 오르기도 했다"고 말했다.

곽용수는 "다른 단체들과 나름대로 차별성을 갖는다면, 좋은 프로젝트로 상영하고, 프로그램을 짜는 데도 일정 정도 도덕적인 게 있었던 것 같다"며 "목적의식이 있었기 때문에 좀 더 안정적으로 할 수 있었던 것이고, 최정운 대표님의 안정적인 지원이 컸다"고 밝혔다. 또 "다른 단체들이 공권력으로부터 희생을 당했는데, 우리는 신기하게도 공권력의 영향을 받지 않았었다"고 덧붙였다.

최정운은 2010년 3월 『씨네21』과의 인터뷰에서 "당시 경찰들이 수시로 찾아왔다. 뭐 처단하겠다기보다 정보 취합 차원에서 동태 파악하는 정도에 그쳤지만. 항상 하는 말은 '좋은 일 하시네요'였다"며 "당시 불법 복사 테이프를 틀 수밖에 없어 저작권법에도 걸리고 상영 공간 허락도 제대로 받지 못해 항상 걱정이었다"고 밝혔다.

조영각은 "독립영화 하는 사람들이나 한국 영화계하고 어떻게 교류를 맺을까 이런 걸 고민하면서 초청 강좌도 열었다. 〈유리〉(1992)를 만들었던 양윤호 감독이나 박종원 감독, 이정국 감독 등 우리 편이라고 생각했던 사람들 모셔다가 강연회를 열고, 인디포럼 이전에 독립영화 작가와의 대화라고 류승완, 장기석, 오점균, 김태일 감독 영화도 상영하고 그런 관심을 갖고 인디포럼도 하게 된 것이다"라고 설명했다.

영화, 변혁운동이 되다

관객 집단의 성장

『경향신문』은 1997년 3월 7일자 기사에서 "하루 수십 명의 영화애호가들이 들고나는 진귀한 영화창고로 국내 최대 규모의 사설 시네마테크라며 '보유하고 있는 필름과 비디오의 양이 가장 많고 회원도 1000명이 넘는다'"고 문화학교 서울을 소개했다. 특히 "국내에서 구하기 힘든 희귀 작품들이 많아 감독 평론가 방송관계자들이 단골로 찾고 있고, 할리우드 영화에 길들어진 대중의 눈과 귀를 새롭게 일깨우는 것을 목적으로 하는 다채로운 영화제로 로드무비 영화제, 범죄 영화제, 지루한 영화제 등을 열어 이색적인 주제로 일반인의 예술영화 관심을 유도하고 있다"고 전했다. 또한 "영화 상영 외에 비평 세력과 영화 인력을 키우는 것도 또 다른 목표로서 5개의 연구 제작팀을 두고 영화이론 연구, 단편영화 제작 등 시네마테크로서의 영역을 넓혀가고 있다"며 "관객 출신의 영화 비전공자들이 이끌어가고 있고, 운영위원 4명이 모두 영화를 보기 위해 문화학교 서울을 드나들던 회원들로 창립 5년 만에 한국 영화계에 영향력을 미치는 관객 집단으로 성장했다"고 평가했다.

이주훈 제작소장은 "충무로의 영화감독 영화평론가들이 빠지기 쉬운 매너리즘을 아마추어 관객의 솔직한 시각으로 견제해 나가겠다"는 각오를 밝혔다.

문화학교 서울은 영화계의 다양한 인재를 키운 터전이 된다. 1996년 인디포럼을 개최했고, 1998년 한국독립영화협회가 결성됐을 때는 조영각이 초대 사무국장을 맡았다.

문화학교 서울 이후 월간『스크린』편집장을 역임한 김형석은 계간 『독립영화』 18호 대담에서 "영화 현장에 취재 가면 문화학교 서울에 영화 한두 편씩은 보러 왔었고 연인원을 따져보면 상당히 많다"고 말했다. 이에 대해 이주훈은 "직접 계산해봤다"면서 "어떤 해는 1년에 1만 1천 명이 찾았다"고 밝혔다.

곽용수는 "굉장히 폭발적인 시기에 모였던 사람들이 같은 목적의식을 갖고 만났다"면서 "젊은 시기에 그런 문제 의식을 갖고 있는 인자들을 배출하는 터가 됐다는 게 문화학교 서울의 큰 의미"라고 강조했다. 이어 "다만 아쉬운 것은 큰 그림 속에 연구소와 제작소가 갖춰지고 시스템이 갖춰져 이런 큰 틀에서 원활하게 돌아가는 체계를 꿈꿨는데 안 됐다"면서 "준비하고 엎어지면서 따로 활동 영역이 넓혀지면서 빠져나간 거라고 생각을 하는데 이상적인 그림의 어떤 단체가 못 됐다는 게 아쉽다"고 말했다.

씨앙씨에 손주연은 "문화학교 서울과는 라이벌이기도 했으나 지향점이 다르다 보니 친하게 교류하며 지냈다"고 말했다.

문화학교 서울은 2002년 1월 25일 전국의 시네마테크가 모여 결성한 한국시네마테크협의회 결성에도 중심적인 역할을 한다. 한국시네마테크협의회 초대 회장은 최정운 문화학교 서울 대표가 맡았다.

코아아트홀 시네마 라이브러리

1990년대 시네마테크 운동에서는 서울 종로 관철동의 예술영화관 코아아트홀의 역할도 빼놓을 수 없다. 시네마테크에서 비디오 영화를 봤다면, 코아아트홀은 해외 예술영화를 스크린에서 즐길 수 있다는 장점을 갖고 있었다. 국내 예술영화 관객들의 저변을 넓히는 데

영화, 변혁운동이 되다

톡톡한 역할을 감당했고, 대학 영화운동 출신들과 예술영화에 호기심을 갖고 있던 관객들에게 아지트로 자리했다.

1989년 7월 개관한 코아아트홀은 〈집시의 시간〉〈패왕별희〉〈나쁜 피〉 등의 작품성 있는 영화들을 발굴했고, 양조위가 주연한 왕가위 감독의 〈중경삼림〉은 10만 관객을 동원하며 예술영화 붐을 조성했다. 안드레이 타르코프스키의 〈희생〉은 난해한 예술영화로 평가받았음에도 전 세계에서 가장 많은 관객 수를 기록했다. 그만큼 예술영화 확장에 긍정적인 영향을 끼쳤다.

코아아트홀은 국내 최초의 예술영화관이었다. 대한극장, 피카디리, 서울극장, 단성사 등 상업영화관만 있던 시기에 등장한 특별한 극장이었다. 당시 한국 극장가는 할리우드로 상징되는 미국 영화와 홍콩 무협영화가 중심이었다. 비디오가 활성화되면서 시장 여건이 좋은 것은 아니었으나 그 좁은 틈새를 비집고 비상업적 영화의 입지를 마련했다. 코아아트홀은 2004년 폐관할 때까지 예술영화의 등불 역할을 맡았다.

운영을 책임졌던 황인옥(프리비젼엔터테인먼트 대표)은 『머니투데이』 스타뉴스(2004년 11월 18일) 인터뷰에서 "천편일률적인 오락 영화에서 관객의 시야를 넓히고 상상력을 키워주는 공간으로 자리해왔고, 관객에게 적지 않은 영향을 미쳤다"며 "다양한 영화에 대한 안목을 넓힐 수 있는 역할을 담당해 왔다"고 자부심을 나타냈다. 이어 "믿는 것은 수준 높은 영화를 갈구하는 잠재 관객이 반드시 있으리라는 막연한 확신뿐이었다"면서 "일본의 손꼽히는 예술영화 전용관 이와나미 홀을 모델로 삼아 2년 정도 준비한 끝에 코아아트홀이 문을 열었고, 모회사인 ㈜코아토탈시스템 사옥을 개조한 190석 규모 소극장이 그 초석이었다"고 회상했다.

예술영화관을 시작하면서 고민했던 문제는 관객과의 교감이었다고 한다. 서울 중심가의 극장이나 미국과 홍콩 영화에 대한 관객의 신뢰가 큰 상황에서 대대적인 광고 공세를 펼 수 있는 처지도 아니었다. 이때 등장한 전략이 열성적인 마니아 회원을 양성하고 좋은 영화를 관객의 입소문을 통해 광고하자는 전략이었다. 영화상영 모임인 '시네마 라이브러리'는 그렇게 시작됐다. 마니아를 끌어들이기 위해 연회비를 내는 회원을 대상으로 극장의 공간을 할애해주는 형태로 운영됐다. 마니아들이 편안하게 그들이 원하는 영화를 볼 수 있는 공간을 마련해준다는 것이 취지였다.

운영자였던 정미(부산국제영화제 프로그래머)는 "연회비를 내고 할인과 시사회 초대, 시네마 라이브러리를 이용할 수 있도록 했다"며 "시네마테크처럼 비디오 영화도 볼 수 있었고, 매달 주제를 정해 평균 주 2회 상영회를 개최했다"고 말했다.

회원이었던 강성률(영화평론가, 광운대 교수)은 "1994년 군에서 제대하고 1995년 복학하는 과정에서 코아아트홀 시네마 라이브러리를 오갔는데, 저렴한 회비를 내고 다양한 영화를 볼 수 있었고 이를 바탕으로 학교에서 후배들과 세미나 등을 할 수 있었다"고 말했다. 이어 "새로운 영화에 대한 기대를 갖게 했고, 뒤늦게 영화에 대한 꿈을 키울 수 있었던 소중한 공간이었으며, 나중에 영화로 방향을 전환하는 데 동기를 부여했다"고 덧붙였다.

코아아트홀 시네마 라이브러리는 다수의 영화인이 거쳐갔다. 1991년 이은주(화천공사)가 1대 운영자를 맡았고, 2대(1993.4~1996.3) 운영자가 정미, 3대(1996.4~1997.10) 운영자가 김수정(배리어프리 영화위원회 대표)이었다.

　정미에 따르면 이후 영화계에서 활동한 회원으로는 강성률(영화평론가, 광운대 교수), 곽정환(프로듀서, 롯데컬처웍스 드라마사업부문장), 문화학교 서울도 참여했던 김양희(감독, 〈시인의 사랑〉), 김영일(작가, 하이브미디어코프 제작사), 민동현(감독, 〈눈부신 하루〉 〈지우개 따먹기〉), 사공영익(방송 프로듀서), 서창민(감독), 양재호(감독, 〈인생게임〉), 윤영복(시나리오 작가, XR 영상 콘텐츠 기획자), 인진미(감독, 〈부귀영화〉), 최선희(한국영상자료원 사무국장), 최원균(영화 칼럼니스트), 한승희(전 CGV 무비콜라쥬 팀장), 함진(스튜디오앤뉴 영화사업부 이사) 등이었다.

　활동은 안 했으나 김성욱(서울아트시네마 프로그래머), 김현숙(작가, 영화사회학 박사), 이영미(감독, 〈사물의 비밀〉), 최영택(촬영감독) 등도 회원이었다.

용어

영화, 변혁운동이 되다

작품 및 도서

인명

영화, 변혁운동이 되다

한국영화운동사 1

영화, 변혁운동이 되다

서울대 알라성에서 시네마테크까지